LES

PHILOSOPHES

FRANÇAIS

CONTEMPORAINS

ET LEURS SYSTÈMES RELIGIEUX

Paris. — Imp. de P.-A Bourdier et Cie, rue Mazarine, 30.

LES
PHILOSOPHES
FRANÇAIS
CONTEMPORAINS

ET LEURS SYSTÈMES RELIGIEUX

PAR

M. EUGÈNE POITOU

Conseiller à la Cour impériale d'Angers.

Lamennais.
M. Pierre Leroux. — Jean Reynaud.
M. Proudhon. — M. Pelletan. — M. Ch. Dollfus.
Aug. Comte. — M. Littré. — M. Lanfrey. — M. Taine.
M. Renan. — M. Vacherot. — L'abbé Maret. — Le Père Gratry.
M. Cousin. — M. Jules Simon.
Émile Saisset.

PARIS
CHARPENTIER, LIBRAIRE-ÉDITEUR
28, QUAI DE L'ÉCOLE
—
1864

PRÉFACE

Les questions religieuses, longtemps négligées ou mises systématiquement à l'écart, s'imposent aujourd'hui à nous avec une autorité qu'on ne peut plus méconnaître, et une urgence à laquelle on ne peut plus se soustraire. Non-seulement elles préoccupent tous les hommes qui pensent; mais dans la foule même, elles troublent déjà bien des consciences, et le jour n'est pas loin, peut-être, où elles forceront les plus indifférents et les plus distraits à les regarder en face.

Pour qui sait voir, il est manifeste que nous sommes entrés dans une époque de crise, de transformation ou de rénovation religieuse.

Le mouvement des idées n'est pas partout le même, mais le mouvement est universel.

En Allemagne, et généralement dans les pays protestants, la philosophie toujours étroitement liée à la théologie, essaye de pénétrer la religion et de se l'assimiler, en interprétant librement le dogme et en éliminant plus ou moins le surnaturel.

En France, outre que nous avons peu de goût pour la théologie, et qu'il y a chez nous depuis plus d'un siècle, un divorce à peu près complet entre la philosophie et la religion, la nature des choses s'oppose à ce qu'il en aille ainsi. Le dogme étant immuable et n'admettant à aucun degré le libre examen, il n'y a place, en dehors de la foi, que pour le rationalisme pur. Il en résulte que les questions religieuses se posent toujours sous une forme absolue. On sait assez comment la critique historique, en ces derniers temps, s'est attaquée aux fondements mêmes du christianisme; d'autant plus redoutable qu'elle affecte plus de respect et se présente sous un appareil moins sévère. De ce côté, l'impulsion est donnée, et il faudrait être bien aveugle pour ne pas voir que sur ce terrain le combat ne fait que commencer.

Le mouvement philosophique, sans être moins hardi, a été plus profond encore. Des doctrines se sont produites qui, faisant table rase de la vieille métaphysique, prétendent substituer au spiritualisme de Platon, de Descartes et de Leibnitz une conception toute nouvelle de l'humanité, de la nature et de Dieu.

Chaque siècle a son esprit philosophique, et, dans le développement de la pensée humaine, semble avoir son œuvre à accomplir. Le dix-septième siècle a émancipé la raison et fondé la philosophie moderne; le dix-huitième a conquis la liberté de conscience et mis dans le monde la tolérance. Quel est l'esprit et quelle sera l'œuvre du dix-neuvième siècle? Ce n'est, je crois, rien hasarder que de dire qu'il semble appelé à discuter, entre tous, les grands problèmes de la philosophie religieuse.

Depuis la renaissance religieuse et spiritualiste qui a marqué le commencement de ce siècle, qu'on veuille bien, en effet, remarquer le progrès des idées et la suite des questions qui se sont posées et discutées.

Cette renaissance qui se résume en deux noms illustres, M. de Chateaubriand et madame de Staël, fut d'abord toute d'instinct, de sentiment, de poésie. Et il était naturel qu'il en fût ainsi : le sentiment devance la réflexion ; c'est toujours par un acte de foi spontanée que l'esprit humain sort du scepticisme.

Mais il fallait, pour ruiner le sensualisme encore dominant dans l'école, autre chose que des tableaux poétiques, des émotions religieuses, des considérations morales et sociales; il fallait qu'une nouvelle et plus forte philosophie vînt achever, dans le domaine de la science, ce qu'avaient commencé la poésie et le sentiment. C'est l'œuvre qu'accomplit, avec une vigueur de dialectique, une finesse d'analyse, une clarté d'exposition admirables, l'école spiritualiste fondée par M. Royer-Collard, dirigée plus tard avec tant d'éclat par M. Cousin. La philosophie de la sensation, la philosophie matérialiste fut vaincue. — C'est la première question que le dix-neuvième siècle ait eu à résoudre.

Mais il est rare qu'une réaction ne passe point le but. L'école catholique, unie d'abord contre l'ennemi commun à l'école spiritualiste, se sépare d'elle tout à coup. Elle avait aidé à combattre le matérialisme du dix-huitième siècle : elle veut faire plus; elle veut, pour mettre à jamais la foi à l'abri des atteintes du doute, abaisser la raison et lui arracher cette souveraineté dont elle se targue depuis Descartes. Mais une philosophie qui proclame la raison impuissante, qui fait de l'autorité la seule loi des intelligences, de la tradition la seule source de la vérité, n'est au fond que la négation de toute philosophie. Supprimer le libre examen, asservir la raison à la foi, la science à la tradition, la philosophie à la théologie, c'était remonter à plusieurs siècles en arrière, c'était déclarer la guerre à l'esprit moderne, à la société moderne tout entière. Une lutte ardente s'engagea : l'issue n'en pouvait être douteuse; la raison, la philosophie devaient triompher. — C'est la seconde question que le dix-neuvième siècle trouve sur son chemin.

A partir de ce moment, la direction des idées change. On est en 1830. De nouvelles questions, de plus hauts problèmes occupent les esprits : ce ne sont encore que des aspirations vagues, des utopies, des rêveries mystiques; les questions religieuses apparaissent d'abord mêlées aux questions sociales et économiques. Mais bientôt, dégagées de ce milieu équivoque, elles vont se poser sous la forme philosophique. C'est le temps où les témérités de la philosophie allemande commencent à pénétrer en France. Bientôt un mot est prononcé que nous n'avions guère entendu depuis plus d'un siècle, le mot de panthéisme. Ce que c'était que le panthéisme, à vrai dire, beaucoup de ceux qui en parlaient le plus ne le savaient guère; ils voyaient le péril où il n'était point; ils l'imputaient à des hommes qui en étaient fort innocents, et qu'on eût trouvés bien plutôt disposés à combattre le mal qu'à le propager. Mais en réalité, et plus qu'ils ne s'en doutaient peut-être, ceux qui avaient prononcé cette parole avaient dit le mot de la situation. Ils avaient posé avec éclat la question qui allait désormais occuper le premier rang sur la scène philosophique.

Aujourd'hui, en effet, ce qu'on ne pouvait qu'entrevoir alors est devenu clair à tous les yeux; aujourd'hui, toutes les autres questions philosophiques se sont, au moins pour le moment, effacées devant celle-là, et ont été rejetées au second plan. Il ne s'agit plus, à l'heure qu'il est, ni de l'indépendance de la raison, ni de l'origine des idées, ni même de la spiritualité de l'âme; il s'agit de bien autre chose; il s'agit du plus grave et du plus élevé de tous les problèmes, du problème philosophique et religieux par excellence, de l'idée même de Dieu.

L'idée de Dieu est en péril : elle pâlit et vacille dans les âmes. D'épais nuages semblent s'amonceler entre le ciel et nous. Il y a, depuis quinze ou vingt ans, sous des noms divers, — panthéisme, humanisme, positivisme, philosophie critique, philosophie de l'esprit, — comme un débordement de scepticisme et d'athéisme. Non pas qu'on nie hautement et franchement Dieu : on garde le mot; on ne le prononce même qu'avec des protestations de respect; mais en continuant de parler de Dieu, on conteste sa réalité; on nie à tout le moins sa personnalité, ce qui équivaut à le détruire.

Deux écoles principales représentent ces idées nouvelles.

L'une, qui se rattache par une filiation directe aux doctrines sensualistes, transporte dans le monde moral les méthodes des sciences naturelles. A l'ère des religions qui ont bercé l'humanité enfant avec des fables, à l'ère de la métaphysique qui n'a substitué aux religions que des hypothèses inconsistantes, elle prétend faire succéder l'ère vraiment scientifique, l'ère de la philosophie *positive*. Elle exclut de la science tout ce qui ne tombe pas sous l'observation directe; elle ne tient compte que de ce que l'œil peut saisir et la main mesurer; elle considère les causes comme inaccessibles à l'esprit humain : éliminer la recherche des causes, voilà pour elle le commencement de la sagesse; étudier les phénomènes et constater leurs lois, voilà toute la science et toute la philosophie. Doctrine qui n'est point neuve assurément, mais qui cache habilement son matérialisme sous les apparences du doute scientifique, et qui trouve de puissants auxiliaires dans les tendances de notre société, dans le progrès et la faveur croissante des sciences physiques, enfin dans cette disposition, trop commune en France, des esprits superficiels qui affectent de dédaigner ce qu'ils ne comprennent point, et qui se croient positifs quand ils ne sont que bornés.

L'autre école, plus hardie, plus brillante, va chercher ses inspirations au delà du Rhin, et, malgré des tendances plus spiritualistes, n'aboutit pas à un scepticisme moins radical. Prenant pour point de départ la critique de Kant, elle réduit les principes de la raison à de pures abstractions, à des formes logiques. Le Dieu du spiritualisme, le Dieu personnel et intelligent que depuis six mille ans adore l'humanité, n'est pour cette école qu'une image grossière, entachée de superstition, bonne seulement à amuser les femmes et les enfants. Son Dieu, à elle, n'est pas un être, c'est à peine le fantôme de l'être, un idéal, une loi, une formule : il n'a d'existence effective que dans le monde qui le réalise, il n'a conscience de lui-même que dans l'homme qui le pense. La nature et l'humanité sont ses incarnations, et la théodicée n'est que la science de l'évolution infinie de l'être, ou, comme on dit en Allemagne, de l'universel *devenir*.

Ces deux écoles, avec des méthodes différentes, ont, comme on le voit, une conclusion commune. Refusant à l'esprit humain le pouvoir d'atteindre au delà du relatif, du phénoménal, elles s'accordent par là même pour lui refuser la connaissance des causes ; par conséquent, la connaissance de l'âme, principe des phénomènes moraux, et la connaissance de Dieu, principe des phénomènes dont se compose le monde : ce qui revient à nier la philosophie, car que sera la philosophie si elle n'est la science des principes et des causes? Elles s'accordent encore en ceci que, transportant l'idée d'infini de Dieu au monde, elles voient dans le monde un ensemble de faits qui se suffit à lui-même, et qui a sa raison d'être, non point hors de lui mais en lui, dans ses lois éternelles, nécessaires, *immanentes*. On comprend que, dans ces doctrines, le seul Dieu réel, c'est le monde; et le seul Dieu intelligent, c'est l'humanité, en qui se personnifie l'esprit. Quant à la liberté, dans un monde produit et gouverné par un système inflexible de lois nécessaires, que peut-elle être, sinon une illusion de notre esprit? Que peut être le devoir, sinon un mot vide de sens? Que peut être l'immortalité de l'âme, sinon un beau rêve?

Voilà où nous en sommes, et quelles idées se répandent parmi nous. L'humanité doit-elle renier toutes ses antiques croyances? Doit-elle briser son Dieu, comme une idole de bois ou de plâtre? La logique, la nécessité, est-elle la seule providence qu'il lui faille désormais adorer? Est-ce en elle-même, en elle seule qu'elle doit contempler la raison divine et la justice absolue? En un mot, tout le progrès de la philosophie depuis trois mille ans se réduira-t-il à mettre, à la place de l'atomisme d'Épicure, je ne sais quel naturalisme emphatique qui se résout en des formules abstraites et aboutit à l'idolâtrie de l'homme? — Telle est la question qui se pose devant nous. On a beau équivoquer, c'est à ces termes précis qu'elle se ramène. Il ne faut pas être dupe des phrases. A entendre nos philosophes du jour, il n'y a pas un athée parmi eux, pas un matérialiste. On s'indigne, on proteste contre ces qualifications. On se dit positiviste, on se dit idéaliste; on parle de Dieu, de l'esprit, de la raison éternelle des choses : grands mots qui ne sont là que pour donner le change. Prenez-y garde! Tous ceux qui parlent de Dieu ne sont pas des déistes; tous ceux qui parlent de l'esprit ne sont pas des spiritualistes; au moins au sens que ces mots ont toujours eu dans la langue philosophique. Il y a là une hypocrisie de langage qu'il faut dénoncer. On a fait à moitié justice de certaines doctrines quand on leur a arraché leur masque et infligé leur véritable nom.

Il m'a semblé qu'il ne serait ni sans intérêt ni sans utilité de présenter, dans un cadre restreint, le tableau des principales doctrines qui, depuis trente ans, se sont produites en France. Ce n'est point une histoire de la philosophie au dix-neuvième siècle que j'ai prétendu écrire : pour une telle œuvre, l'autorité et les forces m'auraient également manqué. Mon sujet est moins vaste. C'est seulement au point de vue de la philosophie religieuse que j'étudie les opinions contemporaines; et c'est seulement à partir de 1830 que j'ai à en suivre le développement et à en apprécier le caractère, puisque, comme on vient de le voir, c'est à cette époque seulement que les questions religieuses commencent à s'agiter et les systèmes à se produire. On peut même dire que ce n'est qu'à partir de 1840 que ce mouvement se prononce nettement, et que la lutte des idées, un instant assoupie, se ranime. Je passe en revue les principaux représentants des écoles nouvelles : j'essaye, sans entrer dans des détails trop techniques et des discussions trop abstraites, de mettre en relief la physionomie de chaque doctrine, d'en dégager les principes et d'en faire toucher du doigt les conséquences ; m'appliquant surtout à poursuivre sous les déguisements qu'elle revêt la pensée des nouveaux théoriciens, à percer le mensonge de leur rhétorique, à mettre à nu leur scepticisme tantôt enveloppé de métaphysique et tantôt fardé de poésie. Dans la conclusion de l'ouvrage, opposant aux doctrines nouvelles cette grande et impérissable doctrine qu'on appelle le spiritualisme, j'examine de plus près les deux questions qui, à mes yeux, dominent la philosophie religieuse et demandent aujourd'hui une solution : la première, qui est celle de la personnalité de Dieu ; la seconde, qui est celle de savoir si la morale est en effet, comme nous l'entendons soutenir, indépendante de la métaphysique ; si bien qu'elle puisse garder toute sa force et toute son autorité même dans une doctrine qui ne reconnaît ni un Dieu réel ni une âme immortelle.

Il est de mode aujourd'hui parmi les disciples des nouvelles écoles, de parler avec un dédain superbe de cette philosophie spiritualiste que nous avons vue renaître au commencement de ce siècle. Je m'abuse peut-être : mais, s'il est permis de juger l'arbre par ses fruits, il semble que l'histoire du demi-siècle qui vient de finir dépose assez hautement en faveur de cette philosophie. Il semble que si un enseignement en sort, c'est que le spiritualisme (et ici je ne distingue pas entre le spiritualisme chrétien et le spiritualisme philosophique) a été le principe vivifiant de notre société contemporaine. N'est-ce pas lui qui l'a ranimée au lendemain d'une révolution qui avait fait le vide dans les âmes? N'est-ce pas lui qui lui a rendu les grandes inspirations et les nobles enthousiasmes; qui a suscité et marqué de son empreinte toutes les œuvres éminentes que notre temps a vues éclore, non-seulement dans la philosophie, mais dans l'histoire, dans la poésie, dans la haute critique, dans toutes les branches de la littérature et de l'art? Et cette brillante période de notre histoire contemporaine ne semble-t-elle pas une fois de plus nous enseigner qu'il y a un rapport étroit, une intime et profonde connexité entre le développement des idées spiritualistes et la grandeur morale des sociétés humaines, leur fécondité intellectuelle, leur progrès vers la vraie liberté?

Voilà ce que me dit le passé, un passé qui est encore bien près de nous et dont nous voyons s'éteindre une à une, sans que rien nous en console, les dernières illustrations. Que si je ramène mes regards vers le présent, si j'interroge parmi les œuvres de ce temps-ci celles qui empruntent leur inspiration aux doctrines nouvelles; quelles sont les tendances que j'y découvre? La poésie? quand elle ne s'abaisse pas à un réalisme grossier, je la vois tomber dans les rêveries énervantes du panthéisme, s'enivrant de la nature, oubliant l'infini moral pour s'absorber dans l'infini des choses, écrasant l'homme sous le joug des aveugles fatalités. — La critique? sans règle et sans idéal, elle ne voit plus dans les littératures que des productions de la chimie organique, des végétations dont la naissance et la floraison sont le résultat nécessaire de certaines causes matérielles; si bien que le développement du génie humain à travers les temps ne lui offre à étudier qu'un problème de mécanique ou une question de physiologie. — L'histoire enfin? regardant le bien et le mal, le vrai et le faux comme essentiellement relatifs et éternellement variables, ne voyant dans chaque fait qu'un moment fatal de la vie universelle, absolvant tout, ne s'indignant de rien, elle aspire à comprendre le passé et non plus à le juger, et borne son ambition à reconnaître et à mesurer les forces secrètes qui font du monde « une géométrie vivante. »

Ainsi déjà on peut comparer les deux philosophies dans leurs applications, et dans les directions générales qu'elles impriment à l'esprit humain. Je ne prétends point que cela suffise pour les juger : en bonne logique, une philosophie doit s'apprécier en elle-même, et non pas seulement dans ses conséquences. Tout ce que je veux dire, c'est qu'il y a là un motif de plus, un motif grave d'y regarder de près : une doctrine qui abaisse l'esprit humain m'est suspecte.

Je ne suis point un philosophe; mais pour juger la méthode nouvelle qu'on veut introduire dans les sciences morales, les principes nouveaux qu'on veut substituer aux anciens principes, les dogmes nouveaux dont on prétend faire la religion du dix-neuvième siècle, je crois qu'il n'est besoin que d'un esprit droit, libre des préventions et des subtilités de l'école : je crois que le bon sens et la bonne foi y suffisent. Je crois enfin que, dans la crise décisive que nous traversons, c'est un devoir pour tout homme qui pense de défendre ce qu'il regarde comme la vérité. L'attaque est habile, pressante : je ne m'en plains pas. Les esprits s'alanguissaient; un sensualisme vulgaire envahissait les âmes; le sentiment religieux allait chaque jour s'affaiblissant; la philosophie spiritualiste elle-même s'immobilisait dans ses vieilles formules. Il est temps de remonter vers les hauteurs sereines et lumineuses où la pensée s'épure, où le sentiment religieux s'affermit, en se dégageant à la fois et de l'appesantissement des sens et des illusions du sophisme. Il faudrait bénir même l'erreur qui aurait secoué notre indifférence, et dissipé le lâche assoupissement où nous commencions à tomber.

LES
PHILOSOPHES
FRANÇAIS
CONTEMPORAINS
ET LEURS SYSTÈMES RELIGIEUX

CHAPITRE I

Le mouvement philosophique après 1830. — Le saint-simonisme. — Le fouriérisme. — Th. Jouffroy : *Cours de droit naturel*. — L'abbé Maret : *Essai sur le panthéisme*.

La révolution de 1830 est une date dans l'histoire des idées du dix-neuvième siècle, aussi bien que dans son histoire politique. Elle clôt une période philosophique et en ouvre une autre.

Les vingt années qui précédèrent avaient vu la renaissance, les progrès, les combats de l'école spiritualiste fondée par Royer-Collard, agrandie par M. Cousin; elles avaient été remplies par la double lutte de cette école, d'abord contre le sensualisme du dix-huitième siècle, dont elle avait ruiné la longue domination; ensuite contre l'école théologique, en face de laquelle elle avait victorieusement maintenu l'autorité et l'indépendance de la raison. Dans les dernières années de la Restauration, le mouvement philosophique avait même pris une activité, une expansion nouvelles. L'illustre professeur qui était devenu dès lors le chef de l'école spiritualiste, M. Cousin, dans ses cours de la Sorbonne, en même temps qu'il rendait à la philosophie, à force d'enthousiasme et d'éloquence, une popularité depuis longtemps perdue, avait commencé à initier les esprits aux divers systèmes qui agitaient l'Allemagne. Quelles que fussent les hardiesses ou les lacunes de ce brillant enseignement, il avait eu du moins le mérite de remuer de grandes idées, de soulever de grands problèmes dont la philosophie française s'était peut-être trop déshabituée depuis un siècle.

Ce grand mouvement d'idées s'arrête, ou du moins se ralentit tout à coup en 1830. On dirait que la révolution dont il semble avoir servi la cause, en le faisant triompher, l'épuise. D'une part, les esprits sont violemment distraits par les événements; de l'autre, les chefs de l'école spiritualiste ou éclectique, comme on l'appelait alors, mêlés aux combats de la veille, naturellement associés à la victoire, sont portés au pouvoir. Mais le pouvoir n'a jamais profité ni à une école ni à une église; les doctrines se fortifient dans la lutte et s'énervent dans le repos. L'école éclectique, identifiée désormais avec l'Université, préoccupée surtout des questions d'enseignement, se renferme, dès lors, presque exclusivement dans des travaux d'histoire et de critique; travaux excellents, qui ont fondé en France une science nouvelle, l'histoire de la philosophie, mais qui ne répondaient pas assez, peut-être, aux besoins de l'époque. On réimprime des écrits de la Restauration, on traduit et on commente les monuments de la philosophie ancienne et du moyen âge; on édite et on popularise les philosophes du dix-septième siècle; mais la spéculation philosophique s'efface de plus en plus devant l'érudition. Si on excepte le beau livre du *Droit naturel* de Th. Jouffroy[1], aucun ouvrage original un peu considérable ne viendra de longtemps solliciter l'attention publique distraite, soutenir et diriger les esprits flottants.

Quant à l'école théologique, elle avait en quelque sorte disparu. On peut dire que la révolution avait été faite en partie contre elle, contre ses doctrines absolutistes et théocratiques. Non-seulement elle était vaincue, mais, chose étrange, elle voyait passer à l'ennemi son plus illustre champion : le fougueux auteur de l'*Essai sur l'Indifférence*, M. de Lamennais, mettait maintenant au service de la liberté la

---

1. 1834-5.

même ardeur et la même éloquence qu'il avait mises naguère au service de l'absolutisme. Plaçant toujours, théoriquement du moins, le principe d'autorité dans l'Église et dans le Pape, mais comprenant que le courant irrésistible des idées emportait les sociétés modernes vers la liberté, il voulait que le catholicisme réconcilié avec l'esprit nouveau, au lieu de s'allier avec les rois, s'alliât avec les peuples, au lieu de combattre la liberté, la prît pour auxiliaire ; convaincu qu'il puiserait dans cette alliance autant de force que lui en avait fait perdre son union avec les gouvernements absolus. Entreprise hardie, où il entrait sans doute beaucoup d'illusions, qui fut compromise par trop d'impatience et d'emportement, mais qui attestait du moins chez son auteur une intelligence profonde des tendances, des besoins, des nécessités de la société moderne ; idée généreuse et grande, après tout, qui sera le vrai titre de gloire de M. de Lamennais, et qui est aujourd'hui la devise de tous ceux qui comprennent que le monde ne peut pas plus se passer de la liberté que de la religion.

C'était là, au surplus, de la politique plutôt que de la philosophie. La spéculation philosophique, momentanément assoupie dans les anciennes écoles, ne se montre à cette heure, à un certain degré, que dans quelques doctrines bizarres, plutôt sociales que métaphysiques, moitié économiques et moitié religieuses, nullement scientifiques d'ailleurs, qui commencent à faire quelque bruit, et, grâce à l'agitation des esprits, trouvent un certain nombre de prosélytes.

Un grand désordre régnait, en effet, dans les idées. Les têtes fermentaient. Un esprit de nouveauté et d'aventure semblait souffler sur le monde. Les plus étranges utopies se produisaient. En même temps que, dans l'ordre économique, de grands problèmes s'agitent déjà au sein d'une société de plus en plus démocratique et industrielle ; — dans le monde moral et religieux, on sent un besoin vague, profond, de croyances nouvelles ou d'une rénovation des croyances antiques. Ces besoins confus des âmes, ces vagues aspirations se traduisent en tentatives de réforme universelle, en systèmes de réorganisation à la fois sociale, politique et religieuse. Dans le nombre de ces systèmes, deux seulement méritent qu'on les mentionne : c'est le saint-simonisme et le fouriérisme.

Il est impossible, sans doute, à quelque période de leur développement qu'on les prenne, de voir dans ces doctrines des systèmes bien sérieux et bien liés de philosophie ou de religion. On peut même dire que leurs auteurs n'ont pas eu en philosophie une idée nouvelle. Nourris de l'esprit du dix-huitième siècle, ils lui ont emprunté ses principes et sa morale. Toute leur originalité a consisté à traduire le principe de l'utile en théories économiques et sociales, et pour répondre à la fois aux aspirations religieuses et aux préoccupations industrielles de notre temps, à amalgamer le vieux matérialisme avec une sorte de mysticisme grossier. Dans des circonstances ordinaires, ces doctrines seraient mortes avec leurs inventeurs; l'agitation révolutionnaire de 1830 leur donna pour quelque temps une apparence de vie. En elles-mêmes, elles n'ont aucune valeur philosophique; mais leur influence sur les esprits a été considérable, et à ce titre, c'est par elles qu'il faut commencer l'examen des doctrines religieuses contemporaines. Leurs idées, leurs tendances se retrouvent dans plus d'un système qui nous occupera; plus d'un disciple de ces deux écoles s'est fait à son tour fondateur d'une philosophie ou prophète d'une religion. Ne fût-ce que pour marquer le point de départ, il nous faut donc dire quelques mots de Saint-Simon et de Fourier. Leurs utopies politiques, leurs théories d'organisation sociale ne doivent pas nous occuper. Nous n'avons à parler que de leurs doctrines morales et religieuses.

Saint-Simon, élevé à l'école des géomètres et des physiologistes, avait débuté par une idée bizarre : la gravitation universelle lui avait paru être la loi unique du monde, le principe de tous les phénomènes physiques et moraux, par conséquent la base de toute conception scientifique, religieuse et politique. La philosophie de la gravitation devait remplacer la morale et la théologie. Il appelait cela « la religion de Newton. »

Plus tard, abandonnant cet étroit et grossier matérialisme, il emprunta à Bentham son principe de l'utilité, pour en faire l'instrument de la réorganisation sociale : mais l'utilité consistant pour lui dans la production, c'est par l'industrie qu'il prétendait réorganiser la société, et c'est aux industriels qu'il en donnait le gouvernement.

Enfin, dans la dernière période de sa vie et dans son dernier écrit, *le Nouveau Christianisme*, Saint-Simon ébauche une théorie religieuse qui sera le germe de la doctrine annoncée plus tard sous son nom. Comme tous les réformateurs, il prétend rajeunir le christianisme en l'épurant, en le débarrassant des *hérésies* et des pratiques superstitieuses dont on l'a surchargé. Il pose un principe qui, au premier abord, semble la formule même de la charité évangélique : « Les hommes doivent se con-
« duire en frères à l'égard les uns des autres. —
« La religion doit diriger la société vers le grand
« but de l'amélioration la plus rapide possible du
« sort de la classe la plus pauvre[1]. » Mais tout de

---

[1]. *Le Nouveau Christianisme*, p. 21, édit. 1832

suite, dans l'application de ce principe, dans l'indication des moyens qui doivent le réaliser, apparaît le caractère propre de la nouvelle doctrine, fort différente au fond de la doctrine chrétienne. Saint-Simon adresse au christianisme une critique fondamentale : c'est d'avoir établi dans l'homme un dualisme funeste, une lutte irrationnelle entre l'âme et le corps, entre l'esprit et la matière. Pour ramener la religion à ses vraies tendances, pour lui restituer son efficacité et réaliser par elle l'amélioration morale et matérielle des classes pauvres, il faut réconcilier la matière et l'intelligence. Au lieu de prêcher le renoncement et le sacrifice, il faut pousser les hommes au développement de la richesse; au lieu de porter leurs regards vers un paradis céleste, il faut leur donner « un but tout positif, tout « physique, qui est l'accroissement du bien-être de « l'espèce humaine [1]. »

Cette doctrine, singulièrement vague, n'a reçu que des disciples de Saint-Simon la précision et les développements qui lui manquaient. Voici les principales idées philosophiques qu'on en peut dégager, sous la forme définitive que l'école lui a donnée.

L'humanité a passé par trois états religieux provisoires : — le fétichisme, le polythéisme et le

1. *Le Nouveau Christianisme*, p. 59 et 62.

monothéisme; ce dernier ayant eu deux phases successives, le judaïsme et le christianisme. De l'un à l'autre de ces états généraux, le sentiment religieux a pris plus d'importance, tant au point de vue individuel qu'au point de vue social. Le progrès se continue ; la religion doit faire un nouveau pas ; elle sera dans l'avenir plus puissante que dans le passé ; elle sera la synthèse de toutes les conceptions humaines ; l'institution sociale et politique sera une institution religieuse. Pour que ce progrès se réalise, il faut que le dogme s'élargisse, il faut que l'idée de Dieu fasse elle-même un pas de plus.

En annonçant un Dieu pur esprit, en plaçant en dehors de lui la matière universelle, en faisant de la matière ou de la chair le domaine du mal et le principe du péché, le christianisme continuait la vieille erreur manichéenne et entravait l'humanité dans son perfectionnement matériel. Le Dieu de l'avenir ne sera point un pur esprit. Il ne sera pas non plus matériel comme les divinités païennes. Il embrassera l'ensemble de l'univers sous sa double manifestation, esprit et matière.

Le paganisme a été le triomphe de la matière ; le christianisme a été le triomphe de l'esprit : la religion de Saint-Simon consomme leur alliance dans l'unité divine. Dieu n'est ni la matière ni l'esprit, il est la somme des existences. « *Tout ce qui est*, « est un seul être, unique, indivisible, infini, vi-

« vant ; c'est Dieu. *L'Univers est Dieu*[1]. » —
« Tout est en lui, tout est par lui, tout est lui[2]. »
Il est, dans son unité vivante, amour ; dans sa
forme matérielle, la nature ou le monde ; dans sa
forme spirituelle, l'humanité. Dieu donc est en
quelque sorte l'âme du monde, et le monde le corps
de Dieu, sa forme coéternelle, par conséquent in-
créée.

L'homme, manifestation finie de la Divinité, en
est aussi l'image. L'homme aussi est, dans son
unité, amour ; dans son esprit, intelligence et sagesse ; dans son corps, force et beauté. Donc sa
destinée est dans le perfectionnement de ces trois
facultés : dans l'ordre physique, le plus de jouissances possible ; dans l'ordre intellectuel, recherche
et conquête de la vérité ; dans l'ordre sympathique,
amour de Dieu et des hommes. A la notion du Dieu
universel que représente l'humanité dans sa forme
finie, correspond dans l'ordre social l'*association
universelle ;* et dans l'ordre moral la réhabilitation
des travaux et des plaisirs matériels. — « Jésus-
« Christ a racheté l'esprit, Saint-Simon a racheté la
« matière. » — Quant à la destinée de l'homme
après la mort, c'est un *mystère* que la doctrine n'é-

---

1. *Prédications*, t. Ier, p. 393 (1832.)
2. Ol. Rodrigues, *Lettres sur la religion et la politique*,
p. 283 (1832).

claircit point. Tout ce qu'elle nous apprend, c'est qu'aucun être ne peut être anéanti, et que, confondus, absorbés dans le *grand tout,* nous participerons à son développement.

Je crois inutile d'entrer dans plus de détails. Ce qui précède suffit pour faire apprécier le caractère de la doctrine saint-simonienne. C'est un panthéisme formel. Son Dieu, elle le déclare nettement, c'est « l'univers aimant, intelligent et fort ; » c'est l'univers arbitrairement revêtu de ces attributs de perfection, de beauté, d'unité qui n'appartiennent qu'à la cause suprême. Elle prétend, il est vrai, différer du spinozisme en ce que, pour elle, ces deux formes coéternelles, l'esprit et la matière, sont unies et vivifiées par l'amour. Qu'importe? Esprit et matière, tout ce qui est n'en fait pas moins un seul être, indivisible, infini, le *Tout* vivant qui est Dieu. L'homme, par conséquent, n'en fait pas moins partie de Dieu : il est en Dieu et Dieu est en lui[1]. Après cela, faut-il demander si l'homme est libre, s'il y a une loi morale, une distinction entre le bien et le mal? Ce sont là des questions qui ne peuvent pas même se poser dans la théorie saint-

---

[1]. « Grand Dieu! c'est toi qui aimes ce que nous aimons ; « c'est toi qui connais ce que nous connaissons ; *c'est toi qui* « *fais ce que nous faisons,* car ton amour, ta science et ta « puissance *agissent éternellement en nous.* » Olinde Rodrigues, *Lettres sur la polit. et la relig.,* p. 283.

simonienne. Il n'y a de loi que la pleine satisfaction de tous les instincts naturels ; il n'y a de mal que leur compression et leur incomplet développement. Quant aux conséquences morales de cette réhabilitation de la matière, qui a été l'idée mère du système et sa seule originalité, on ne les aperçoit que trop. Vainement prétend-on purifier la jouissance en l'élevant au-dessus de l'égoïsme, ennoblir la richesse en lui donnant pour but le bien-être général, sanctifier enfin la matière en l'alliant à la beauté et à la sagesse ; il faut ignorer profondément la nature humaine pour croire que la morale trouvera là des garanties un peu sérieuses.

Si peu philosophique que soit la doctrine saint-simonienne, celle de Fourier l'est encore moins. Fourier ne s'occupe ni de métaphysique ni de religion ; il ne s'inquiète guère ni de Dieu, ni de l'âme ; il ne tient pas même compte des idées, ni du développement historique de la raison humaine. Dans l'homme, il n'a vu qu'un seul côté, le côté sensuel ; il ne tient compte que d'un seul élément, la passion ; et c'est sur cette base qu'il réorganise la société.

Ce qu'il pense de Dieu et du monde, il est difficile de le préciser. Quelquefois il parle d'un Dieu spirituel, et semble distinguer le créateur de la créature. Ailleurs, il semble faire de Dieu et du monde deux êtres absolus et infinis, se confondant sous de certains rapports et s'absorbant l'un l'autre ; si bien que sa formule se rapprocherait de celle des saint-simoniens : « Dieu est tout ce qui est. » Ailleurs enfin, il paraît reconnaître trois principes coéternels et indestructibles, Dieu, la matière et le *nombre*. Le nombre gouverne le monde par la symétrie, le rhythme et les assonances : il *groupe* les êtres par *série* et y distribue les *harmonies*. La série est parfaite dans la nature, et tout développement s'y fait par l'*attraction :* l'attraction est le principe universel du mouvement, aussi bien dans l'homme que dans l'animal et l'être inorganique.

Mais l'homme par la civilisation est sorti de l'état naturel et des conditions du nombre : il faut qu'il y rentre ; il faut qu'il rejette les lois factices de la société qui le rendent malheureux, pour se confier à la loi divine de l'attraction, d'où naîtra le *mouvement passionnel* qui seul peut le ramener à l'ordre et au bonheur.

« Le devoir vient des hommes, l'attraction vient de Dieu. » Voilà l'axiome sur lequel Fourier élève sa morale. Le devoir est antisocial ; il est le produit monstrueux de la civilisation. La civilisation a enfanté la misère et la tyrannie en *comprimant* et *supprimant* nos instincts : elle est une triple lutte contre la nature, contre l'homme et contre Dieu. Tous les animaux suivent l'instinct, tous les êtres vivants obéissent à l'impulsion du plaisir. L'homme seul s'est révolté contre cette loi divine. Qu'a-t-il à faire? sortir de la civilisation, rentrer dans le règne animal. Le bonheur, en effet, est la vocation de tous les êtres ; l'instinct est infaillible, *les attractions sont proportionnelles aux destinées :* dès lors le bonheur naîtra de l'harmonie, et l'harmonie résultera du libre jeu et de la pleine satisfaction de toutes les passions.

Pour ce qui est de l'âme, elle est immortelle : elle renaîtra dans une suite indéfinie d'existences, mais toujours associée à une organisation matérielle ; car elle est inséparable de la matière qui est immortelle comme elle.

Ce serait faire trop d'honneur à de telles pauvretés que de s'y arrêter davantage : il suffit de les mentionner comme une des aberrations de notre temps. Une seule idée a fait vivre quelque temps le fouriérisme : c'est l'idée de l'association. Mais au point de vue philosophique et moral, il est au-dessous de toute discussion ; c'est le sensualisme, c'est le matérialisme dans ce qu'ils ont de plus grossier et de plus naïvement abject. J'ajoute même que jamais le matérialisme n'a été plus platement exposé et plus faiblement déduit. Au fond, l'attraction universelle de Fourier n'est pas autre chose que cette loi de la gravitation, dont Saint-Simon avait voulu d'abord faire le principe commun des sciences morales et des sciences naturelles, et qu'il avait abandonnée comme trop étroite. Pour fonder un système sur une telle base, il a fallu un homme aussi dénué de l'esprit d'observation que de l'esprit philosophique. Car, en admettant que les attractions soient proportionnelles aux destinées, comment Fourier n'a-t-il pas vu que, dans la nature comme dans la société, chez les animaux aussi bien que chez l'homme, les instincts sont souvent en lutte, les égoïsmes se font la guerre, les destinées s'entre-combattent et s'entre-dévorent?

Le saint-simonisme et le fouriérisme sont morts il y a longtemps : ce qu'ils ont eu de commun sous les diversités extérieures, je veux dire leur morale sensualiste, ne leur a que trop survécu. Cette doctrine, qui prêche à l'homme la jouissance, non-seulement comme un droit, mais comme un devoir ; qui lui montre le bonheur comme sa seule vocation ; qui lui enseigne que la société est le seul obstacle au bien-être de tous, et que grâce à de certaines combinaisons artificielles, cette terre peut devenir un paradis ; cette doctrine, on l'a vue renaître depuis sous un nom nouveau, sous son vrai nom : c'est le socialisme.—Dans l'ordre des idées philosophiques, l'école de Saint-Simon a donné aux esprits une impulsion qui s'est prolongée. Parmi les systèmes que nous allons avoir occasion d'étudier, plusieurs en portent l'empreinte : M. Pierre Leroux, M. Pelletan,

Auguste Comte ont, à divers degrés, subi son influence. Deux idées surtout ont surnagé, et se retrouvent dans plus d'une théorie contemporaine ; l'une est la conception de l'univers-Dieu ou le panthéisme matérialiste plus ou moins atténué; l'autre, qui en découle logiquement, est la sanctification plus ou moins ouverte de l'instinct, de la passion. Il n'est pas jusqu'à certains disciples de Hegel qui, par un autre chemin, arrivent aujourd'hui sur ce dernier point à des conclusions identiques, tant les mêmes erreurs en métaphysique conduisent infailliblement aux mêmes conséquences en morale.

J'ai dit que dans les dix années qui suivirent la secousse politique de 1830, l'école spiritualiste n'avait guère produit qu'un ouvrage un peu considérable de philosophie, et j'ai nommé le *Cours de droit naturel* de Théodore Jouffroy. Je n'ai point à l'examiner ici, car c'est (le titre l'indique assez) un traité de morale, et non de philosophie religieuse. Toutefois, et bien que son sujet l'enfermât dans d'étroites limites, Jouffroy avait eu, en faisant l'histoire des principaux systèmes moraux, l'occasion de toucher à quelques-unes des grandes questions de la philosophie religieuse. Le scepticisme et le panthéisme se trouvèrent ainsi sur son chemin, et il sut, après les avoir soumis à sa lumineuse analyse, leur opposer en passant les fortes réponses d'une science toujours appuyée sur l'étude profonde de l'intelligence humaine. Mais ce n'étaient là, après tout, dans son cours, que des points accessoires; la question morale était son objet principal, et, il faut le dire, la question morale, à cette époque, était dépassée. C'était la question religieuse qui déjà préoccupait les esprits. Cette question, Jouffroy, qui l'a effleurée souvent, ne l'a jamais abordée de front. Cet esprit si net, si lucide, a toujours montré une timidité extrême en ce qui touche les problèmes élevés de la métaphysique. Il se défiait surtout de ces spéculations aventureuses que venait d'enfanter en Allemagne la philosophie de l'absolu; il n'y voyait que de vains jeux d'esprit, de dangereuses chimères. Non qu'il fût en cette matière indifférent ou sceptique : on l'a, à cet égard, étrangement méconnu, calomnié. Par nature, c'était au contraire une âme religieuse, dévorée de l'amour de la vérité, tourmentée du besoin de croire. Dans un fragment resté célèbre, et empreint de la plus haute et de la plus pénétrante éloquence, il nous a raconté, il est vrai, comment la foi chrétienne, la foi qu'il avait reçue de sa mère était morte en lui, et quels déchirements le doute avait causés dans son âme, et quelles angoisses il y avait laissées; mais il nous a dit aussi par quels efforts, avec quel courage et quels labeurs il avait remonté du fond de l'abîme vers la vérité immortelle, vers la lumière « qui éclaire tout homme venant en ce monde; » et comment la philosophie spiritualiste, malgré ses incertitudes et ses ténèbres partielles, lui avait été un refuge, un soutien, et l'avait sauvé du plus grand de tous les maux, le scepticisme. Touchante et dramatique histoire, qui est celle de plus d'un parmi nous, et qu'on ne peut lire sans une sympathique émotion.

Le mouvement philosophique, un instant ralenti dans les années qui ont suivi la Révolution, se ranime vers 1840. Un livre qui eut un certain retentissement fut, non la cause, mais l'occasion de cette sorte de réveil des esprits : je veux parler de l'*Essai sur le Panthéisme*, de M. l'abbé Maret.

Au fond, c'était une attaque contre toute philosophie. L'auteur, abandonnant la thèse désespérée de l'impuissance absolue de la raison, si bruyamment soutenue naguère par M. de Lamennais et M. de Bonald, se retranchait dans une théorie intermédiaire, mitigée. La raison, selon lui, peut concevoir Dieu, démontrer son existence, mais elle ne peut le connaître ; dès qu'elle essaye de le définir, de pénétrer sa nature, de déterminer ses attributs, sa vue se trouble, ses notions se confondent, et elle va se perdre inévitablement dans l'abîme du panthéisme. M. de Lamennais avait dit : « Toute philosophie est condamnée au scepticisme. » M. l'abbé Maret s'écrie : « Tout rationalisme aboutit fatalement au panthéisme. » Sans faire autant de bruit que le paradoxe de l'*Essai sur l'Indifference*, celui-ci n'en eut pas moins un grand succès. Ce n'était pas seulement un argument commode contre les philosophes, c'était aussi une arme contre l'Université. D'un bout à l'autre de la France, ce fut dans le clergé le mot d'ordre nouveau : « Point de milieu entre le catholicisme et le panthéisme. »

En logique, la théorie de M. Maret sur la raison ne tenait pas. Si la raison est capable de s'élever à Dieu, qui est la plus haute des vérités métaphysiques, comment ne serait-elle pas capable de concevoir les autres vérités morales et religieuses ? En pareille matière, il n'y a pas de terme moyen. Dieu est incompréhensible pour nous : oui, s'il s'agit de connaître l'essence même de son être, de pénétrer son insondable substance ; — non, s'il s'agit seulement de déterminer sous quelles conditions essentielles il existe, sous quels attributs nécessaires il doit être conçu. Car, si j'affirme Dieu, c'est comme l'être parfait, c'est comme la cause infinie et intelligente que je l'affirme ; et affirmer son intelligence, sa puissance et sa perfection infinies, n'est-ce pas dire de lui quelque chose qui se comprenne ?

Quant au panthéisme, que M. Maret voit partout, il s'en fait une idée assez confuse. Il confond perpétuellement deux sortes de panthéismes, qu'il est bon pourtant de distinguer : le panthéisme matérialiste, qui identifie Dieu avec le monde, et le panthéisme idéaliste qui absorbe le monde en Dieu. Sans doute ces deux systèmes ont un point de ressemblance, un principe commun, qui est l'unité de substance; mais c'est fausser la langue et brouiller les idées que de les confondre sous une même dénomination, et de les identifier. J'accorde que tous deux ont, en morale, en religion, des conséquences à peu près pareilles et également funestes; il n'en est pas moins vrai que, logiquement, il n'est pas permis d'assimiler la doctrine qui voit Dieu partout, et ne regarde le monde que comme un mode de son développement, et la doctrine qui ne voit Dieu nulle part et regarde le monde comme la seule substance et la seule réalité. Ce sont, à vrai dire, en métaphysique, les deux pôles opposés.

Quoi qu'il en soit de ce point, si jamais philosophie a été loin du panthéisme, on peut dire que c'est la philosophie spiritualiste fondée par Descartes, restaurée en France par Royer-Collard et M. Cousin. L'auteur de l'*Essai* l'accusait pourtant de répandre à pleines mains dans les esprits le venin du panthéisme. Accusation étrange, en vérité! Qu'a de commun avec le panthéisme une philosophie qui, avec Leibnitz et Maine de Biran, va puiser dans la conscience même, dans le sentiment profond de notre activité individuelle, les idées de substance, de cause et de force? Comment, partant du moi, c'est-à-dire de l'affirmation de la personnalité humaine, pourrait-elle en venir à absorber en Dieu les individualités finies? Une semblable imputation n'était pas sérieuse, et la suite l'a bien fait voir. L'école spiritualiste y a répondu de la plus noble façon, en donnant du panthéisme une réfutation tout autrement solide que celle qu'avaient balbutiée les théologiens qui l'accusaient de panthéisme.

Le livre de M. Maret, très-superficiel et très-insuffisant comme histoire et comme discussion des systèmes panthéistes, eut un mérite du moins : il appela l'attention sur des questions jusque-là restées dans l'ombre, et que le progrès des idées faisait surgir; questions redoutables, touchant la nature et la personnalité de Dieu, touchant les rapports du monde et de l'homme avec Dieu. Ces problèmes, l'école éclectique les avait à peu près négligés. M. Cousin seul, dans ses *Fragments philosophiques* et dans ses leçons fameuses de 1828, s'y était arrêté un instant : c'est même là que, cédant à un moment d'entraînement vers la philosophie de Hegel, il s'était approprié quelques-unes de ses formules sur Dieu, la nature et l'humanité, et avait ainsi autorisé dans une certaine mesure des accusations de panthéisme que démentaient assez ses principes, sa méthode, son enseignement tout entier. Mais le moment était venu où ces problèmes allaient envahir la scène et s'imposer à tous les esprits. Depuis trente ans, ces problèmes agitaient toute l'Allemagne : ils y avaient enfanté des systèmes hardis, étranges; les noms de Fichte, de Schelling, de Hegel, commençaient à se répandre en France; quelque chose de leurs idées, de leurs théories semblait circuler dans l'air; et sans s'en rendre bien compte, l'opinion comprenait que là était la question vitale de la philosophie; que jusque-là en France la philosophie n'avait discuté que des questions préliminaires en quelque sorte, et qu'ici enfin allait se poser le problème suprême, celui qui résume tous les autres et emporte avec lui toute philosophie, toute morale, toute religion.

CHAPITRE II

Premiers systèmes. — M. de Lamennais : *Esquisse d'une philosophie*. — M. Pierre Leroux : *L'Humanité*. — M. Jean Reynaud : *Terre et Ciel*.

Depuis le commencement du siècle, la philosophie française, obéissant sans doute en cela aux nécessités de la lutte où elle était engagée, s'était en quelque sorte cantonnée dans un coin de la science. L'homme était resté l'objet à peu près exclusif de ses méditations; et à force de concentrer ses regards sur ce point unique, elle avait parfois un peu perdu le sentiment et la vue de l'ensemble. Au-dessus de l'homme, au-dessus du monde, elle adorait sans doute un Dieu créateur, intelligent et bon; mais quant aux attributs et au mode d'action de ce Dieu, quant à ses relations avec l'homme et le monde, elle en était restée à peu près aux conceptions du dix-huitième siècle; c'est-à-dire à un Dieu non-seulement distinct mais séparé du monde, qui à un jour donné, ayant créé toutes choses, est rentré ensuite dans le repos de son immobile éternité. Ce vieux déisme, reléguant le créateur dans les profondeurs inaccessibles de l'infini, comme une muette idole assise au fond du sanctuaire, ne pouvait satisfaire l'âme humaine. Il laissait l'homme trop loin de Dieu ; il rompait tout lien, autre que le lien logique de cause à effet, entre le créateur et la créature. Une réaction contre cette doctrine étroite était inévitable : mais inévitablement aussi cette réaction allait pousser plus ou moins loin les esprits aventureux sur la route du panthéisme. Il est difficile d'échapper à ce danger, quand on veut faire une philosophie de l'absolu, c'est-à-dire expliquer Dieu, et reconstruire le monde *à priori*.

C'est une entreprise de ce genre que tenta M. de Lamennais dans son *Esquisse d'une philosophie*[1]. Bien que ce livre ait eu peu d'action sur les esprits, il mérite qu'on s'y arrête : c'est l'effort d'une vigoureuse intelligence pour résoudre les plus hauts problèmes de la métaphysique. La nature de Dieu et ses principes essentiels, la création et ses lois, le monde et ses rapports avec l'infini, l'homme et ses relations avec Dieu, ce n'est rien moins que cela dont l'auteur prétend nous donner le secret.

Mais d'abord et en ouvrant le livre, il est une question dont on ne peut se défendre : la solution

---

1. 4 vol. in-8 ; 1840.

de ces grands problèmes, à qui M. de Lamennais va-t-il la demander? Est-ce à la raison, qu'il a autrefois déclarée impuissante? Est-ce à l'autorité, qu'il proclamait alors la source unique de toute vérité? Il est assez curieux de savoir ce que pense l'auteur de l'*Esquisse*, du système préconisé par l'auteur de l'*Essai sur l'indifférence*. — Au premier aspect, il semble que M. de Lamennais n'ait pas varié dans sa théorie; mais si on y regarde de près, on s'aperçoit bien vite qu'il y a apporté de graves modifications. La raison commune est encore pour lui le *criterium* extérieur de la vérité; elle n'est plus la source unique de la vérité. Tout en maintenant, pour la forme, son principe, il fait deux concessions d'une énorme portée : la première, c'est qu'il y a dans l'intelligence humaine « *des notions primitives, des croyances immuables,* « *inhérentes à notre nature*, et perpétuellement « proclamées par la raison commune ; » la seconde, c'est qu'il y a dans la raison individuelle un principe actif, spontané, qui tend sans cesse à reculer les limites de la connaissance humaine, par la découverte de vérités nouvelles[1]. Après cela, il a beau soutenir que les opinions individuelles restent soumises au contrôle, à la vérification de la raison commune, régulateur suprême de la croyance; ces deux

---

1. *Esquisse d'une philosophie,* livre I, ch. I, p. 10 et 11.

concessions infirment en principe et annulent en pratique son système ancien; car admettre qu'il y a des *notions primitives*, des *croyances immuables, inhérentes à notre nature*, c'est reconnaître que la source de la vérité est en nous et non hors de nous; et d'autre part, accorder à l'activité individuelle le pouvoir de reculer les limites de la connaissance, de découvrir des vérités nouvelles, sauf confirmation par la raison commune, c'est rendre en fait à la raison la liberté qu'on lui marchande en théorie. Quel est le novateur, quel est le réformateur qui n'ait pas la prétention de voir ses idées admises et sanctionnées par la raison générale? M. de Lamennais tout le premier en donne l'exemple dans son livre, où tantôt il combat des opinions généralement reçues et tantôt propose des doctrines fort éloignées de la croyance vulgaire. Il n'est pas un philosophe qui ne soit prêt à signer une proposition comme celle-ci : « Si tous ne concourent pas
« directement à la philosophie nouvelle, tous en
« seront les juges par ce secret instinct, *cette mys-*
« *térieuse intuition* qui caractérise le rapport du
« genre humain avec le vrai. Lorsque l'individu
« le proclame en le formulant, il n'est que l'écho,
« la voix qui révèle à tous ce qui existait en chacun
« d'une manière confuse et latente [1]. » Et n'est-ce

---

[1]. *Esquisse*, préface, p. xxv.

pas un disciple de Descartes qui a écrit cette autre phrase : « La raison ne relève que de ses propres « lois ; on peut l'atténuer, la détruire plus ou moins « en soi ; mais tandis qu'elle subsiste et au degré « où elle subsiste, sa dépendance est purement fic- « tive, car c'est elle encore qui détermine, en vertu « d'un libre jugement, sa soumission apparente [1]. »

Au surplus, c'est là une question à part et sur laquelle nous n'avons point ici à nous appesantir. Ce qui appelle notre attention, c'est la philosophie même de M. de Lamennais : essayons d'en donner une idée.

Sa méthode est hardie, mais périlleuse. La philosophie étant pour lui la science universelle, elle doit s'efforcer de reproduire, dans le système de ses conceptions, le monde intellectuel dont le monde des sens est la grossière image. Mais où saisir les lois de la création et le plan idéal de l'univers visible, sinon dans l'Être infini d'où ce monde fini est dérivé ? L'origine, la nature, la fin des êtres ne peuvent se déduire que de la science de l'absolu ou de Dieu. « Dieu connu, tout est connu, au degré où « nous pouvons le connaître lui-même ; et nulle « connaissance n'est possible sans celle-là [2]. » C'est donc l'essence même, ce sont les lois nécessaires

1. *Esquisse*, l. I, ch. vii, p. 52.
2. *Id.*, l. I, ch. iii, t. I, p. 28.

de l'Être infini qu'il faut avant tout déterminer.

Le dernier terme de la pensée humaine, c'est l'idée de l'être ou de la substance. Indépendante du temps et de l'espace, immuable, nécessaire, infinie, elle est impliquée dans toute notion particulière : « Qui n'aurait pas l'idée de l'Être n'aurait l'idée d'aucune existence. » Cet être nécessaire, absolu, éternel, « l'Être en un mot, c'est Dieu. *Il est celui qui est.* » On ne saurait démontrer Dieu, car l'absolu se refuse à toute preuve ; il a sa raison en soi, et il est la raison de tout. On ne saurait non plus nier Dieu, car l'idée primitive de l'Être est le fond de toute intelligence et de tout langage, et l'athée véritable serait celui qui dirait : Il n'existe rien.

Or, cette idée de l'Être, quand on l'analyse, se décompose en trois éléments, trois principes, qui sont la puissance, l'intelligence et l'amour. Il y a donc dans l'Être infini, c'est-à-dire en Dieu, trois propriétés ou énergies primordiales; et il n'y en a que trois. Individuellement distinctes, et pourtant liées entre elles par une unité absolue, elles constituent une véritable trinité de personnes en un seul Dieu. A cet égard, le dogme chrétien est la formule la plus vraie et la plus profonde qui ait été donnée de Dieu. Ces trois *énergies*, ces trois *personnes* divines ont nécessairement concouru à la création, impossible en toute autre hypothèse; car, à côté de la puissance, principe d'action, il a fallu l'intelligence, principe de forme, et l'amour, principe d'union.

Mais comment comprendre l'acte même de la création? L'hypothèse vulgaire n'est pas acceptable. Admettre la production d'une substance nouvelle en dehors de la substance infinie, implique contradiction : l'Être est un, par cela seul qu'il est absolu. Il n'y a donc, il ne peut y avoir qu'une seule substance, celle de Dieu. L'être que Dieu donne, il le tire de soi. Écoulée hors de lui par la réalisation des idées éternelles, c'est la substance divine elle-même qui, sous un mode d'existence différent, forme les êtres finis qui composent l'univers. Le principe de *distinction,* qui en Dieu détermine les idées, devient *limite* dans les êtres réels, et constitue ce que nous appelons la matière; par là, le fini sort de l'infini, la multiplicité de l'unité. « En un mot, l'Être,
« la substance, subsiste sous deux modes, l'un ab-
« solu et nécessaire qui est Dieu ; l'autre relatif et
« contingent qui est la créature : d'où suit que la
« nature de Dieu est essentiellement différente de
« celle de la créature, bien que la substance de
« la créature ne soit radicalement que la substance
« de Dieu[1]. »

De l'unité de substance résulte cette conséquence que les trois principes qui constituent l'Être infini constituent pareillement le monde, qui est son

---

1. *Esquisse,* liv. II, ch. I, t. I, p. 114.

image, et qu'à tous les degrés de la création doivent se retrouver la puissance, l'intelligence et l'amour. La Trinité devient ainsi la loi même du monde, de moins en moins manifeste à mesure qu'on descend dans l'échelle des êtres, mais identique et universelle depuis l'homme jusqu'à l'être inorganique. Sur ce principe, M. de Lamennais ne voit plus dans l'univers que « des unités s'épanouissant sous la forme ternaire. » Partout, dans tous les ordres de la création, et sous des noms différents, il retrouve ou prétend retrouver les trois énergies constitutives, sans le concours desquelles rien n'existe, rien ne peut exister. Considérées comme éléments primitifs de tout être limité, elles sont la substance, la force et la cohésion. Considérées comme causes générales de la nature, elles sont le calorique, identique à l'amour; la lumière, identique à l'intelligence; et le fluide électrique ou magnétique, correspondant à la force. De même, les sept couleurs du prisme se réduisent à trois couleurs primitives. De même, dans l'homme, apparaissent trois facultés éminentes, la volonté libre, la parole ou le verbe, et l'amour.

Il serait trop long, et très-superflu, de suivre plus loin l'auteur dans les applications bien souvent hasardées, quelquefois subtiles, ingénieuses toujours, qu'il fait de cette théorie au monde physique, à l'homme, à la société, à la religion, à l'art. Ce qu'on vient de dire suffit pour faire comprendre les grandes lignes de son système. Ce système a la hardiesse et la grandeur, mais il a aussi la faiblesse et la fragilité de toutes ces constructions métaphysiques qui veulent embrasser l'infini. Les objections se présentent en foule, et dès le début l'esprit hésite à suivre M. de Lamennais sur la route glissante de l'abstraction où il s'engage. Ainsi, à son point de départ même, ne se méprend-il pas étrangement quand il confond l'idée de l'être en général ou de substance, avec l'idée de l'Être infini ou de Dieu ; et là-dessus prétend que Dieu n'est pas niable, et que celui-là seul serait vraiment un athée qui nierait l'existence d'un être quelconque? Il y a là un malentendu manifeste. M. de Lamennais prend alternativement dans deux sens différents les mots d'*être* et de *substance* absolue. Selon qu'ils sont pris en effet au sens général ou au sens particulier, ces mots expriment des idées tout autres. Au sens général, l'être absolu n'est qu'une abstraction, une forme logique, semblable aux idées de temps et d'espace, qui ne répond à rien de déterminé et de distinct ; c'est l'existence conçue séparément de toute propriété et de toute réalité effective. Au sens particulier, c'est au contraire un être très-distinct et très-déterminé, c'est l'Être parfait, l'Être par excellence, qui a dans sa perfection la raison de son existence absolue et qui est le principe de toutes les existences relatives; c'est Dieu en un mot. M. de Lamennais n'ignore point cette distinction : lui-même la signale en un endroit; et pourtant la confusion se reproduit sans cesse sous sa plume. Il en résulte quelque chose d'équivoque et de louche dans la notion même de Dieu. Parler indifféremment de la substance abstraite qui est le fond de tout ce qui est, et de la substance infinie qui est Dieu; de l'être en général et de l'Être nécessaire qui est la cause première; c'est laisser la porte ouverte à de dangereuses erreurs. On verra bientôt que c'est là précisément le sophisme par lequel les Hégéliens réduisent l'idée de Dieu à une pure abstraction.

De ce faux principe, M. de Lamennais tire des conséquences qui ne le sont pas moins. Que l'Être infini soit un, cela est évident. En résulte-t-il que la substance soit unique? c'est-à-dire qu'il n'y ait et ne puisse y avoir au monde qu'une seule substance? En aucune façon : le principe de l'unité absolue est vrai de Dieu ou de l'Être infini; il n'est pas vrai de la simple notion de l'être en général ou de la substance abstraite. Qui m'empêche de concevoir des substances diverses pour des êtres divers? La raison commune, pour laquelle M. de Lamennais a tant de respect, n'a-t-elle pas de tout temps placé des substances différentes sous les mots de *matière* et de *pur esprit?*

Et non-seulement la raison ne répugne point à cette conception ; elle y est invinciblement portée. C'est sans doute une des difficultés du dogme de la création, qui est si plein d'insolubles difficultés, de concevoir en dehors de Dieu, être infini, la production d'une substance nouvelle constituant les êtres finis. Mais M. de Lamennais s'abuse s'il croit avoir résolu le problème. Enseigner qu'il n'y a pas production de substance nouvelle, mais seulement écoulement de la substance divine qui en se limitant se transforme, et d'infinie qu'elle était, devient finie ; si bien que l'être fini n'est autre chose que la substance même de Dieu avec la limite de plus, et que sous la diversité des natures il y a identité des substances ; enseigner cela n'est-ce point seulement substituer des difficultés nouvelles aux difficultés anciennes? Là où il y a diversité infinie des natures, la raison n'est-elle pas comme entraînée à concevoir des substances diverses? Dire que c'est seulement la présence ou l'absence de la limite qui fait que l'être est fini ou infini, n'est-ce pas réduire l'infini à une idée négative? et le réduire à une idée négative, n'est-ce pas le détruire? Infinitude est synonyme de perfection. Entre l'être imparfait et l'être dont la perfection est l'essence, qu'y a-t-il de commun ? — La substance, dites-vous. — Si la substance veut dire simplement l'existence, je vous l'accorde ; mais si elle veut dire ce qui fait le fond même de l'être, j'ai peine à comprendre que la substance parfaite puisse être identique à la substance imparfaite.

Ce n'est pas tout. Comprend-on que l'infini se limite, et par là cesse d'être l'infini? Dieu, même pour partie, peut-il cesser d'être infini, c'est-à-dire Dieu? Peut-on concevoir des parties en Dieu, ou dans la substance divine? Et il le faut bien pourtant dans l'hypothèse, puisque partie de cette substance s'*écoule* hors de Dieu pour former le monde. Cet *écoulement* de la substance divine et cette transmutation de l'infini en fini, est-ce là une théorie plus claire, plus facile à accepter que la théorie vulgaire qui admet hors de Dieu, dans le temps et l'espace, la production d'une nouvelle substance, celle des êtres finis? Pour moi, je l'avoue, le mystère est égal de part et d'autre. Le système de l'écoulement me paraît reculer la difficulté sans la résoudre. Mystère pour mystère, j'aime autant celui de la création. Tout ce qu'on ajoute à ce mot de commentaires, d'hypothèses, n'est que subtilité, distinctions verbales, métaphores substituées à d'autres métaphores, explications qui n'expliquent rien.

Je ne sais même si la théorie de M. de Lamennais n'offre pas un grand danger. Il repousse comme conduisant au panthéisme le système qui fait *émaner* le monde de Dieu : il ne veut pas qu'on parle d'émanation; mais il parle d'*écoulement*, de *parti-*

cipation. Que la substance du monde soit écoulée hors de Dieu, ou qu'elle en soit émanée, j'avoue que la différence m'échappe. Ce sont deux métaphores qui expriment pour moi la même idée. Au fond, je retrouve toujours le même principe, à savoir, l'unité, l'identité de substance ; et sous quelque image qu'on l'enveloppe, ce principe me fait peur. Dès qu'il n'y a qu'une seule substance en effet, comment échapper à cette conséquence que nous sommes des fragments détachés de l'être divin ; que par suite les individualités particulières ne sont que des formes accidentelles et changeantes qui se dessinent sur le fond universel de la substance infinie? Et n'est-ce pas là le panthéisme même? — J'entends bien que M. de Lamennais proteste, et arguë d'une différence notable entre son système et celui de Spinoza. Pour Spinoza, nous ne sommes que les modes fugitifs de la substance éternelle, distincts d'elle par la forme, identiques par le fond. Pour M. de Lamennais, nous sommes distincts non-seulement par la forme, mais aussi, prétend-il, par le fond ; de même substance et non de même nature. Mais prenez garde : quand vous avez accordé que le monde et Dieu sont consubstantiels, vous avez accordé au panthéisme à peu près tout ce qu'il vous demande. L'unité de substance posée, la diversité des natures ressemble à une pure subtilité ; cette *distinction* qui devient *limite*, se réduit à une conception tout idéale, à une abstraction.

On ne s'étonne point d'ailleurs que l'hypothèse de M. de Lamennais puisse conduire à de telles conséquences, quand on remarque que cette hypothèse même, cette théorie de la création, ce principe de distinction qui devient limite dans le monde et par là constitue la matière, ce sont autant d'emprunts qu'il a faits à une philosophie célèbre mais suspecte à bon droit de panthéisme, je veux dire la philosophie des Alexandrins. Et chose singulière, de même qu'en dépit de ses protestations et de ses efforts, il glisse avec les Alexandrins vers le panthéisme, la pente irrésistible des idées l'entraîne aussi, comme eux, vers le mysticisme, et il en vient jusqu'à préconiser l'*extase* comme un des moyens donnés à l'âme humaine de s'élever à la vérité [1].

Faut-il parler de cette théorie de la Trinité qu'il a plu à M. de Lamennais d'introduire dans sa philosophie? Lui-même convient qu'il y a là un mystère. Nul ne s'étonne que la religion impose des mystères à la soumission des fidèles : la religion ne s'adresse pas à la raison, mais à la foi ; elle ne demande pas de comprendre, mais de croire. Le rôle et les conditions de la philosophie sont tout autres : c'est à la raison seule que la philosophie s'adresse, et elle n'a droit d'être crue qu'autant qu'elle se fait comprendre et accepter par la raison. Quelle étrange

---

1. *Esquisse*, liv. III, ch. v.

idée, pour m'expliquer Dieu et la création, d'aller emprunter à la religion un dogme que la religion elle-même proclame incompréhensible et inexplicable!

L'auteur de l'*Esquisse* prend beaucoup de peine pour établir qu'il y a en Dieu trois principes, et qu'il ne peut y en avoir ni plus ni moins. Je le veux bien, quoique l'assertion soit difficile à prouver. Mais à quoi bon les subtilités qu'il entasse pour expliquer comment ces trois principes « subsistent d'une manière individuellement distincte dans l'unité; » comment chacune de ces propriétés « étant l'être tout entier, chacune d'elles constitue une *personne* dans l'unité de l'être absolu; comment enfin la puissance *engendre* l'intelligence, et comment de l'une et de l'autre *procède* l'amour[1]. » Et quel abus de l'esprit de système de prétendre retrouver dans toutes les parties de la création, dans le monde comme dans l'homme, dans la chimie comme dans la morale, dans l'art comme dans la politique, cette trinité divine, cette triplicité d'éléments qui est selon lui la loi universelle de l'être! Les lois du monde relèvent de l'expérience, non du raisonnement : c'est l'observation, c'est l'étude des faits qui nous les révèle, et non la spéculation métaphysique. La raison affirme l'Être infini : elle l'af-

---

[1]. *Esquisse*, liv. I, ch. VII.

firme sous les conditions nécessaires qu'emporte cette conception de l'infini, je veux dire l'éternité, l'unité, la perfection : voilà toute notre science. Au delà, tout est obscurité, éblouissement, vertige. Prétendre expliquer Dieu dans son essence ; vouloir lire dans les éléments constitutifs de sa nature les lois nécessaires de la création, reconstruire en un mot l'univers de toutes pièces ; quelle ambition, ou plutôt quelle folie! C'est pourtant là le rêve de toute philosophie de l'absolu ; et il y a lieu de s'émerveiller que de grands esprits, malgré tant de chutes éclatantes, renouvellent sans cesse cette entreprise insensée d'escalader le ciel et de dérober à l'infini son secret.

Il faut être juste toutefois pour M. de Lamennais. Si son système prête à de nombreuses et graves critiques, l'esprit général de sa philosophie est pur et élevé. C'est un disciple de Platon qui a traversé la théologie chrétienne. Son idéalisme hardi ne l'empêche point de proclamer un Dieu personnel et vivant ; et, en face de la personnalité divine, de maintenir hautement la liberté humaine. Sa théorie sur la grande question du mal, si elle incline peut-être à l'excès vers l'optimisme, disculpe du moins d'une façon très-philosophique la Providence, et trace à l'homme sous la double loi du devoir et du progrès, une destinée qui est faite pour élever son âme et fortifier sa volonté.

Le livre de M. de Lamennais, je l'ai dit, n'obtint pas, même des esprits sérieux, l'attention dont il était digne. On aime les idées philosophiques en France ; mais on a peu de goût pour les systèmes ontologiques, pour ces audacieuses hypothèses, ces essais de science universelle qui enchantent nos voisins d'Allemagne. L'indifférence publique ne fut pas même réveillée par le mérite du troisième volume, où l'auteur, en développant sa théorie de l'art, a déployé toutes les richesses de sa puissante imagination et exprimé les idées les plus ingénieuses dans le plus magnifique langage. L'ouvrage fut interrompu avant d'être achevé.

Vers le même temps se produisit une entreprise fort différente quant à l'inspiration, fort inférieure pour le fond et pour la forme, mais qu'il faut signaler comme un des symptômes du temps. Je veux parler du livre de l'*Humanité* de M. Pierre Leroux[1].

M. Pierre Leroux est aussi un trinitaire, mais il l'est à sa façon. Ancien disciple de Saint-Simon, on retrouve chez lui le fond de matérialisme du maître : on y trouve aussi la même incohérence d'idées, la même absence d'esprit philosophique.

1. De *l'Humanité, de son principe et de son avenir, où se trouve exposée la vraie définition de la religion*, 2 vol. in-8; 1840.

Sa conception de Dieu n'est ni très-précise ni très-claire. Elle se réduit à peu près à cette affirmation : Dieu est triple et un à la fois ; il est puissance, intelligence et amour. Quant à nous dire sous quelle forme il est, on ne s'en occupe guère : quelquefois il semble que Dieu ne soit autre chose que l'infini, l'invisible, l'être universel, le *Tout* ou l'ensemble des êtres; ailleurs, il semble plutôt qu'il soit tout simplement la *Vie universelle*. Cette dernière formule paraît être celle qui rend le mieux la pensée fort nuageuse de l'auteur, à en juger du moins par un écrit postérieur intitulé : « De Dieu, ou de la vie universelle dans les êtres particuliers et dans l'être universel [1]. »

La psychologie de M. Pierre Leroux est aussi simple que sa théodicée. L'homme reflète Dieu : l'homme est, comme Dieu, triple et un ; il est *sensation, sentiment et connaissance*. Et cette triplicité n'est pas particulière à l'homme; elle est la loi générale du monde : « Tous les êtres reflètent Dieu, « en ce double sens : 1° qu'ils sont tous triple et « un à la fois, comme Dieu, dans tous les actes de « leur vie; 2° que Dieu triple et un, intervient dans « chacun de ces actes [2]. »

L'homme n'est point composé de deux subs-

---

1. *Revue indépendante*, 1ᵉʳ avril 1842.
2. *De Dieu, ou de la vie universelle.*

tances de nature diverse : l'âme ne saurait être conçue comme distincte et séparée du corps; son existence est liée à celle du corps. La pure spiritualité est une abstraction.

Et cependant l'homme est immortel. Mais le christianisme l'a poussé dans une voie funeste en le détachant de la terre, en lui faisant rêver un paradis céleste. M. Pierre Leroux déduit la destinée humaine d'une conception nouvelle de la religion.

Deux idées dominent cette conception. La première, c'est qu'il n'y a point de ciel, point de paradis, point de vie future en un mot, en dehors de ce monde, en dehors de cette vie. Le véritable ciel est sur cette terre, dans cette vie indéfiniment renaissante et prolongée. « Le ciel, le véritable ciel, c'est la vie, c'est la projection infinie de notre vie[1]. » La vie en effet est par essence infinie, éternelle. De ce que l'homme vit, c'est-à-dire participe à l'être éternel et infini, il faut conclure qu'il vivra toujours, qu'il est infini et éternel lui-même. « Vous « êtes, donc vous serez. — Vous êtes éternel, puis- « que vous vivez..... vous êtes éternel comme « homme; vous embrassez l'éternité sous l'aspect « de l'humanité. *Vous êtes Dieu-homme*[2]. » Mais la vie qui nous attend après la mort ne diffère pas

---

1. *L'Humanité*, liv. V, ch. I, t. I, p. 228.
2. *L'Humanité*, épilogue du liv. VI, t. II, p. 997 et suiv.

en essence de la vie présente. En revenant à la vie, « nous serons comme aujourd'hui habitants de ce « monde, participant comme aujourd'hui à la na- « ture et à la vie[1]. »

La seconde idée dominante du système, c'est que l'homme n'existe pas indépendamment de l'humanité. Il y a entre tous les hommes, passés, présents et futurs, une solidarité, une *communion* qui fait de l'espèce entière un être idéal, à la vie duquel la vie de chaque individu est liée d'une façon intime. L'homme est éternel, non comme individu, mais comme espèce. Sa vie et son perfectionnement sont liés indissolublement à la vie et au perfectionnement de l'humanité. Il renaîtra sur cette terre, mais il renaîtra dans l'humanité et par l'humanité. C'est là l'immortalité véritable, le véritable idéal[2].

Ainsi rattaché à l'humanité, dans le présent et dans l'avenir, par une étroite solidarité, l'homme est poussé par son intérêt même à faire le bien ; car « selon qu'il se conduit avec l'humanité, » il aide ou entrave son propre perfectionnement. « Il ne peut être méchant sans se nuire à lui-même[3]. » Et c'est en cela justement, c'est en intéressant l'égoïsme à l'accomplissement du bien, que M. Pierre

---

1. *L'Humanité*, t. I, p. 242, 244.
2. *Ibid.*, t. I, p. 247, ch. xi, p. 269 ; ch. xiv, p. 283 ; liv. VI, épilogue.
3. *Ibid.*, t. II, p. 1001.

Leroux se flatte d'avoir donné à la morale, à la charité un fondement inébranlable. « Il faut assister « notre semblable, dit-il, parce que ce semblable « c'est nous-même[1]. » Et il ajoute, de peur qu'on ne s'y méprenne : « Avec le principe de la charité « compris comme nous le comprenons, c'est-à-« dire avec le principe de la solidarité mutuelle, la « société temporelle est investie du soin d'organiser « la charité, *parce que la charité au fond, c'est* « *l'égoïsme*[2]. »

Certes, tout cela est peu sérieux, et ne vaudrait pas la peine d'être mentionné, si ces idées, tout étranges qu'elles sont, ce mysticisme grossier, ce panthéisme humanitaire, ne s'étaient en partie et sous diverses formes reproduits jusque dans ces derniers temps. Nous en retrouverons des traces. Je ne veux faire ici qu'une remarque : c'est que chez M. Pierre Leroux, le vieux matérialisme s'est mélangé déjà à un certain degré avec quelques-unes des idées de la nouvelle philosophie allemande. Ce Dieu qui n'est que l'être abstrait ou la vie universelle, se réalisant dans le monde, n'arrivant à la conscience de lui-même que dans l'homme; l'humanité devenant ainsi à elle-même son propre Dieu, sa propre loi et sa propre fin; ce sont bien là des

---

[1]. *L'Humanité*, t. II, p. 1001.
[2]. *Id.*, liv. IV, ch. vi, t. I, p. 219.

conceptions empruntées à l'école de Hegel. Seulement, à travers les formules mystiques, le matérialisme se laisse encore voir à nu; la morale de l'égoïsme s'étale en toute naïveté. La fraternité évangélique n'a pas suffi à M. Pierre Leroux : il y substitue la solidarité universelle; sans voir que, si l'humanité devient Dieu, l'homme disparaît; qu'avec la personnalité humaine la responsabilité morale s'évanouit, et qu'il est grandement à craindre que l'égoïsme, sans attendre le bonheur idéal qu'on lui promet dans une immortalité collective, ne préfère se donner dès à présent par avance des satisfactions plus certaines et plus positives.

Un collaborateur de M. Pierre Leroux à l'*Encyclopédie nouvelle*, très-supérieur à lui et comme écrivain et comme penseur, M. Jean Reynaud, développait vers la même époque dans ce recueil, avec une bien autre élévation d'idées et une bien autre force de doctrine, la thèse du progrès indéfini de l'humanité. M. J. Reynaud est aussi un ancien disciple de Saint-Simon; mais, philosophe spiritualiste, il entend le progrès à la façon de Leibnitz plutôt qu'à celle des socialistes modernes. L'utopie tient, il est vrai, une large place dans ses idées; mais du moins elles sont exemptes de ce mysticisme grossier dont nous venons d'exposer les tristes conceptions; et alors même qu'on ne les partage pas, on ne peut s'empêcher de rendre hommage au sentiment élevé qui les inspire. Peu remarqués et peu lus lors de leur première apparition dans l'*Encyclopédie nouvelle*, les articles de M. J. Reynaud ont été depuis[1] réunis en volume sous le titre de *Terre et ciel*, et lors de cette seconde publication ont vivement attiré l'attention.

Le livre de M. J. Reynaud n'est ni une philosophie, ni même une théodicée. Il ne traite explicitement aucune des grandes questions qui touchent à la nature de Dieu, à ses attributs, à ses rapports avec le monde et avec l'homme. C'est incidemment et comme en passant que l'opinion de l'auteur sur ces divers points est indiquée plutôt qu'énoncée. C'est d'un mot qu'il écarte le panthéisme, par cette raison, excellente d'ailleurs, que le mal et l'erreur qui sont inhérents au monde ne sauraient être supposés faire partie de Dieu. C'est dans une phrase qu'il distingue en Dieu (selon la formule favorite et très-inoffensive de M. Pierre Leroux) une trinité philosophique, composée de l'être, de l'intelligence et de l'amour, trois principes consubstantiels et coéternels, dont le second est engendré par le premier et dont le troisième procède des deux autres. Le véritable sujet du livre, l'objet principal et, à vrai dire, unique des méditations de l'auteur, c'est la destinée

---

[1]. En 1854.

humaine, c'est la théorie de la vie et de l'immortalité.

« La circulation de la vie dans l'immensité de l'univers, pour un progrès à l'infini, » voilà l'idée fondamentale de M. J. Reynaud, dégagée des formules théologiques dont il l'enveloppe. Voici maintenant l'application qu'il en fait à l'homme.

Dieu crée incessamment. Le monde est infini en étendue et en durée. Dans l'espace et dans le temps sont répandus une infinité d'astres, qui sont tous peuplés comme celui que nous habitons. — Nos âmes, avant d'apparaître sur cette terre, ont vécu déjà dans d'autres mondes : car comment rendre compte autrement du mal physique et du mal moral? Comment expliquer autrement que les hommes naissent dans des conditions si inégales, avec des prédispositions et des inclinations si diverses? Tout se comprend, au contraire, si l'on admet que nos âmes sont arrivées ici-bas chargées des fautes d'une vie antérieure : en ce sens nous avons tous commis le péché d'Adam, et nous l'expions tous.

Le dogme de la préexistence, on le voit, est le pivot sur lequel repose tout le système de M. Reynaud. De même qu'il explique le présent, il permet d'entrevoir l'avenir. Les astres qui peuplent l'immensité du ciel ne sont, comme la terre où nous sommes, que des lieux d'épreuve, des *purgatoires*, où les âmes, dans leurs migrations successives, vont s'épurant sans cesse et deviennent de plus en plus parfaites; chaque âme se formant à elle-même, dans le monde qu'elle habite, et par la *vertu plastique* qui est en elle, un corps de plus en plus beau et des organes appropriés à sa condition nouvelle.

Cette doctrine de l'immortalité, M. Reynaud l'entoure de considérations astronomiques et de développements poétiques, qui la font parfois ressembler à un beau roman. Il a la prétention singulière de la mettre en tout point d'accord avec l'orthodoxie chrétienne, et à chaque page il invoque l'Écriture, saint Augustin et saint Thomas; tout en donnant de la Trinité, du péché originel, de la Rédemption et de l'éternité de l'enfer, des interprétations qui paraissent peu conciliables avec le catéchisme. Mais avec tout cela, ce livre porte la marque d'un incontestable talent : ces idées sont exprimées dans un style élevé et quelquefois éloquent.

Au fond, y a-t-il là quelque chose de sérieux, et cette doctrine soutient-elle l'examen? Je ne nie pas que ces brillantes hypothèses ne soient, par de certains côtés, séduisantes et parfois plausibles. Mais je dis que ce ne sont que des hypothèses, et les plus gratuites des hypothèses ; qu'à ce titre déjà, elles ne peuvent prendre place dans la science, malgré l'autorité de Platon, d'Origène et même des Druides. J'ajoute qu'elles soulèvent de graves objections; et qu'elles n'ont pas même le mérite (qui est le seul cependant par où se puisse recommander une hypothèse) de donner une solution des problèmes qu'elles prétendent résoudre.

Ainsi, l'origine du mal est un de ces problèmes ; terrible problème, autour duquel l'esprit humain s'agite, et s'agite vainement depuis qu'il pense ! Toutes les philosophies, toutes les religions se sont essayées tour à tour à deviner l'énigme, et pas une n'en a encore dit le mot. Le dogme du péché originel, dans la théologie chrétienne, par exemple, explique bien l'existence actuelle du mal par la chute du premier homme : mais il n'explique pas la chute du premier homme, c'est-à-dire l'existence du mal moral qui était déjà dans le monde avant le péché, puisque le péché était possible. — M. Jean Reynaud est-il plus habile, ou plus heureux ? Hélas ! non. Quand j'accorderais que nos âmes ont déjà traversé une ou plusieurs vies, et que leurs inclinations actuelles sont la conséquence de leur conduite antérieure, vous ne m'expliquez pas cette funeste domination du mal qui pèse sur nos destinées. Pourquoi sommes-nous sujets à l'erreur, au vice, à la corruption de l'esprit et du cœur ? Pourquoi la vérité ne nous est-elle pas plus visible et le bien plus facile ? Pourquoi cette arme dangereuse de la liberté a-t-elle été mise dans nos mains si débiles ? Pourquoi le Dieu tout-puissant et tout bon nous fait-il acheter un bonheur incertain par des souffrances trop certaines? Le système de M. Reynaud ne répond pas plus à ces questions que les autres systèmes philosophiques ou religieux : dans ces vies antérieures qu'il nous prête, nous avons péché, en effet; et dès lors le problème du mal moral se pose pour la première de ces existences aussi bien que pour l'existence actuelle.

Il y a plus. Si ce système explique certaines inégalités natives et certaines dispositions premières, certaines inclinations bonnes ou mauvaises que nous apportons en naissant, il n'explique pas du tout ou il explique mal cette inégale distribution, qui se voit entre les hommes, des biens et des maux de cette vie. Je comprendrais à la rigueur que les penchants bons ou mauvais de mon âme eussent leur raison et leur cause dans le bon ou mauvais usage que j'aurais fait de ma liberté pendant ma vie précédente. Mais pourquoi l'un naît-il dans l'opulence et le bonheur, l'autre dans la misère et les larmes? Pourquoi l'homme juste est-il souvent accablé de douleurs, tandis que le méchant nage dans les voluptés de ce monde? — C'est, dites-vous, que nous sommes, sur cette terre, récompensés ou punis selon nos actions passées. — Ici les difficultés redoublent. Comment comprendre, en effet, qu'une âme douée de toute sorte de bons instincts (ce qui suppose dans votre système même, une vie antérieure pure et vertueuse) soit plongée dans un abîme de maux, tandis qu'une âme noire et vicieuse est comblée des dons de la fortune ? Pour que votre hypothèse ne fût pas en désaccord avec les faits, il faudrait qu'en ce monde les conditions parussent appropriées aux dispositions naturelles ; de sorte que le meilleur lot fût attribué aux meilleures natures, le lot le plus lourd, au contraire, imposé aux natures perverses : Dieu sait s'il en est ainsi ! Et puis, objection plus grave, objection capitale : comment admettre que nos souffrances actuelles soient le châtiment de fautes commises dans un autre monde, quand nous n'avons nul souvenir, même confus, ni de ce monde ni de ces fautes ? La punition suppose chez le coupable la conscience de sa propre culpabilité : elle ne peut être efficace, et elle n'est légitime qu'à cette condition. Punit-on celui qui, en perdant la raison, a perdu la mémoire et par suite le souvenir de son crime ? Ce ne serait plus justice, ce serait cruauté. La condition nécessaire, absolue, de l'immortalité de l'âme, ou plutôt de sa permanence, soit dans le passé soit dans l'avenir, c'est l'identité ; et la condition absolue de l'identité, c'est la mémoire, qui n'est que la conscience prolongée. Hors de là, la substance peut durer, mais l'identité a disparu ; la personne, l'être moral n'existe plus.

L'hypothèse de la préexistence, outre qu'elle n'est susceptible d'aucune preuve directe, échoue donc à expliquer les difficultés qui se présentent et soulève de plus d'insurmontables objections. Il suffit d'en avoir signalé quelques-unes. Je n'ai pas à insister ici sur les développements que M. Jean Reynaud a donnés à sa doctrine. Qu'on me permette seulement une observation sur un point particulier. Selon lui, les âmes ne peuvent exister sans être unies à des corps : le corps est l'instrument nécessaire de l'activité intellectuelle; il n'y a point et il ne peut y avoir de purs esprits. Chaque âme est douée d'une force qui lui permet de se former à elle-même son corps, en l'appropriant aux divers mondes qu'elle habite et aux conditions diverses où elle est placée. — Je ne veux point discuter en elle-même cette idée qui semble un emprunt fait par M. Reynaud à Charles Fourier[1]. Mais sur quoi se fonde-t-elle? « Nous ne pouvons, dit M. Reynaud, concevoir une créature réelle en dehors de l'étendue, par conséquent séparée d'un corps. » — Que notre imagination ne puisse se la figurer autrement, il est vrai : est-ce à dire que la raison ne puisse la concevoir? L'imagination non plus ne se représente pas Dieu, à moins de le revêtir d'une

---

1. Fourier enseignait que chaque âme a toujours été unie à un corps, et qu'après cette vie elle passe dans un corps subtil ou *aromal*, pour errer d'astre en astre à travers des transformations qui doivent durer quatre-vingt-un mille ans. (*Théorie de l'unité universelle.*)

forme humaine : est-ce un argument pour prouver que Dieu ait un corps? Cette cause intelligente et libre que j'appelle mon âme, qui est unie à mon corps, mais qui se meut dans une autre sphère que lui, je sais qu'à la mort elle se séparera de ce corps, qui est pour elle un obstacle bien plus qu'un instrument. Il se peut que, soumise à une autre épreuve, elle soit encore, dans un autre monde, unie à un autre corps. Mais qui vous autorise à affirmer qu'elle est à jamais condamnée à revêtir une enveloppe matérielle, c'est-à dire à traîner un incommode fardeau? Qui vous dit que ce soit là la condition de son activité?

Le livre de *Terre et Ciel*, malgré tout le talent qui s'y trouve, est, on le voit, peu philosophique. L'auteur donne sans cesse ses suppositions pour des faits, et ses aspirations pour des preuves. Il s'adresse plus à l'imagination qu'à la raison. Il est à la fois en dehors du Christianisme, qu'il interprète arbitrairement, et au delà du pur spiritualisme qu'il prétend compléter par des hypothèses hasardeuses. C'est le rêve brillant d'un esprit élevé mais chimérique.

CHAPITRE III

L'Athéisme : M. Proudhon. — L'Humanisme : M. Eug. Pelletan, M. Dollfus.

A part les indigestes élucubrations de M. Pierre Leroux, la philosophie allemande contemporaine n'avait encore, vers 1845, inspiré en France aucune œuvre qui eût fait quelque bruit. Les noms de Fichte, de Schelling, de Hegel, avaient été répétés parmi nous sans y éveiller d'échos. Nous semblions suivre d'un regard distrait, en spectateurs assez indifférents, que ne tentent guère de telles aventures et que ne menacent point de tels périls, les phases de l'évolution fatale qui emportait les écoles allemandes vers l'athéisme humanitaire. Le bruit causé au delà du Rhin par le livre du docteur Strauss[1] était à peine venu à nos oreilles : traduit dans notre langue[2], il n'avait été lu que comme un spécimen curieux de la hardiesse de l'esprit critique de nos voisins dans la théologie ; mais sa portée phi-

1. 1838.
2. 1840.

losophique n'avait point été pleinement comprise, ses idées n'avaient point fait de sectateurs. Cette paisible sécurité fut tout à coup troublée par un livre étrange où un homme, déjà célèbre par ses paradoxes, nous révélait en les dépassant tous les excès d'audace et de sophisme par lesquels l'école hégélienne commençait à épouvanter l'Allemagne [1]. Du premier coup, M. Proudhon enchérissait sur l'athéisme de ses maîtres : jamais Dieu n'avait été nié avec une telle intrépidité; insulté, maudit avec une telle fureur. C'était moins le manifeste d'une philosophie, qu'un cri de guerre sauvage poussé contre toute religion. Le scandale fut grand, et l'émotion vive. Mais la violence même de cette attaque aux croyances universelles, la brutalité du langage et l'absurdité flagrante des doctrines firent que l'étonnement fut plus grand que le mal. Toutefois, il faut noter à sa date cette première et bizarre explosion de l'athéisme hégélien en France. Elle laissa peu de trace; on la traita même légèrement, comme la fantaisie sans conséquence d'un rhéteur qui à tout prix voulait faire du bruit. Mais bientôt, dans le désordre moral produit par la révolution de 1848, ces idées devaient reparaître. Plus tard enfin, et c'est le spectacle qui nous est donné aujourd'hui,

---

[1]. *Système des contradictions économiques, ou Philosophie de la misère*, 2 vol. in-12; 1846.

elles devaient, chez des esprits plus fermes et plus mesurés, trouver une forme plus discrète, mieux appropriée à notre humeur et mieux faite pour les répandre. Si M. Proudhon, en enfant perdu qui compromet son drapeau, a du premier coup dévoilé toute la portée de ces doctrines, c'est un enseignement qu'il est bon de recueillir en passant; et à ce titre nous devons dire quelque chose de son livre.

Il part de ce point, incontestable pour lui, que la réalité de Dieu a succombé sous les coups de la critique moderne. L'analyse métaphysique a mis à néant le vieux dogme. En réduisant Dieu à une entité *inconditionnée*, elle l'a démontré impossible : elle a prouvé que les attributs de l'être par excellence sont les mêmes que ceux du non-être. Dieu pour les philosophes modernes n'a plus été dès lors que l'idéal de l'humanité se contemplant elle-même[1].

Mais en se dissolvant ainsi dans l'absolu, les religions et les philosophies ont laissé subsister le problème fondamental, qui est celui du dualisme partout apparent dans le monde. Partout, dans l'homme et dans la société, éclatent des *antinomies*, des contradictions; partout des faits opposés se produisent, des influences contraires se heurtent, des

---

1. *Contrad. économ.*, prologue, p. 7 et 10. (3ᵉ édit., 1850).

principes ennemis se combattent. C'est de là qu'est née dans l'humanité l'hypothèse de Dieu. Cette hypothèse, M. Proudhon (non pas sans s'en être excusé) la reprend, mais seulement comme *instrument dialectique*, pour discuter et résoudre ce grand problème du dualisme.

Cela posé, il se demande quel est le coupable dans ce sinistre drame qui a le monde pour théâtre? Et il répond : ce n'est pas l'homme, qui lutte pour réaliser l'harmonie; c'est Dieu.

Non pas, comme l'ont dit quelques rêveurs, que l'homme soit essentiellement bon, et que ce soit la société qui le déprave : c'est là une immorale niaiserie. Non, le mal est dans l'homme; en lui sont réunies toutes les virtualités, et par conséquent toutes les antinomies de l'être; il est esprit et matière, il est ange et brute[1]. Mais, armé de l'intelligence et de la liberté, il peut combattre en lui l'*animalité qui l'absède* : il est susceptible d'éducation et de progrès. Faire de l'homme un Dieu, prétendre qu'il puisse devenir Dieu, c'est une palpable absurdité, puisque l'homme est essentiellement faillible et perfectible; deux caractères qui sont contradictoires avec l'idée de Dieu.

Sans doute, il n'y a rien en soi qui répugne dans l'hypothèse d'un Dieu, c'est-à-dire « d'une intelli-

---

1. *Contrad. économ.*, t. I, p. 369.

gence infinie qui embrasserait tout le système des lois du monde, éternellement déterminée, infiniment puissante et libre¹. » Mais cette hypothèse est-elle admissible?

Non, dit M. Proudhon; car, si Dieu existait, il nous aurait trompés, il serait coupable envers nous d'injustice et de cruauté. Il nous aurait livrés, sans lumières suffisantes, au combat des antinomies, à notre logique imparfaite, à notre égoïsme aveugle. S'il existait, il aurait mieux que nous, avant nous, *mérité l'enfer*².

Le premier devoir de l'homme intelligent et libre est donc de chasser l'idée de Dieu de son esprit et de sa conscience; car Dieu, c'est l'ennemi de l'homme. « Car Dieu, s'il existe, est essentiellement
« hostile à notre nature, et nous ne relevons au-
« cunement de son autorité. Nous arrivons à la
« science malgré lui, au bien-être malgré lui, à la
« société malgré lui. Chacun de nos progrès est
« une victoire *dans laquelle nous écrasons la Divi-*
« *nité*³... »

Et ici, emporté par une sorte d'enthousiasme impie, M. Proudhon, se dressant en face de Dieu, l'interpelle et le maudit avec une fureur de blasphème qui épouvante. Il faut citer; car on ne sau-

---

1. *Contrad. économ.*, p. 375.
2. *Id.*, p. 378-380.
3. *Id.*, p. 382.

rait croire, à moins de le lire de ses yeux, que le sophisme en délire ait dicté de pareilles imprécations :

« De quel droit Dieu me dirait-il encore : *Sois
« saint, parce que je suis saint ?* — Esprit men-
« teur, lui répondrai-je, Dieu imbécile, ton règne
« est fini ; cherche parmi les bêtes d'autres vic-
« times... Père éternel, Jupiter ou Jéhovah, nous
« avons appris à te connaître : tu es, tu fus, tu se-
« ras à jamais le jaloux d'Adam, le tyran de Pro-
« méthée.....

« Les fautes dont nous te demandons la re-
« mise, c'est toi qui nous les fais commettre ; les
« piéges dont nous te conjurons de nous délivrer,
« c'est toi qui les as tendus : et le Satan qui nous
« assiége, ce Satan, c'est toi !

« Tu triomphais, et personne n'osait te contre-
« dire, quand, après avoir tourmenté en son corps
« et en son âme le juste Job, figure de notre hu-
« manité, tu insultais à sa piété candide, à son
« ignorance discrète et respectueuse. Nous étions
« comme des néants devant ta majesté invisible, à
« qui nous donnions le ciel pour dais et la terre
« pour escabeau. Et maintenant te voilà détrôné
« et brisé. Ton nom, si longtemps le dernier mot
« du savant, la sanction du juge, la force du prince,
« l'espoir du pauvre, le refuge du coupable re-
« pentant, eh bien ! ce nom incommunicable, dé-

« sormais voué au mépris et à l'anathème, sera
« sifflé parmi les hommes. Car Dieu, c'est sottise
« et lâcheté; Dieu, c'est hypocrisie et mensonge;
« Dieu, c'est tyrannie et misère; Dieu, c'est le mal.
« Tant que l'humanité s'inclinera devant un autel,
« l'humanité, esclave des rois et des prêtres, sera
« réprouvée; tant qu'un homme, au nom de Dieu,
« recevra le serment d'un autre homme, la société
« sera fondée sur le parjure, la paix et l'amour se-
« ront bannis d'entre les mortels. Dieu, retire-toi!
« car dès aujourd'hui, guéri de ta crainte et de-
« venu sage, je jure, la main étendue vers le ciel,
« que tu n'es que le bourreau de ma raison, le
« spectre de ma conscience[1]. »

Voilà la Providence, le Dieu juste et bon nié comme un mensonge, maudit comme une idole sanglante. Ce n'est pas tout. Le Dieu de la raison, le Dieu de la logique est aussi impossible que celui de la conscience. En voici la démonstration : elle est neuve et originale.

Dieu, dit M. Proudhon, s'il existe, est constitué en opposition avec l'homme, avec sa raison, avec sa liberté; car Dieu est infini et l'homme est limité; Dieu est immuable et l'homme est progressif; Dieu est idéal et l'homme est perfectible. Dieu donc est *la contradiction* de l'humanité : il est l'antagoniste

---

1. *Contrad. économ.*, t. I, p. 383-384.

de l'homme; il est par conséquent essentiellement *anti-civilisateur, anti-libéral, anti-humain* [1].

Cette antinomie fondamentale, que personne n'avait aperçue avant M. Proudhon, démontre, selon lui, *en fait et en droit*, la fausseté de l'hypothèse d'un Dieu. Mais elle renverse aussi la théorie moderne de l'*humanisme*, cette nouvelle religion prêchée par les disciples de Hegel, qui prétend que Dieu n'est que l'humanité elle-même se contemplant dans son idéal, et qui aboutit en réalité à la déification de l'homme. L'homme, par le fait même de sa perfectibilité, n'est point Dieu et ne saurait devenir Dieu. C'est là, selon M. Proudhon, un mysticisme d'une nouvelle espèce, aussi absurde et non moins dangereux que les autres. L'humanité, en adorant un Dieu, n'a point contemplé sa propre image; elle n'a fait, au contraire, « que déterminer par une antithèse sa propre essence [2]. »

Une seule chose est évidente et logique, conclut l'auteur : « *L'athéisme pratique* doit être la loi de « mon cœur et de ma raison; c'est de la fatalité « observable que je dois incessamment apprendre « la règle de ma conduite [3]. » Puisque Dieu est par essence *anti-progressif*, l'athéisme est la condi-

---

1. *Contrad. économ.*, p. 385, 390.
2. *Id.*, p. 397.
3. *Id.*, t. I, p. 399.

tion nécessaire « du perfectionnement physique, moral et intellectuel de l'homme [1]. » Si l'hypothèse de Dieu s'impose à l'esprit, si en métaphysique Dieu et l'homme sont *irréductibles*, au fond, ce qu'on a appelé la guerre de l'homme avec lui-même n'est que *la guerre de l'homme contre Dieu;* et tout ce qui vient de Dieu ou retourne à Dieu est hostile à l'homme et nuisible à son développement [2].

On serait embarrassé de dire ce qu'il y a, dans un tel système, de plus étrange, de plus monstrueux, ou des conclusions dans lesquelles il se formule, ou des principes d'où il tire ses conclusions. Principes, méthode, déductions, tout chez M. Proudhon semble en dehors des voies ordinaires du sens commun.

Mettre l'auteur d'accord avec lui-même serait une première difficulté. Les contradictions éclatent à chaque page. Il commence par reconnaître que l'homme étant un être fini est par là même nécessairement un être imparfait, soumis à l'erreur et au mal [3]; et l'instant d'après il reproche à Dieu de nous avoir donné une intelligence finie, de nous avoir livrés à notre *logique imparfaite* et aux suggestions de notre égoïsme : et c'est sur ce

---

1. *Contrad. économ.*, t. II, p. 240.
2. *Id.*, t. II, p. 244-245.
3. *Id.*, t. I, p. 378-379.

beau raisonnement qu'il se fonde pour nier la Providence et lancer contre le ciel ses anathèmes et ses insultes ! — Il raille les *humanistes*, et déclare à plusieurs reprises que l'homme n'est point Dieu et ne saurait devenir Dieu : et, deux pages plus loin, il proclame que l'homme, par le développement de ses lumières et de sa liberté « se purifiera, idéalisera son être, et deviendra *le chef de la création, l'égal de Dieu* [1]. »

M. Proudhon semble avoir emprunté à Kant et à Hegel leur dialectique des *antinomies*. Mais il s'en sert à sa manière, c'est-à-dire comme personne ; et on peut juger par les résultats qu'il en tire, de ce que peut faire entre les mains d'un sophiste ce dangereux instrument de logique artificielle. « Dieu est immuable, donc il est l'ennemi de l'homme qui est progressif. Dieu est une intelligence parfaite, donc il est le contraire de notre intelligence limitée. » Que dire à de pareilles énormités, et comment les discuter ? N'est-ce pas le renversement même de la raison ? M. Proudhon, qu'on le remarque bien, ne nie pas seulement l'existence de Dieu, il nie jusqu'à sa possibilité. Il prétend faire disparaître de la conscience humaine, non pas seulement la réalité, mais *l'idée* même de Dieu. Il déclare cette idée contradictoire avec les faits, par

---

[1]. *Contrad. économ.*, t. I, p. 382.

conséquent logiquement inadmissible : en quoi il va plus loin que les disciples les plus excessifs de Hegel. Pour M. Feuerbach, par exemple, et pour nos Hégéliens français[1], si Dieu n'est pas et ne peut pas être un être déterminé, il est au moins un idéal, il est l'idée de l'humanité élevée jusqu'à la perfection, jusqu'à la hauteur de l'infini; et pour les philosophes de cette école, bien loin que cet idéal soit contradictoire à la nature humaine, il est le but suprême vers lequel elle tend : bien loin d'être l'antipode et la négation de l'intelligence humaine, il en est en quelque sorte le type et le modèle sublime. Mais de soutenir que l'idéal est contradictoire au réel, que le type d'un être est son opposé, que la perfection d'une chose est sa négation ; c'est là un excès de paradoxe, ou plutôt une extravagance qui n'était tombée encore dans la tête de personne. Faire de Dieu, dont le nom (même pour ceux qui contestent son existence) est au moins le symbole du bien, l'expression du beau, du vrai et du juste, faire de Dieu le symbole du mal, l'expression de tout ce qui est anti-social et anti-humain, l'ennemi de l'homme, Satan en un mot; c'est, je pense, le plus insolent défi qui ait jamais été jeté à la raison et à la conscience de l'humanité.

Au surplus, et pour peu qu'on y regarde, la

---

1. Voyez *infrà*, ch. vi et vii.

vraie pensée de M. Proudhon est bien claire. M. Proudhon n'est point un métaphysicien, et on le voit assez ; c'est un révolutionnaire : il ne se sert de la métaphysique, comme de tout le reste, que pour faire son œuvre de révolutionnaire ; et cette œuvre, il le proclame hautement, c'est l'abolition de tout gouvernement, de tout pouvoir, de toute autorité, quels qu'en soient le nom et la nature ; c'est l'absolu affranchissement de l'homme. « Ne voyez-« vous pas, dit-il, qu'il en est de la religion comme « des gouvernements, dont le plus parfait serait la « négation de tous [1]. » Or, il a vu tout d'abord que « l'idée de Dieu est le type et le fondement du prin-« cipe d'autorité, » et comme il s'est « donné pour « tâche de détruire ou du moins de subordonner ce « principe partout où il se manifeste, dans la so-« ciété, le travail, la cité [2], » c'est à Dieu qu'il a déclaré la guerre ; c'est à chasser de l'esprit humain l'idée de Dieu qu'il consacre tous ses efforts. « Nier la suprématie de Dieu sur l'humanité ; » empêcher que l'homme s'incline devant aucun autel, de peur

---

1. *Contrad. économ.*, prologue, p. 37. — Il a exprimé cette idée dans dix autres passages plus énergiques. « La démocratie est l'abolition de tous les pouvoirs, spirituel et temporel, législatif, exécutoire, judiciaire, propriétaire. Le gouvernement de l'homme par l'homme, c'est la servitude... » (*Confession d'un révolutionnaire*, p. 24.) — « Je ne veux être ni gouvernant ni gouverné. » (*Id.*, conclusion, p. 321.)

2. *Id.*, t. I, p. 389.

« qu'il devienne esclave des rois ou des prêtres; » l'affranchir de tout gouvernement, même de celui de la Providence, et de toute loi, même divine : voilà le but que poursuit M. Proudhon. La pensée seule d'un pur idéal l'offusque et l'irrite ; c'est un *spectre* qu'il faut aussi chasser. Un idéal en effet, c'est encore quelque chose d'absolu, de supérieur à l'homme ; c'est un type de perfection qui commande le respect et qui ressemble à une loi. C'en est assez. A cet esprit révolté, ivre d'indépendance et d'orgueil, l'absolu même porte ombrage [1]. Sa formule exacte et définitive serait celle qu'un Allemand nous apporta quelques années plus tard : « La religion de l'avenir sera la non-religion [2]. »

On voit que M. Proudhon, par le seul développement de ses idées et en suivant sa voie propre, est allé aussi loin dans l'athéisme que M. Max Stirner, qui, à la même époque (vers 1846) en Allemagne, poussait à ses plus extrêmes conséquences la philosophie hégélienne, traitait aussi l'*Humanisme* d'absurde chimère et de servitude nouvelle, et proclamait aussi, au nom de la logique de l'école, la souveraineté absolue de l'individu. Il y a toute-

---

1. « La première condition du savoir sera de se prémunir avec le plus grand soin *contre toute immixtion de l'absolu*. » (Proudhon, *De la Justice*, t. II, p. 282.)

2. *Qu'est-ce que la religion?* par Hermann Ewerbeck. Paris, 1850.

fois, entre M. Stirner et M. Proudhon, une différence qui est à l'honneur de celui-ci. S'il revendique l'indépendance individuelle, du moins il ne tombe pas, comme le philosophe allemand, dans l'apothéose effrénée du sensualisme. Il ne proclame pas tous les instincts légitimes, toutes les passions sacrées ; il ne fait pas de l'égoïsme la seule loi de l'homme. Qu'en cela M. Proudhon commette une inconséquence ; que M. Stirner ait pour lui la logique et reste dans la rigueur du système, je ne le conteste pas. Car, quand Dieu a été supprimé comme principe d'ordre et fondement de la loi morale, de quel droit imposer à l'homme une contrainte, lui prescrire la répression de certains penchants, la privation de certains plaisirs? Pourquoi le laisser en proie à des impulsions contraires et éterniser en lui un antagonisme odieux? Pourquoi ne pas faire cesser cette guerre impie en déclarant toutes ses passions saintes, tous ses instincts divins? *Homo sibi Deus*. Mais ce n'en est pas moins une justice à rendre à M. Proudhon qu'il est, par nature, sincèrement spiritualiste, qu'il proteste « de toutes les forces de son âme contre le culte de la matière[1] » et que si son esprit est faux, paradoxal, amoureux du sophisme et du scandale, au fond sa conscience est droite, et donne, chaque fois qu'elle

---

1. Prologue, p. 27.

est libre de se faire entendre, un démenti à ses théories.

Les doctrines de M. Proudhon ont marqué, je l'ai dit, la première et bruyante apparition en France de l'athéisme enfanté par la philosophie de Hegel. Bientôt après, éclatait une révolution ; et grâce à l'ébranlement des esprits, les idées allemandes allaient se faire jour de plus en plus. Néanmoins M. Proudhon ne fit point école : nul après lui, de ceux du moins dont on se souvienne, n'a fait comme lui hautement et délibérément profession d'athéisme. C'est sous le nom de *Philosophie du Progrès*, de *Religion de l'Humanité*, que les idées nouvelles vont se produire, et les dehors brillants dont elles s'enveloppent semblent avoir surtout pour but de dissimuler leur vrai caractère et de donner le change sur leur portée.

Deux noms, entre plusieurs, peuvent être pris comme représentant la doctrine de l'*Humanisme*, la religion nouvelle de l'humanité : ce sont MM. Eugène Pelletan et Charles Dollfus ; l'un qui a revêtu ces idées d'une forme plus littéraire, plus populaire par conséquent ; l'autre qui les a produites sous une forme plus dogmatique et a essayé de leur donner une sorte de rigueur philosophique. Parlons d'abord, mais en peu de mots, de M. Pelletan.

M. E. Pelletan n'est rien moins qu'un philosophe : il ne l'est ni par le fond ni par la forme. Toute sa doctrine se résume dans un mot, *le progrès ;* le progrès universel, continu, indéfini. Ne lui demandez pas autre chose : pour lui, toute métaphysique, toute philosophie, toute religion est là. Cette idée, qu'il avait recueillie dans le naufrage du saint-simonisme et qu'il rattache maintenant plus ou moins nettement au panthéisme de Hegel, il en fait le thème de longues considérations historiques et de développements où il y a plus de métaphores que de pensées, plus de déclamation que de raisonnement. Il est assez malaisé, sous le lyrisme effréné de l'auteur et à travers ses hyperboles retentissantes, de discerner au vrai ses croyances et particulièrement ce qu'il pense touchant l'âme et Dieu. Voici pourtant ce qu'on croit entrevoir.

M. Pelletan voit dans la nature une puissance créatrice et immanente qui entraîne l'être, par une série continue de formes et suivant un progrès non interrompu, de l'inertie à la végétation, de la végétation au mouvement, du mouvement à la sensation, de la sensation à l'instinct, et qui finalement *s'incarne* et s'infuse dans l'humanité. « Le *progrès*
« est le mouvement universel des êtres qui, inces-
« samment épanchés de Dieu, gravitent en lui sans
« pouvoir l'atteindre; *un perpétuel avénement à*
« *l'espace et à la durée ;* le lien vivant du fini avec
« l'infini par un troisième terme, l'indéfini, qui par-

« ticipe à la fois de ces deux ordres d'idées [1]. »

On reconnaît là, sous des termes plus vagues, cet éternel *processus*, cet universel devenir qui est, dans la philosophie de Hegel, le principe, la loi et l'essence même des choses. Et pourtant (singulière contradiction!) l'auteur nous parle d'un Dieu *personnel, distinct* et *séparé* du monde, d'un Dieu *créateur,* d'une providence. Mais ce ne sont là que des métaphores, des phrases de convention. Le fond de sa pensée, c'est le panthéisme. « Dieu est la vie universelle, » — Dieu est le *moi vivant,* qui projette éternellement hors de lui les créatures, comme l'âme humaine émet incessamment des pensées sans y épuiser sa substance. « Dieu donc est distinct et présent dans le monde, comme l'âme est distincte et présente dans la pensée [2]. » Assimilation très-claire qui réduit le monde à n'être qu'une suite de phénomènes dont la substance est Dieu.

La morale qui sort de ce vague panthéisme est très-conséquente. Si Dieu est la vie universelle, il n'y a qu'une loi, en laquelle se résument toutes les autres : « Vivre, et vivre sans cesse davantage, voilà
« la loi de Dieu et son commandement. Aspirer,
« attirer à soi la vie infinie, *c'est-à-dire la Divi-*

---

[1]. *Profession de foi du dix-neuvième siècle*, 2ᵉ édit., ch. I, p. 9 et 10. (La première publication de ce livre date de 1850-51 dans le journal *la Presse.*)

[2]. *Profession de foi*, ch. I, p. 6 et 7.

« *nité*, à chaque pas, à chaque instant ; la laisser
« entrer, ruisseler à flots dans notre âme..... La
« vie ! la vie ! enivrons-nous de cette parole, car
« c'est l'ivresse sacrée. La vie est l'espérance, la
« vie est l'immortalité, la vie est la médiation du
« fini à l'infini, *la destruction de la limite*, l'arche
« divine jetée sur l'abîme[1]... »

Voilà la route tracée à l'homme pour aller vers
l'infini, pour supprimer en lui *la limite*, pour devenir Dieu. Maintenant quel est le moyen pratique ?
Quelles sont les facultés qu'il faut développer en
nous ? — « Toutes, répond l'auteur, et dans toute
« leur étendue. » — « Développer notre intelli-
« gence par plus d'idées, notre sentiment par plus
« de sympathies, *notre sensibilité par plus de sen-
« sations :* voilà notre piété, voilà notre vertu[2]. »
L'homme, corps et âme à la fois, doit vivre en effet
d'une double vie : toutefois, si le corps peut donner
le plaisir, l'âme seule donne le bonheur, et c'est du
côté de l'âme qu'il faut mettre l'idéal suprême de
la vie ; elle seule procure des voluptés sacrées et inaltérables. « *Progrès et bonheur ont au fond la même
« signification :* l'un et l'autre signifient l'accom-
« plissement de la destinée, c'est-à-dire accroisse-
« ment de vie : accroissement de vie matérielle

---

1. *Profession de foi*, ch. XXIX, p. 351.
2. *Id.*, p. 351.

« par une plus grande production de bien-être et
« une plus juste répartition du bien-être produit;
« accroissement de vie spirituelle par une plus
« vaste dilatation du sentiment et une plus large
« expansion de la connaissance[1]. »

« Adore la poésie, qui est la fleur de la création;
« *respecte le luxe,* qui est le rayon de Dieu sur la
« créature; bénis l'enthousiasme, qui est l'arome
« du sentiment; et à chaque degré de la science ou
« de l'art que tu monteras, à chaque frémissement
« de ta fibre sous l'amoureuse pression du monde,
« à chaque extase, à chaque explosion de la lyre
« intérieure, tu toucheras Dieu de plus près, tu
« respireras de plus près, tu sentiras de plus près
« à la face son souffle d'immortalité[2]... »

Je ne veux rien dire de la partie métaphysique
de ce système, si tant est qu'on puisse voir là un
système. Assez d'autres doctrines vont s'offrir à
nous, plus ou moins directement inspirées par le
panthéisme de Hegel, et qui nous donneront occasion d'étudier et de discuter, sous une formule plus
nette, cette philosophie aujourd'hui trop en faveur.
Je me borne à faire remarquer ici combien le panthéisme, quand il ne s'égare pas dans un idéalisme
nuageux, tombe aisément dans les dangereuses

---

1. *Le Monde marche,* par M. E. Pelletan, in-12, 1857,
p. 202, 210.
2. *Profession de foi,* ch. XXIX, p. 353.

exaltations d'un sensualisme mystique. Écartez les déclamations pompeuses, les phrases sonores et vides ; ne vous laissez pas prendre au piége de ces grands mots de religion, de Providence, d'âme immortelle et de devoir. Ce que vous trouvez sous ce lyrisme extravagant, c'est qu'il n'y a de Dieu que l'homme ; c'est que la civilisation n'est que l'avénement successif de l'homme à la Divinité ; c'est enfin que le progrès, qui est la même chose que le bonheur, est la seule loi de l'humanité. L'identité du bonheur et du devoir, c'est là, on s'en souvient, un des dogmes que prêchait le saint-simonisme. En le déduisant aujourd'hui des formules de Hegel, M. Pelletan ne fait que ce qu'avaient fait avant lui les derniers disciples de la nouvelle école allemande. Il y met plus de décence ; il enveloppe son matérialisme de beau style et le parfume de poésie. Mais au fond sa morale est la même : le bonheur pour seul but, l'égoïsme pour seule loi, la jouissance pour seul mobile ; elle est toute dans ces trois mots. Si elle conseille la vertu, la charité, l'héroïsme, ce n'est pas au nom du bien absolu, comme une obéissance à la loi, comme un sacrifice des instincts personnels ; c'est parce que ces actions sont la source des plus douces jouissances, des voluptés les plus inaltérables. Le conseil sera-t-il écouté ? On recommande à l'homme de chercher de préférence son

bonheur dans les plaisirs intellectuels ; je le veux
bien : mais on a commencé par légitimer et sanctifier les plaisirs des sens. Cette ivresse de la vie, où
on nous invite à nous plonger, j'ai bien peur qu'elle
ne trouble promptement notre raison ; j'ai bien
peur qu'au lieu de nous élever graduellement vers
l'infini, elle nous abaisse jusqu'aux fanges de la
matière; qu'au lieu de nous faire monter en un
mot, comme on nous le promet, de l'*homme à
l'ange,* elle nous fasse descendre de l'homme à la
bête.

M. Dollfus est un représentant plus sérieux que
M. Pelletan de la doctrine de l'Humanisme. Il n'a
point passé par Saint-Simon pour arriver à Hegel.
Il a reçu directement la doctrine des légitimes héritiers du maître, de Feuerbach et d'Arnold Ruge.
Aussi la trouvons-nous, sous sa plume, marquée
d'un caractère un peu plus philosophique.

Ce n'est pas pourtant que M. Dollfus soit un métaphysicien. Ses idées sont confuses, mal liées et
mal déduites ; son langage est inexact, obscur, emphatique, chargé tantôt de formules abstraites,
tantôt de métaphores ambitieuses. Dans la philosophie hégélienne, le côté qui l'a frappé et qu'il essaye de
mettre en lumière, c'est le côté mystique. Ce n'est pas
un système qu'il expose, c'est une religion qu'il
annonce. De là un ton d'enthousiasme et des allures

de prophète qui ne laissent pas que d'étonner et de fatiguer l'esprit. Voir clair au milieu de ces nuages, n'est pas chose facile. M. Dollfus ne suit pas les routes battues. D'établir ses principes et d'en tirer des déductions logiques, il ne s'en soucie guère. Sa méthode est plus hardie. La vérité ne se prouve pas; elle se montre. M. Dollfus se borne donc à émettre des axiomes, à promulguer l'évangile nouveau.

— L'esprit humain est impuissant à trouver la raison des choses soit dans le fini, soit dans l'infini; ni le matérialisme qui nie l'infini, ni l'idéalisme qui anéantit le fini, ne peuvent le satisfaire. Il faut cesser de chercher à la création une cause déterminée au delà de notre esprit et de la nature. « Il faut placer la raison des choses, non plus dans le fini ou dans l'infini, mais *dans le rapport éternel qui les unit;* » rapport incompréhensible pour nous, mais qui n'en est pas moins un fait évident, le fait constitutif de l'univers. Ce rapport n'est autre que le rapport de l'unité au multiple, c'est-à-dire la loi. La loi, voilà « l'expression de la nature des choses et de l'absolu. » La loi, c'est la *formule de l'infini dans le fini;* c'est la *maîtresse des mondes*, c'est *l'univers logique*[1].

Mais, en face de la nature et de l'inépuisable multiplicité qui s'y déploie, l'esprit conçoit l'*unité* et

---

1. *Révélations et Révélateurs*, in-12, 1858, p. 107 à 109.

l'adore. L'unité lui apparaît comme le principe souverain, comme l'*esprit universel*, comme l'*âme des mondes*; il l'appelle Dieu. « *Dieu est, en langage
« philosophique, la nature envisagée par l'esprit
« sous le côté de l'unité;* la matière est la nature en-
« visagée par les sens sous le côté de la diversité.
« Dieu et la matière, l'unité et la multiplicité sont
« distincts et néanmoins inséparables : en toutes
« ses révélations, le monde les exprime à la fois
« dans leur union et dans leur différence [1]. »

Voilà les bases de la doctrine : ce sont, à peu de chose près, les idées de Hegel. Voici maintenant la religion que l'auteur en déduit.

Le monde n'est point un assemblage d'existences isolées; c'est l'Être universel; c'est « un Tout vivant, un organisme qui se manifeste selon les lois de sa nature immuable [2]. » — « L'infini vivant est une mer sans fond et sans rivages : chaque être y est plongé [3]. » — « L'univers entier fait partie de notre être, comme nous faisons partie du sien [4]. »

Une solidarité universelle enchaîne tous les êtres et les relie l'un à l'autre. C'est la condition de leur existence; c'est la loi même de la vie, loi qui s'étend à l'homme comme à la nature, et dont le développe-

1. *Révélations et Révélateurs*, p. 115.
2. *Id.*, p. 6.
3. *Id.*, p. 8.
4. *Id.*, p. 17.

ment continu constitue le progrès. Cette solidarité qui unit, qui *relie* tous les êtres dans le sein de la vie universelle ; cette communion « qui embrasse *les âmes et les soleils* [1], » c'est la *religion*, au sens vrai et au sens étymologique du mot.

L'infini réside en nous : il y est présent sous la forme de l'idéal. Qu'est-ce que l'idéal ? « C'est la vision de l'humanité se contemplant dans l'infini [2] ; » en d'autres termes, c'est l'humanité idéale, l'homme conçu comme parfait et absolu. Mais il y a en nous un besoin naturel de placer hors de nous cet infini, « cette divinité présente dans notre esprit sous les traits de l'idéal. — L'homme objective sa propre conscience [3]. » Cette humanité idéale, cet homme absolu et parfait que nous concevons, nous en avons fait ainsi notre Dieu. « L'être suprême que le Christianisme adore dans l'amour et la vérité » n'est pas autre chose [4] ; et pour rendre vrai le christianisme, il n'y a que le nom à changer : il faut l'appeler l'*Humanisme* [5].

De ces dogmes sortent des conséquences très-claires, « Tout ce qui tend à la conservation de l'humanité dans l'individu, à l'expansion de la vie,

1. *Révélations et Révélateurs*, p. 50.
2. *Id.*, p. 23.
3. *Id.*, p. 40.
4. *Lettres philosophiques*, p. 137 (in-8, 1851).
5. *Id.*, p. 169.

est religieux ¹. — Dieu n'étant pas extérieur, mais *interne*, l'humanité ayant son idéal et son but en elle-même, dans son être épuré, « la foi à un autre monde est un obstacle au progrès ; — ce n'est pas l'abnégation, c'est la jouissance qu'il faut prêcher ². »

Cette doctrine est trait pour trait celle de l'école qu'on a appelée en Allemagne la gauche hégélienne : c'est l'expression dernière, la conséquence extrême où a été poussée et est venue expirer la philosophie du maître. Devant cet athéisme à peine voilé, qui ne reconnaît de Dieu vivant que l'humanité, pour qui (selon sa formule) la théologie n'est autre chose que l'anthropologie, et qui aboutit en morale à la loi de l'amour et à la sanctification de la jouissance ; devant ce dernier excès de la logique et de l'esprit de système, l'Allemagne revenue de son ivresse a reculé. En France, nous le verrons bientôt, les écrivains même qui s'inspirent aujourd'hui des idées de Hegel, affectent généralement de répudier cet athéisme audacieux et cette morale égoïste. Au fond, peut-être, leur doctrine ne diffère pas beaucoup de celle-ci ; mais dans son exposition ils apportent plus de réserve ; leurs formules sont moins hautaines et leurs conclusions moins choquantes.

1. *Révélations et Révélateurs,* p. 48.
2. *Lettres philosophiques,* p. 209-210.

Le point de départ de M. Dollfus, je l'ai déjà fait remarquer, est celui de Hegel. La raison des choses, il ne la place point dans l'infini, dans une cause première : il la place dans le rapport de l'infini et du fini. Étrange conception, dont le vide apparaît dès qu'on se rend compte des mots et des idées ! Qu'est-ce qu'un rapport ? Et comment un rapport peut-il être la raison des choses ? Un rapport n'est pas une cause; c'est un effet, c'est un résultat : car un rapport résulte (la langue vous oblige à le dire) de la coexistence de deux termes. Il n'existe que parce que ces deux termes existent : ces deux termes ou l'un d'eux supprimé, il cesse d'être. Si donc on cherche une cause, une raison des choses, on peut à sa guise la placer ou dans l'un ou dans l'autre des deux termes; cela se comprend. Mais ce qui ne se comprend pas, c'est qu'on ne la place ni dans l'un ni dans l'autre, mais dans le rapport des deux termes entre eux.

C'est la *Loi*, dit-on. Il faut dire de la *loi* ce que je viens de dire du rapport : sous un autre mot, l'idée est la même. La loi n'est ni un principe ni une cause : elle est le mode d'action de la cause, le mode de production des phénomènes, c'est-à-dire toujours un rapport. Elle suppose par conséquent une cause aux phénomènes qu'elle régit. Eh bien ! cette cause, il faut la mettre quelque part; il faut la mettre dans le fini ou dans l'infini. Quand vous la placez entre les deux, vous la placez dans le vide, vous la placez dans le néant. Disons-le : en réalité, vous vous passez de cause; vous prenez la série des phénomènes telle qu'elle se produit, et vous affirmez, quoi?.. que sa production est sa raison d'être; en d'autres termes qu'elle est sa cause à elle-même.

Ce que M. Dollfus appelle le rapport de l'infini au fini, c'est, sous un nom français, le *processus*, le *devenir* éternel de Hegel. Quel est le principe de ce mouvement sans fin, de ce passage, de cette transformation perpétuelle par laquelle l'infini sort de lui-même et se réalise dans le fini? Comment l'infini ou l'unité, qui n'est dans ce système qu'une abstraction, un absolu équivalant au non-être, peut-il engendrer l'être et produire les réalités qui composent le monde? Tout le génie de Hegel a été impuissant à résoudre cette difficulté. M. Dollfus ne le tente pas même ; mais il n'en fait pas moins de cette hypothèse absurde et contradictoire le fondement de sa doctrine.

Toutefois, sentant bien que ce *rapport* abstrait n'est pas un principe, il essaye de préciser l'idée de l'infini, l'idée de Dieu ; et il arrive à cette conclusion que Dieu, c'est l'unité. Qu'est-ce à dire, l'unité? Si on entend parler de l'idée de l'unité, de l'unité conçue par l'esprit, Dieu alors n'est qu'une abstraction, une création de l'entendement, une formule vide, un signe algébrique. Si on entend parler du monde considéré dans sa totalité, Dieu est identique à l'univers, à l'ensemble des choses ; Dieu n'est autre que la nature. Et c'est ainsi qu'on glisse dans le panthéisme : car, une abstraction n'expliquant rien, ne pouvant être la cause de rien, on est poussé de toute nécessité à mettre dans le monde lui-même la raison de son existence, le principe de son mouvement et de sa vie.

C'est là le fond de la doctrine de M. Dollfus, qui nous parle de l'*Être universel*, du *Tout vivant*, de la *Vie universelle* qui anime tous les êtres et dont « les pulsations divines s'entendent dans nos cœurs comme dans la création entière[1]. » Cette conception peut seule s'accorder en effet avec l'idée de la *solidarité* qui, selon lui, relie tous les êtres, depuis le brin d'herbe jusqu'aux soleils, depuis le minéral jusqu'à l'âme humaine. Que devient l'homme dans ce système ? Il n'est plus qu'un des éléments du tout, une des formes de la vie universelle. Dès qu'on conçoit le monde comme un Tout *vivant,* la liberté, l'activité des êtres particuliers disparaît ; elle est inconciliable avec l'unité de l'Être universel[2]. L'au-

1. *Révélations et Révélateurs*, p. 50.
2. Je n'invoquerai pas ici contre M. Dollfus d'autre autorité que celle d'un de ses coreligionnaires en métaphysique, disciple comme lui de Hegel. M. Vacherot, sur ce point, s'exprime ainsi : « L'un des problèmes les plus difficiles, c'est la difficulté de comprendre l'activité, l'individualité des êtres libres au sein de l'Être universel. Or *cela devient tout à fait impossible* quand on se représente cet être comme un

teur a beau déclarer que Dieu « se manifeste au dehors par la loi physique, au dedans par *la loi morale*[1]; » le nom n'y fait rien : au fond c'est la même loi qui régit les êtres physiques et les êtres moraux. Il ne sont *solidaires* qu'à cette condition, et un peu plus loin nous en avons l'aveu formel : « Une même loi vit dans les astres comme dans les esprits[2]. » Mais si une seule vie palpite dans le monde et dans l'homme, si une seule loi gouverne les soleils et les intelligences, l'âme humaine n'est plus une force indépendante, une activité libre, une volonté qui se possède : elle n'est qu'un rouage du mécanisme général, un flot de l'Océan sans bornes, une goutte d'eau dans le torrent qui s'épanche éternellement du sein de l'infini. Sa seule supériorité sur la nature, c'est que, en tant qu'intelligence, elle est comme le miroir où l'infini réalisé prend conscience de lui-même, se contemple et s'adore. Mais de liberté, de devoir, comment en serait-il question, puisque, en nous aussi bien que hors de nous, il n'y a qu'un mouvement, qu'une activité, qui est *l'expansion de la vie universelle*,

---

être vivant... Cette hypothèse ne permet pas de concilier la libre expansion des formes individuelles avec l'unité de l'Être universel. » (*La Métaphysique et la science*, t. II, p. 609-610).

1. *Révélations et Révélateurs*, p. 39.
3. *Id.*, p. 91.

puisque la même force qui fait graviter les astres, emporte nos âmes dans le progrès indéfini qui est la loi de toutes choses? Triste unité, qui m'écrase et m'abaisse ! Humiliante solidarité contre laquelle protestent tous les instincts élevés de ma nature ! Car pour me mener au progrès, elle m'ôte ma dignité d'être libre et moral.

En échange de ma moralité que je perds, de ma liberté qui succombe, on m'offre, il est vrai, quelque chose de séduisant; on ne m'offre rien moins qu'une part de la divinité. — L'homme est en train de devenir Dieu. « Le ciel est en nous; » une portion de l'infini habite en notre âme : à travers les transformations d'existences successives, nous marchons vers une vie supérieure, par un progrès qui n'est que « la conscience croissante de l'infini. » — Le dirai-je? je suis peu touché de ces brillantes perspectives. C'est que ce qui devient Dieu, ce n'est pas moi, c'est l'humanité; ce n'est pas l'homme individuel, c'est l'homme abstrait. Cette immortalité qu'on me promet, c'est celle de l'espèce, ce n'est pas la mienne : et la mienne seule m'importe. Que me fait la *conscience croissante de l'infini,* si ma conscience à moi ne persiste pas, si à la mort ma personnalité doit pour jamais s'évanouir?

De cette théorie, une seule conséquence me touche directement : c'est celle qui détermine pour moi la loi morale. Tout étant divin dans la nature et particulièrement dans l'humanité, tout en moi est bon et légitime : dès-lors la satisfaction de tous mes instincts est le seul but où je doive tendre. M. Dollfus, en proscrivant l'abnégation et en sanctifiant la jouissance, a eu le courage de tirer lui-même la conséquence dernière de son système.

CHAPITRE IV

Le Positivisme : Auguste Comte, M. Littré. — Le nouveau Voltairianisme, M. Lanfrey.

Avant de suivre la philosophie hégélienne dans les développements qu'elle a reçus, ou plutôt dans les transformations qu'elle a subies en France depuis dix ans, il me paraît utile de parler ici d'une doctrine qui depuis la même époque et presque parallèlement a commencé à se répandre, et qui, chose singulière ! malgré des origines toutes différentes, malgré une méthode et des principes tout autres, se rencontre aujourd'hui avec les derniers restes de l'école de Hegel, dans des conclusions presque identiques. Je veux parler du positivisme. Le positivisme est une sorte de matérialisme scientifique, et il peut paraître étrange au premier abord qu'il y ait rien de commun entre lui et cet idéalisme excessif que Hegel a jeté dans le monde. C'est pourtant un fait qui ne peut être contesté, et qui frappe tous les yeux. Les disciples de Hegel, désertant son dogmatisme logique, ne gardant de sa doctrine que quelques formules dont le scepticisme s'arrange à merveille, s'accordent aujourd'hui sur plus d'un point fondamental avec les positivistes.

Mais, pour bien apprécier l'évolution qui s'est faite dans l'école hégélienne et son rapprochement singulier avec le positivisme, il faut d'abord jeter un coup d'œil sur celui-ci et se rendre compte de sa doctrine.

La philosophie positive ou positiviste a traversé plusieurs phases. Dès le début, elle n'aspire à rien moins qu'à une réorganisation de toutes les sciences, et à la création d'une science nouvelle dominant et couronnant toutes les autres, la science sociale. Bientôt même, ce but ne suffit plus à l'ambition de son fondateur : le rôle de prophète le tente; il invente la religion *positiviste*, promulgue ses dogmes et rédige son catéchisme. Enfin, et cette troisième période est la période actuelle, sous une inspiration plus sensée, la philosophie positive renonce à ces prétentions hautaines et devient tout simplement une forme savante du scepticisme. Je parcourrai rapidement les deux premières phases de la doctrine : c'est la troisième surtout qui mérite d'attirer notre attention.

Le père du positivisme, Auguste Comte, mathématicien et savant distingué, avait été un des disciples les plus zélés de Saint-Simon : mais, après la mort du maître, il s'était séparé de l'école qui allait bientôt se transformer en église, et, suivant sa voie particulière, il avait entrepris de fonder une école nouvelle, destinée à remplacer toutes les philosophies et toutes les religions. Dans un grand ouvrage, le *Cours de philosophie positive*, publié de 1835 à 1842, il exposa la nouvelle doctrine. Ce livre, plein de science, mais indigeste et confus, surchargé de théories physiques et mathématiques, écrit d'un style lourd, incorrect, obscur, ne serait pas sorti du cercle d'un petit nombre d'initiés, la plupart anciens élèves de l'École polytechnique (M. Comte y était répétiteur), si, en 1846, il n'avait eu la bonne fortune de trouver dans M. Littré un interprète élégant et clair. L'habile traducteur des œuvres d'Hippocrate traduisit aussi en français, on peut le dire, la philosophie positive. De ce jour, le public put y comprendre quelque chose, et la critique commença d'y donner quelque attention. Voici quelles en étaient les idées fondamentales.

Auguste Comte est en philosophie de l'école de Cabanis, de Gall et de Broussais. Pour lui, comme pour toute l'école matérialiste, il n'y a de science que la science des faits ; il n'y a de faits observables que ceux qui tombent sous les sens ; il n'y a de méthode que l'expérience aidée par le calcul. Jusqu'ici l'esprit humain s'est égaré à la poursuite de chimères : sous le régime des religions, il a demandé aux rêves de l'imagination la connaissance du surnaturel et les promesses merveilleuses d'un autre monde ; sous le régime de la métaphysique qui a succédé, il a essayé, à l'aide de l'abstraction, de s'élever au-dessus des faits, de pénétrer au delà du réel, et d'atteindre ainsi les causes et les origines. Aujourd'hui l'esprit humain revient de cette double erreur. Ni l'imagination, ni l'abstraction ne peuvent fonder la science : la métaphysique, toute-puissante contre les religions, est elle-même incapable de rien construire de solide. L'ère des religions et celle de la métaphysique est finie : une ère nouvelle commence, c'est celle de l'esprit scientifique, de la philosophie *positive*.

Le but que se propose la philosophie positive, c'est de ramener toutes les sciences à l'unité. Pour atteindre ce but, elle a un procédé très-simple, c'est ce qu'elle appelle l'élimination de l'absolu. Non-seulement la théologie est rejetée avec ses vieux symboles qui ont amusé les peuples enfants ; non-seulement la métaphysique est délaissée avec ses systèmes arbitraires qui se sont écroulés les uns sur les autres ; mais il faut reléguer parmi les hypothèses, parmi les chimères, ces notions abstraites d'idéal ou d'absolu, ces conceptions de substance, de cause, de raison première, dont une fausse philosophie a leurré jusqu'ici l'esprit humain. Il faut écarter à jamais la recherche des causes qui sont hors de notre observation ; par conséquent toutes les questions d'origine, qui sont scientifiquement insolubles. Dès lors, l'ontologie et la théodicée sont rayées de la liste des sciences. La psychologie disparaît du même coup ; car les facultés morales de l'homme ne se manifestant que par des faits extérieurs, la science de l'esprit humain se confond avec la *physique cérébrale* et la physiologie. Ainsi ramenées à une seule méthode qui est l'observation, à un seul objet qui est la constatation des faits et l'étude de leurs lois, les sciences formeront un vaste ensemble, et comme une grande philosophie ou science générale qui, par la cosmologie, tiendra les phénomènes du monde inorganique, par la biologie les phénomènes du monde vivant, et enfin par la *sociologie* les phénomènes moraux et sociaux.

Auguste Comte résume lui-même en ces termes cette théorie : « La marche des opinions humaines
« consiste dans le passage nécessaire de toute con-
« ception théorique par trois états successifs : le
« premier, théologique ou fictif; le second, méta-
« physique ou abstrait; le troisième, positif ou
« réel. Le premier est toujours provisoire, le se-
« cond purement transitoire, et le troisième seul
« définitif. Ce dernier diffère surtout des deux
« autres par *sa substitution caractéristique du re-
« latif à l'absolu*, quand l'étude des lois remplace
« enfin la recherche des causes [1]. » L'absolu étant

1. *Catéchisme positiviste*, 1re partie, p. 45.

éliminé, il n'y a plus à s'occuper que du relatif, du contingent, du phénoménal. La recherche des causes étant interdite, l'idée même de cause étant proscrite comme une abstraction, il n'y a plus qu'à étudier les lois qui régissent le monde. « L'ordre « résulté partout de l'ensemble des lois réelles, « porte le titre général de *destin* ou de *hasard*, « suivant qu'elles nous sont connues ou incon- « nues[1]. »

L'humanité, qui n'est après tout que *le degré supérieur de l'animalité*, n'est pas gouvernée par d'autres lois que le monde physique. La métaphysique a répandu sur la *prétendue liberté morale* de l'homme les idées les plus fausses. En quoi consiste la vraie liberté ? « Elle consiste partout à suivre « sans obstacles les lois propres au cas correspon- « dant. Quand un corps tombe, *sa liberté se ma- « nifeste en cheminant, selon sa nature,* vers le « centre de la terre, avec une vitesse proportion- « nelle au temps, à moins que l'interposition d'un « fluide ne modifie sa spontanéité[2]. » Il en est de même dans l'ordre moral : « notre intelligence manifeste sa plus grande liberté quand elle devient, suivant sa destination normale, un miroir fidèle de l'ordre extérieur ; » et la volonté « comporte une liberté semblable à celle de l'intelligence. »

1. *Catéchisme positiviste,* p. 37.
2. *Ibid.*, p. 104-106.

8.

Dans une doctrine qui se résout, on le voit, en un matérialisme pur, il semble qu'il ne pouvait être question d'un autre Dieu que ce *Destin* dont Auguste Comte parlait tout à l'heure, et que l'immortalité de l'âme devait être reléguée parmi les vieilles fables et les superstitions du passé. Comment se fait-il que le fondateur du positivisme ait donné pour couronnement à sa doctrine le dogme d'un *Être suprême* et celui de l'immortalité de l'âme ? Chose étrange! ce disciple de Cabanis, ce géomètre qui ne croit qu'à ce qui se touche, se pèse et se mesure, ce sceptique qui repousse obstinément l'absolu, a reconnu, en arrivant au terme de son œuvre, qu'il y avait dans l'homme un besoin indestructible, celui de la religion ; et en homme qui ne recule devant rien, il a entrepris de combler le vide qu'il venait de faire et de donner aux générations à venir une religion nouvelle en harmonie avec la science nouvelle. Nous entrons ici dans la seconde phase du positivisme, la phase religieuse.

Quand on a écarté comme une hypothèse la cause première, quand on a éliminé l'infini, l'absolu, que reste-t-il dont on puisse faire un Dieu, sinon l'homme, qui, placé au sommet de l'échelle des êtres, personnifie éminemment l'intelligence et la conscience ? Par une autre voie, mais sous l'empire d'une logique irrésistible, Aug. Comte se trouvait ainsi conduit, et cela vers le même temps à peu près, à la même conclusion où aboutissait avec M. Feuerbach la gauche de l'école hégélienne : je veux dire le culte de l'Humanité. Toutefois le père de la philosophie positive a donné à cette idée un caractère tout particulier : le disciple de Saint-Simon s'est retrouvé sous le mathématicien ; et ce qui est resté pour les philosophes allemands une conception toute spéculative, est devenu pour lui le principe d'une théologie nouvelle et d'un véritable culte.

Selon Aug. Comte, comme selon les Allemands, le fond de toutes les religions n'est autre chose que l'idée de l'Humanité. C'est sa propre pensée, sa propre image, *objectivée* dans des êtres surnaturels, que l'homme a dans tous les temps adorée. Un progrès continu l'a fait passer par les symboles de plus en plus épurés du fétichisme, du polythéisme, du monothéisme juif, puis enfin du christianisme qui, par la doctrine du Médiateur ou de l'Homme-Dieu, a ramené l'idée divine à la forme humaine. Avec le positivisme, tout symbole disparaît ; et il ne reste en face de l'homme individuel que cette grande existence, à la fois réelle et idéale, qui grandit de siècle en siècle, et qui s'appelle l'Humanité. L'Humanité, qui s'est adorée sous des noms divers, Jupiter, Bramah, Jéhovah ou Jésus-Christ, rentre en possession de sa divinité. Le fini a détruit à jamais l'infini, qui n'était que l'illusion de notre esprit, notre image même réfléchie dans le ciel. « En un mot, l'Humanité se substitue définitivement à Dieu, *sans oublier jamais ses services provisoires* [1]. »

Jusqu'ici, Aug. Comte semble ne faire, sans y songer, que reproduire les idées de l'école hégélienne. Mais voici où se montre l'originalité de sa théorie. L'Humanité n'est pas pour lui un pur idéal, une abstraction, un type conçu, qui n'existe pas mais qui tende à se réaliser : le *Grand Être*, comme il l'appelle, ou le *nouvel Être suprême*, c'est, dit-il, « l'ensemble des êtres humains, passés, présents et futurs [2]; » non pas l'espèce humaine ou l'universalité des hommes, mais l'association de tous ceux qui sont *réellement assimilables*, qui « coopèrent à l'existence commune et concourent librement à perfectionner l'Être universel; » ou enfin, selon une autre formule, « l'ensemble continu des êtres convergents. » — L'Humanité se compose de deux parties inégales : les vivants qui en sont la partie réelle, *objective*, comme dit l'auteur, en qui réside l'efficacité du Grand Être; — les morts, qui en sont la partie idéale, *subjective*, mais qui représentent véritablement sa dignité. Le vrai Grand Être se compose donc des morts; la véritable Humanité, c'est « la mémoire des morts inspirant et guidant les vivants, » c'est le souvenir de ceux dont « l'essor convergent a laissé de dignes résultats.»—Cette hu-

1. *Catéchisme positiviste.*
2. *Ibid.*, p. 30.

manité, toute *subjective* comme celle de M. Feuerbach, en diffère, on le voit, en ce qu'elle est dans le passé et non pas dans l'avenir ; derrière nous et non pas devant nous : ce n'est pas un idéal qui se réalise, c'est un souvenir qui grandit en se prolongeant.

Cette différence dans la conception première permet à Aug. Comte de créer un culte pour sa religion. Ce sera naturellement le culte des grands hommes : l'Être suprême ne peut être contemplé que dans ses personnifications idéalisées. Ici se place tout un système de théologie, toute une liturgie où le ridicule le dispute à l'absurde, sorte de parodie du culte catholique où les femmes, images les plus parfaites du Grand Être, représentent les Anges gardiens; où des cérémonies sociales figurent les sept sacrements. Le tout est couronné par le fameux *Calendrier positiviste* où les mois de l'année sont désignés par les noms de treize grands hommes, Moïse, Homère, S. Paul, César, Gutemberg, Shakespeare, Bichat, etc., etc.; où chaque dimanche a pour patron un homme de second ordre, Bouddha, S. Augustin, Mozart; où enfin chaque jour prend le nom d'un homme de troisième ordre, Anacréon, Galien, Héloïse, Rossini, etc., etc. Plus tard enfin, mêlant des rêveries cosmogoniques à sa religion humanitaire, Aug. Comte annonce au monde le dogme qui exprime « l'harmonie universelle par l'amour : » c'est la *Trinité positive*, ou *Triumvirat religieux*, composé du Grand Être, qui est l'Humanité ; du Grand Fétiche qui est la Terre ; et du Grand Milieu qui est l'espace illimité. La Terre, en effet, est un être *intelligent et bienveillant*, qui s'associe à l'œuvre de l'humanité ; et notre adoration doit « comprendre aussi les astres vraiment liés à la planète humaine, comme annexes objectifs et subjectifs, surtout le Soleil et la Lune que nous devons spécialement honorer [1]. »

Quant à l'immortalité de l'âme, la façon dont l'entend Aug. Comte se lie intimement à sa conception du Grand Être. Chez le vrai serviteur de l'Humanité, il distingue deux existences successives : l'une temporaire et directe, c'est la vie actuelle ; l'autre indirecte mais permanente, qui ne commence qu'après la mort, et qui consiste dans le souvenir que nous laissons de nous-mêmes. « Telle est la
« noble immortalité, nécessairement immatérielle,
« que le positivisme reconnaît à notre *âme*, en con-
« servant ce terme précieux pour désigner l'en-
« semble des fonctions intellectuelles et morales,
« sans aucune allusion à l'entité correspondante [2]. »
L'âme n'étant point un être, une substance, mais tout simplement un ensemble de phénomènes, il est clair en effet qu'une seule immortalité est possible pour l'homme : c'est la mémoire des *services* qu'il

---

1. *Synthèse subjective*, p. 24.
2. *Catéchisme positiviste*, p. 32.

aura rendus à l'existence commune. Noble immortalité sans doute! Et pourtant, si noble qu'elle soit, il n'y a pas de quoi trop nous enorgueillir, car Aug. Comte y associe les *animaux utiles* qui auront concouru avec nous à l'œuvre de perfectionnement. En effet, « on n'hésite point, dit-il, à regarder tels che-
« vaux, chiens, bœufs, etc... comme plus estimables
« que certains hommes[1]. »

Il ne faut pas faire à de telles extravagances l'honneur de les exposer longuement, ni surtout de les discuter. A quoi bon, au surplus? La religion inventée par Aug. Comte, exposée avec détail dans de longs ouvrages, solennellement prêchée par lui et réduite en catéchisme après la révolution de 1848, a eu le sort de toutes les religions que notre époque a vues éclore : elle est morte avant d'avoir vécu ; et quand son fondateur mourait lui-même en 1857, l'oubli la protégeait déjà contre la risée publique.

Mais, dans ce naufrage où il semblait que la doctrine tout entière dût périr, le positivisme a eu un dernier bonheur : M. Littré le sauva en faisant schisme. Il s'était séparé de son maître lorsque celui-ci avait voulu s'ériger en Grand Prêtre d'une religion nouvelle. Aussi, depuis qu'Aug. Comte en mourant a emporté avec lui le culte de l'Humanité,

---

1. *Catéchisme positiviste,* p. 31.

et le Grand Fétiche et la Vierge mère, il n'est resté de son œuvre que la conception première, que la partie purement scientifique dont le disciple avait recueilli l'héritage. C'est à cela que se réduit aujourd'hui le positivisme; et il faut reconnaître qu'en se resserrant il s'est fortifié. Débarrassé du fatras de la théologie humanitaire et des ridicules oripeaux dont son fondateur l'avait affublé, il est devenu sous la main de M. Littré une doctrine fortement liée et assez redoutable. C'est ce que j'ai appelé la troisième phase du positivisme : c'est la phase actuelle; et c'est sous cette forme dernière que nous avons maintenant à l'étudier.

M. Littré ayant dans ses derniers écrits [1] loyalement confessé ce qu'il appelle lui-même ses erreurs, et nettement marqué les points de dissidence entre son maître et lui, c'est dans ces écrits seulement que j'irai chercher les principes de sa doctrine et les citations que j'aurai à faire.

— Les philosophies passées se sont occupées de l'essence des choses, des causes premières, en un mot, de ce qu'on nomme en métaphysique l'absolu. La philosophie positive a renoncé à cette recherche : « elle regarde comme une chimère une philosophie qui n'est pas *tout entière dans le re-*

1. *Paroles de philosophie positive*, br. in-8; 1859. — *Auguste Comte et la philosophie positive*, 1 vol. in-8; 1863.

latif ¹. » Voilà, dit M. Littré, le principe fécond posé par Auguste Comte ; voilà sa grande découverte, découverte qui est devenue le point de départ d'une « immense révolution. »

Qu'est-ce que la philosophie positive? C'est « l'ensemble du savoir humain, disposé dans un certain ordre qui permet d'en saisir l'unité. » Et qu'est-ce que le savoir humain? « Nous le définirons, l'étude
« des forces qui appartiennent à la matière, et des
« conditions ou lois qui régissent ces forces. *Nous ne*
« *connaissons que la matière et ses forces ou pro-*
« *priétés ; nous ne connaissons ni matière sans*
« *propriétés ou forces, ni forces ou propriétés*
« *sans matière.* Quand nous avons découvert un
« fait général dans quelqu'une de ces forces ou
« propriétés, nous disons que nous sommes en
« possession d'une loi, et cette loi devient aussitôt
« pour nous une puissance mentale et une puis-
« sance matérielle ; une puissance mentale, car elle
« se transforme dans l'esprit *en instrument de*
« *logique ;* une puissance matérielle, car elle se
« transforme dans nos mains en moyens de diri-
« ger les forces naturelles ². » Ainsi, la philosophie positive n'a pas d'autre domaine que le domaine

---

1. *Auguste Comte et la philosophie positive*, 1ʳᵉ part., ch. III, p. 45.
2. *Ibid.*, p. 42.

des sciences naturelles, et pas d'autre méthode que la méthode des sciences naturelles. Cette méthode consiste uniquement dans l'observation qui recueille les faits, et dans l'abstraction qui en dégage la loi. C'est ce que les positivistes appellent la méthode *objective*, c'est-à-dire pour eux expérimentale, par opposition à la méthode *à priori* qu'ils appellent *subjective*.

On a vu tout à l'heure le principe de la nouvelle philosophie, qui est l'élimination de l'absolu. On vient de voir sa méthode, purement expérimentale, et qui n'est que la mise en œuvre du principe. Cela posé, les sciences humaines vont se coordonner dans un cadre tout naturel : « Si l'on considère
« l'ensemble de ce qui se nomme la nature, on y
« aperçoit trois groupes visiblement distincts. Le
« premier est le groupe mathématico-physique,
« c'est-à-dire les propriétés ou forces physiques,
« avec leurs conditions numériques, géométriques
« et mécaniques. Le deuxième est le groupe chi-
« mique, avec ses actions qui s'exercent molécu-
« lairement. Le troisième est le groupe organique,
« avec les forces vitales. Il n'est pas permis de les
« ranger autrement : le groupe vital suppose les
« deux premiers; le groupe chimique suppose le
« groupe physique; *celui-ci seul ne suppose rien.*
« Tel est l'ordre que la philosophie reçoit des
« mains de nature, et qu'elle reproduit dans ce

« que M. Comte a appelé la hiérarchie des scien-
« ces ¹. » Par là, la philosophie positive embrasse
d'un regard toute l'immense étendue des choses,
depuis le minéral jusqu'à l'homme, depuis les propriétés élémentaires des corps jusqu'aux évolutions
des sociétés humaines : par là, toutes les sciences
diverses sont transformées en une seule science qui
« représente, liés nécessairement entre eux, le système du monde et le système de la pensée ². » Mais,
pour être logique, il est évident qu'il faut, dans
l'étendue de la philosophie positive, suivre cet ordre en le remontant : il faut partir de la base, pour
s'élever d'échelon en échelon jusqu'au sommet. On
ne peut « arriver à la conception de l'ordre social
qu'après la conception des ordres inférieurs et plus
généraux qui constituent le monde organique et le
monde inorganique ³. » La mathématique forme le
premier degré; car « sans mathématique, l'astro-
« nomie ni la physique ne peuvent cheminer; sans
« physique, la chimie est mutilée et incapable de
« se rendre compte à soi-même; sans chimie, la
« nutrition, base de toute vitalité, est inintelligi-
« ble; *et sans une théorie exacte de la vie, le*
« *développement des sociétés, ou histoire, ou*

---

1. *Auguste Comte et la philosophie positive*, p. 44.
2. *Paroles de philosophie positive*, p. 15.
3. *Auguste Comte*, p. 11.

« *sociologie, manque de son meilleur appui* [1]. »

Arrêtons-nous un instant sur ce mot : il permet de mesurer toute la portée du système. La philosophie sociale a pour préliminaire obligé la mathématique et la chimie. Si vous n'êtes un habile chimiste, un savant physiologiste, vous ne serez jamais ni un grand moraliste, ni un publiciste profond, ni un homme d'État éminent. Aristote et Montesquieu n'ont été que des utopistes, des romanciers : ils n'ont rien entendu à la science politique et sociale, faute d'avoir compris que cette science dérive de la *biologie*, et que, pour bien gouverner les peuples, il faut connaître les principes de *la nutrition, base de toute vitalité*.

Je n'exagère rien, et je ne plaisante pas. Je tire la conséquence directe du système ; ou plutôt ce n'est pas moi, c'est M. Littré qui la tire. Si on en doute, qu'on ouvre son dernier et récent ouvrage : il y propose sérieusement au gouvernement de faire de l'École polytechnique et de l'École de médecine deux écoles de philosophie positive ; pour quoi faire il suffirait d'ajouter aux sciences mathématiques et physiques qu'enseigne la première, la biologie et la sociologie ; et de donner pour base aux sciences qu'enseigne la seconde, les sciences mathématiques et physiques. On aurait ainsi une institution qui

---

1. *Paroles de philosophie positive*, p. 8.

fournirait des sujets vraiment capables « à la haute administration et à la haute magistrature [1]. » Rien de plus logique. Le principe du positivisme admis, il est évident que les choses de l'âme ne sont qu'une face particulière de la vie organique, que la psychologie se confond avec la phrénologie ou théorie cérébrale, et que les sciences morales et politiques ne sont qu'une branche de l'histoire naturelle.

Que l'idée de coordonner toutes les sciences dans une hiérarchie logique soit une idée originale et neuve appartenant à Auguste Comte, je ne tiens pas à le contester. Mais le principe sur lequel repose cette conception et d'où elle dépend, à savoir l'identité des phénomènes moraux et des phénomènes organiques, ce prétendu principe n'est rien moins que neuf et rien moins qu'original : c'est si peu une découverte, que c'est la vieille thèse de tous les matérialistes.

Les panthéistes et les idéalistes ont aussi la prétention de ramener tous les phénomènes du monde à l'unité : seulement ils suivent une voie inverse. A leurs yeux, il n'y a ni matière ni esprit; il y a des modifications diverses de la substance unique ou de l'être infini. Par là, visiblement l'unité existe; et à ce point de vue aussi, toutes les sciences par-

---

[1]. *Auguste Comte et la philosophie positive*, 3e part. ch. VIII, p. 599 et 600.

ticulières peuvent se réunir en une seule science qui les embrasse et les contienne toutes. — Je concède sans peine à M. Littré que c'est là de la mauvaise métaphysique, de l'ontologie arbitraire ; que c'est là l'abus de cette méthode *à priori* qu'il appelle *subjective.* Pas plus que lui, je n'accepte et ne défends cette périlleuse méthode, qui a été celle de Spinoza et de Hegel, et qui consiste à élever sur un principe abstrait de logique tout un édifice de constructions artificielles. Et cependant, je dois le dire, je comprends mieux la prétention des panthéistes ou des idéalistes que celle des matérialistes. Au fond, et dans l'état actuel de nos connaissances, je crois impraticable la réduction de la science à l'unité : à supposer qu'elle ne soit pas impossible à jamais à l'esprit humain, c'est au moins une tentative prématurée. Mais enfin, cette unité, si on la cherche, ce n'est pas en bas, c'est en haut qu'il faut la chercher ; si elle n'est pas introuvable, on ne peut espérer la trouver que dans la détermination d'une loi supérieure à la fois à la matière et à l'esprit, aux phénomènes physiologiques et aux phénomènes intellectuels. Cela, c'est de la logique élémentaire : deux termes opposés ou différents ne peuvent se résoudre que dans un troisième terme, supérieur à tous deux. Spinoza et Hegel l'ont bien compris. Leur entreprise était téméraire ; on ne peut pas dire qu'elle ne fût pas rationnelle.

Celle des matérialistes, au contraire, semble peu logique. L'unité à laquelle ils tendent, ils prétendent la faire par en bas : au lieu de la demander à une conception supérieure, à une loi plus générale et plus compréhensive, ils se cantonnent dans le relatif et dans les données de l'expérience. Il est évident que, par cette voie, l'unité ne peut se faire qu'à une condition : c'est d'assujettir les phénomènes les plus élevés aux phénomènes inférieurs; c'est de faire rentrer le monde moral dans le monde organique; en d'autres termes, c'est de supprimer le monde moral. C'est ce que fait le positivisme. Il supprime l'absolu, il supprime Dieu, il supprime l'âme; et puis il se vante d'avoir ramené la science humaine à l'unité. La belle merveille! Il n'y a pas de quoi triompher et se décerner les honneurs du génie.

Quoi qu'il en soit, cette réduction des deux termes à un seul est-elle ou non légitime? Les faits se prêtent-ils à cette simplification? L'intelligence n'est-elle qu'une fonction de l'organisme, la pensée qu'une sécrétion du cerveau? Le raisonnement, la mémoire, l'imagination, la conception du bien et du mal, la liberté enfin, toutes ces facultés de l'âme n'ont-elles d'autre principe et d'autre loi que la vitalité physique? Ce sont là des questions bien vieilles, bien souvent agitées, et sur lesquelles la philosophie française, depuis cinquante ans, a particulièrement concentré ses efforts. Dans sa lutte décisive contre le sensualisme du dix-huitième siècle, la question de la spiritualité de l'âme a été une des plus assidûment débattues. Je ne puis ni ne veux entrer ici, à ce sujet, dans une discussion approfondie : on me permettra de renvoyer à ce qui a été si souvent et si bien dit par les philosophes de l'école écossaise et de l'école éclectique, en réponse à Helvétius, à Cabanis, à Broussais. Je me bornerai à de courtes observations.

Il y a dans la nature humaine trois faits capitaux dont le matérialisme ne peut rendre compte ; c'est la conscience, la liberté et l'identité personnelle.

S'il n'y a en nous qu'un principe de vie, comment se peut-il que, ayant conscience des phénomènes moraux, nous n'ayons pas conscience des phénomènes physiologiques qui se passent en nous? Comment ai-je connaissance des opérations de mon cerveau, et ne sais-je rien de celles de mon cœur, de mon foie, de mon appareil digestif? D'où vient que mon activité intellectuelle se déploie en quelque sorte devant moi, que j'en suis (dans l'état ordinaire) le maître, que je la règle, que je la dirige ; et que le jeu de mes facultés physiologiques, comme la circulation du sang, comme la nutrition, soit absolument soustrait et à mon observation et à ma volonté?

La difficulté est plus grande encore pour la liberté

morale. M. Littré ne semble pas en faire si bon marché qu'Aug. Comte: il se défend formellement du reproche d'anéantir le libre arbitre [1]. Mais je l'avoue, je ne comprends pas ce que peut être la liberté dans un système où l'âme est identique au cerveau. Qu'y y-t-il de plus fatal, de plus indépendant de nous (on vient de le dire) que les lois physiologiques? Conçoit-on un cerveau libre? Qui a jamais parlé d'un estomac libre, d'un cœur libre? Et si ces derniers organes ne sont pas maîtres de digérer ou de ne pas digérer, de se contracter ou de ne pas se contracter, comment le cerveau serait-il maître de vouloir une chose plutôt qu'une autre, de déterminer une action plutôt qu'une autre? Aug. Comte avait raison : quand on n'admet que la matière et ses propriétés, il ne faut admettre dans l'homme que les lois qui régissent la matière, et l'homme pensant ne peut avoir d'autre liberté que celle qui consiste à obéir aux lois de son organisation, comme la pierre qui tombe n'a d'autre liberté que celle de tomber. Ici, c'est le maître qui est dans la logique; c'est le disciple qui est inconséquent.

Enfin, la conscience nous atteste l'unité de notre âme : sous la multiplicité de nos sensations, de nos idées, de nos souvenirs, de nos actes, nous sentons qu'il y a un seul être, une personne indivisible. Que

---

1. *Auguste Comte et la philosophie positive*, p. 16.

devient cette unité, si l'âme est le cerveau, c'est-à-dire un composé d'éléments multiples? — En même temps que nous nous sentons une personne unique, un *moi* simple et non composé, nous savons que cette personne est persistante en nous et identique à elle-même aux divers moments de sa durée. La mémoire nous atteste notre identité, comme la conscience nous atteste notre unité. Or, on peut porter le défi aux matérialistes de concilier ce fait avec leur théorie, quand il est prouvé en physiologie et non contesté par eux, que la substance du cerveau, comme celle de tous les organes du corps humain, change sans cesse et se renouvelle périodiquement dans toutes ses parties, sous l'action d'une sorte de courant vital qui emporte incessamment les molécules usées pour les remplacer par des molécules nouvelles.

J'indique seulement les points principaux du débat : je ne puis entrer dans les développements ; et je reviens au positivisme.— La philosophie positive ne veut pas être confondue avec le matérialisme : elle a la prétention d'être une doctrine plus haute, plus complète et surtout plus morale. Cela ne laisse pas que d'étonner un peu, quand on vient de lire cette déclaration de principes : « Nous ne connaissons que la matière et ses propriétés ; nous ne connaissons point de matière sans forces, ni de forces sans matière. » En quoi donc la philosophie positive diffère-t-elle du matérialisme? La première différence, selon M. Littré, c'est que le matérialisme a pour conséquence inévitable la morale honteuse et funeste de l'intérêt, tandis que le positivisme fait prédominer les sentiments impersonnels sur les instincts personnels [1]. Nous verrons tout à l'heure, en parlant de la théorie morale du positivisme, s'il échappe, comme il s'en vante, à cette conséquence qui est, de son aveu, la condamnation du matérialisme. — Une autre différence, ajoute-t-on, c'est que le matérialisme ne reconnaît dans l'homme que des forces physiques, tandis que le positivisme admet dans les sociétés humaines « des aptitudes naturelles qui sont le fondement de la perfectibilité, » et au lieu de laisser le développement de l'humanité livré au hasard ou à l'action des lois mécaniques et mathématiques, reconnaît qu'elle obéit à des lois d'un ordre supérieur, à des lois organiques [2]. Cette dernière conception sans doute est plus raisonnable; mais, n'en déplaise à M. Littré, c'est encore là du matérialisme : c'est le matérialisme physiologique substitué au matérialisme mathématique ou physique. Il y a progrès, je l'accorde, mais au fond c'est toujours la même doctrine.

La philosophie positive a d'autres prétentions en-

---

1. *Paroles de philosophie positive*, p. 6-7. — *Auguste Comte et la philosophie positive*, p. 86.
2. *Id., ibid.*

core qui ne sont pas mieux justifiées. A l'entendre, c'est son caractère distinctif et en même temps sa supériorité, de se placer en dehors et au-dessus de tous les systèmes soit religieux, soit philosophiques, et d'échapper ainsi au reproche d'hypothèse que tous ont plus ou moins encouru. Ainsi elle n'accepte pas l'athéisme : l'athéisme, c'est encore de la métaphysique ; « l'athée est encore à sa manière un théologien. » Il prétend donner une explication des choses ; il veut rendre compte de l'origine du monde, soit par la rencontre des atomes, soit par une puissance occulte qu'il appelle la nature. — La philosophie positive ne repousse pas moins le panthéisme, et à plus forte raison ; car le panthéisme est encore une explication du monde, un système théologique : seulement, à la place des atomes, il met l'esprit général qui s'incorpore et prend conscience de soi dans l'homme [1].

La philosophie positive n'explique rien : « Toute « explication étant une pure hypothèse, elle s'abs- « tient de toute explication... Elle ne nie rien, « n'affirme rien ; car nier ou affirmer, ce serait « déclarer qu'on a une connaissance quelconque « de l'origine des êtres et de leur fin. Ce qu'il y a « d'établi présentement, c'est que les deux bouts « des choses nous sont inaccessibles, et que le mi-

---

[1]. *Paroles de philosophie positive*, p. 31-32.

« lieu seul, ce qu'on appelle en style d'école le *re-
« latif*, nous appartient. Nous ne savons rien sur
« la cause de l'univers et des habitants qu'il ren-
« ferme [1]. — Le fait est que l'univers nous apparaît
« comme *un ensemble ayant ses causes en lui-
« même, causes que nous nommons ses lois*. Le
« long conflit entre l'immanence et la transcen-
« dance touche à son terme; la transcendance,
« c'est la théologie ou la métaphysique, expliquant
« l'univers par des causes qui sont *en dehors de
« lui; l'immanence*, c'est la science expliquant
« l'univers par des causes qui sont *en lui*...

« L'immanence seule est véritablement humaine
« et directement infinie : humaine, car elle ne dis-
« socie pas l'histoire des hommes pour les partager
« en réprouvés et en élus; directement infinie, car,
« laissant les types et les figures, elle nous met,
« sans intermédiaire, en rapport avec *les éternels
« moteurs d'un univers illimité*, et découvre à la
« pensée stupéfaite et ravie les mondes portés sur
« l'abîme de l'espace et la vie portée sur l'abîme
« du temps [2]. »

Il y a une incontestable habileté dans cette attitude du positivisme, affectant de se retrancher dans
une sorte de scepticisme provisoire ou de doute
méthodique; prétendant ne rien nier, ne rien affir-

1. *Paroles de philosophie positive*, p. 32.
2. *Id.*, p. 34-35.

mer, et rester enfermé dans la réserve prudente du sage qui ignore et qui s'abstient. Seulement, ce n'est pas là une philosophie, c'est proprement la négation de toute philosophie; car la philosophie n'est rien, si elle n'est la recherche des principes et des causes. — Mais ce n'est pas assez dire. Il y a là une tactique, et rien de plus. Cette prétendue réserve cache un parti pris très-arrêté. Le positivisme feint de s'abstenir; en réalité, il nie. Il prétend se tenir en dehors de tous les systèmes; en réalité, il a un système; et ce système, quoi qu'il en dise, c'est le matérialisme, c'est l'athéisme.

Cette espèce d'hypocrisie, qui consiste à écarter les questions de cause comme inaccessibles, pour s'épargner l'embarras d'une négation franche, les systèmes matérialistes en ont donné plus d'une fois l'exemple. Cabanis ne s'exprimait pas autrement que M. Littré : « La cause première, dit-il, est pour toujours dérobée à nos investigations[1]. » Et ailleurs : « On sent que ces diverses questions tiennent
« directement à celle des causes premières, qui ne
« peuvent être connues, par cela seul qu'elles sont
« premières..... Les faits généraux sont parce qu'ils
« sont. Ils ne s'expliquent point, et l'on ne saurait
« en assigner la cause[2]. »

1. *Des Rapports du Physique et du Moral*, discours préliminaire.
2. *Ibid.*

M. Littré repousse l'athéisme parce que l'athéisme est une explication des choses. M. Littré est bien sévère. J'avais toujours cru que l'athéisme n'expliquait rien; qu'il mettait un mot, hasard ou nature, à la place de Dieu; et que même sa vieille et ridicule hypothèse des atomes n'était au fond que la négation de la cause première. Quand les athées, depuis Lucrèce jusqu'à d'Holbach et Diderot, ont parlé de la nature, apparemment ils n'entendaient point parler d'un être mystérieux et fantastique : ce mot signifiait tout simplement pour eux l'ensemble des forces qui constituent et gouvernent l'univers. Aujourd'hui même, les disciples de Hegel ne l'entendent pas autrement; pour eux la nature, c'est la force ou la vie universelle, c'est le système des lois selon lesquelles se développe le monde. Or, votre *immanence* qu'est-ce autre chose? Parler de la nature, ou parler des lois immanentes du monde, où est la différence?

Je conviens que sous cette forme l'athéisme est plus plausible. Le mot est nouveau, il est savant; il est fait pour imposer au vulgaire. La nature était un peu discréditée; les poëtes en ont fait abus. L'immanence est une formule assez obscure pour être respectable, et qui, sans rien dire de plus, a l'air d'avoir un sens plus profond. En somme, le système se réduit à ceci : substituer, dans la conception du monde, l'idée de *loi* à l'idée de *cause*.

Cette idée de loi, si familière aux sciences naturelles, semble au premier abord offrir à l'esprit une base solide ; mais pour peu qu'on y regarde de près, on s'aperçoit que ce n'est qu'un mot. J'ai déjà eu occasion de faire cette remarque. La loi ne donne qu'une chose, l'ordre selon lequel se produisent les phénomènes ; elle ne donne point le principe qui produit les phénomènes. La loi exprime un mode d'action, elle ne dit point quelle est la cause qui agit. Elle suppose donc toujours quelque chose au delà et au-dessus des phénomènes dont elle règle la production. — Les corps graves tombent dans le vide. Pourquoi tombent-ils ? Newton a répondu par la loi de l'attraction universelle. Réponse de génie ; mais l'attraction universelle n'est qu'un fait général mis à la place des faits particuliers ; et au lieu de demander pourquoi la pomme détachée de l'arbre tombe à terre, je demanderai pourquoi tous les corps s'attirent entre eux ; je demanderai quelle est la force secrète qui ici-bas fait choir la pierre, et là-haut fait circuler les astres dans leur orbite. Car le fait général qu'exprime la loi n'est pas cause ; il a lui-même une cause ; il a la même cause que les faits particuliers ; et bien loin qu'*on ne puisse aller au delà,* la raison est forcée de remonter plus haut : au-dessus de l'ordre qui préside à la génération des faits, il faut qu'elle découvre un principe générateur, sans lequel rien n'est intelligible pour elle.

C'est donc un pur sophisme de prendre, comme le fait le positivisme, les lois pour des principes. Les sciences naturelles, qui ne font pas de métaphysique, expliquent, il est vrai, le monde par ses lois : ce sont pour elles des généralisations commodes, des valeurs abstraites, comme les signes algébriques. Mais, pour un philosophe, une loi, n'est qu'un fait général, et il n'y a ni fait général, ni fait particulier sans cause; il n'y a point d'ordre sans intelligence, point de loi sans législateur. — J'ai donc le droit de le dire : Prétendre que « l'univers a ses causes en lui-même, causes qui ne sont autres que ses lois, » c'est tout simplement nier la cause première, c'est nier Dieu; et l'*immanence*, c'est-à-dire « la science qui explique l'univers par des causes qui sont en lui, » n'est autre chose qu'une forme de l'athéisme.

Et pourtant, j'en demande pardon à M. Littré, en cela encore, il fait d'une certaine façon de la métaphysique. Car, dire que le monde existe par lui-même, n'est-ce pas dire qu'il est éternel et infini? Et affirmer l'infinité et l'éternité du monde, n'est-ce pas faire une hypothèse? « Les causes nous échappent, dites-vous; nous ne savons rien de la cause de l'univers. » — Et de quel droit alors venez-vous déclarer que l'univers *a sa cause en lui-même?* Qu'en pouvez-vous savoir, s'il est vrai que *le relatif* seul nous appartienne? Qui vous autorise à dire que *les moteurs* de l'univers sont en lui, plutôt que hors de lui? Et surtout que ces moteurs sont *éternels* et que l'univers est infini? Ce n'est pas l'expérience; car l'expérience ne saisit que le phénomène, non la cause; que le mouvement, non le moteur; que le fini et le contingent, non l'infini et l'éternel. Prenez garde : vous faites des hypothèses, vous faites de la métaphysique! L'absolu, que vous avez chassé par une porte, vous le laissez rentrer par une autre : un monde qui est sa cause à lui-même et qui est éternel, c'est un monde nécessaire et absolu. Si vous voulez être conséquent, ne parlez plus de causes, ni de moteur, ni de lois éternelles. N'invoquez pas plus l'immanence que la transcendance. Ne portez jamais votre regard ni au-dessus du phénomène qui passe, ni au delà de l'heure qui s'écoule. Vous êtes enfermé dans le *relatif*, et il vous est défendu d'en sortir : c'est l'inflexible nécessité que la logique vous impose. Tâchez d'abord de vous conformer à la loi de votre propre méthode. Cela fait, il ne vous restera plus qu'à persuader à l'esprit humain que c'est un préjugé de croire qu'il y a une cause à tout phénomène, qu'il y a un principe à tout changement et à toute chose finie.

Le positivisme ne se fait pas en morale des illusions moins singulières qu'en métaphysique. On peut dire que, de même qu'il est athée sans en convenir, il aboutit sans s'en douter, mais tout aussi fatalement, à la doctrine de l'intérêt. Pourtant, il proteste hautement, on l'a vu. Il est même, sur ce terrain, si sûr de lui qu'il gourmande fièrement l'ancienne théologie et l'ancienne métaphysique, et leur reproche d'avoir, avec leurs peines et leurs récompenses de la vie future, fondé la morale sur une préoccupation personnelle et des calculs intéressés. Il faut, nous déclare-t-il, que, « la préoccupation « toute personnelle du salut étant écartée, les pen- « chants impersonnels, ou comme dit Auguste « Comte, les penchants *altruistes*, qui sont les « meilleurs de notre nature, cessent d'être com- « battus par l'égoïsme auquel un prix infini cesse « d'être proposé, et deviennent l'objet d'une cul- « ture directe [1]. » Là est, selon l'expression de M. Littré, le point cardinal de l'évolution. — On ne peut se défendre de quelque étonnement, en trouvant sous la plume d'un homme sérieux de telles pauvretés. Faut-il répondre à M. Littré que la religion et la philosophie spiritualiste ne s'appuient sur l'égoïsme humain que pour le mieux contenir? que si elles lui offrent, dans un autre monde, l'appât des récompenses et la crainte des châtiments, ce n'est point pour « combattre les penchants impersonnels » ou, comme dit son maître, *altruistes,*

---

1. *Paroles de philosophie positive*, p. 49.

mais tout au contraire, pour les aider, les soutenir, les développer, les faire prédominer sur les penchants personnels? Faut-il ajouter que ce n'est point là le principe de la loi, mais seulement sa sanction; et que si la sanction s'adresse aux préoccupations égoïstes, le principe du bien ne parle qu'à la raison et à ce qu'il y a de plus noble et de plus désintéressé dans l'homme?

Quoi qu'il en soit, le positivisme repousse cette morale grossière. Il nous assure que les penchants impersonnels de notre nature se développeront d'eux-mêmes, *sous une culture directe.* On a vu plus haut par quelle raison il répudie le matérialisme et l'athéisme : c'est que l'un et l'autre ont pour conséquence la morale de l'intérêt. Le positivisme est-il bien sûr d'échapper pour son propre compte à cette conséquence logique qui est si justement pour lui la condamnation de l'athéisme et du matérialisme? Pourquoi l'athéisme ne peut-il avoir une autre morale que la morale de l'intérêt personnel? Parce que, si on doute de la raison quand elle affirme l'Être infini ou la cause première, il n'y a pas de motif de n'en point douter quand elle affirme une loi du bien et du mal; parce que, dans une doctrine qui ne reconnaît de lois que celles du monde physique, l'âme faisant partie de l'organisme, ne peut avoir d'autres lois que les lois de l'organisme; et que l'organisme ne peut avoir de loi que son plus grand bien. Ces raisons sont-elles donc si mauvaises pour le positivisme? Il ne croit pas plus que l'athéisme aux vérités méthaphysiques, à l'Être infini : comment croirait-il plus que lui à une loi morale conçue par la raison? Il n'admet de méthode scientifique que l'expérience et l'induction : est-ce que c'est l'expérience ou l'induction qui nous révèle la loi morale? Il n'est pas question ici (M. Littré le reconnaît lui-même) des instincts bienveillants qui sont en nous, des mouvements spontanés de la sensibilité : il s'agit d'une loi rationnelle, du devoir. Comment le positivisme, qui identifie l'âme et le cerveau, pourrait-il reconnaître pour l'âme d'autres lois que les lois organiques? Comprend-on, d'ailleurs, une loi morale sans responsabilité morale? Et que peut être la responsabilité morale dans une doctrine où la liberté ne peut exister, et où l'âme ne survit point au corps?

M. Littré a senti l'objection, et dans son dernier livre il s'est efforcé de la repousser et de donner une base à la morale positive. Selon lui, la morale est, comme la science, l'œuvre naturelle et progressive de la raison humaine ; et c'est à la raison humaine qu'elle emprunte, comme la science, toute son autorité. « Philosophiquement, la morale hu-
« maine a *la même solidité* et la même grandeur
« que la science humaine : elle est le résultat du

« travail de la raison sur les sentiments, comme la
« science est le résultat du travail de la raison sur
« le monde extérieur... Si nul ne nie *la force coac-*
« *tive* de la science naturelle qui a prévalu contre
« le témoignage des sens et contre les traditions
« les plus chères, nul n'est en droit de nier la
« force coactive de la morale naturelle dont l'em-
« pire gouverne déjà tant d'hommes. L'ascendant
« du bon sur le cœur est de même nature et n'est
« pas moindre que l'ascendant du vrai sur l'es-
« prit [1]. »

Où en serait le monde si l'ascendant du bon sur
le cœur n'était pas plus grand que l'ascendant
du vrai sur l'esprit ; si la morale n'avait pas plus
de *solidité* et d'autorité que la science, si la conscience n'avait pas à son service plus de *force
coactive* qu'une vérité proclamée par la chimie ou
la biologie? Qui ne voit du premier coup d'œil
combien cette assimilation de la morale et de la
science est fausse et dangereuse? Est-ce que la
vérité scientifique s'offre à mon esprit avec les
mêmes caractères que la vérité morale? Non : la
première me persuade, mais la seconde m'oblige.
Je puis manquer de me conformer à l'une sans me
sentir vil ou coupable ; je ne puis manquer d'obéir
à l'autre sans comprendre que j'ai violé un devoir

1. *Auguste Comte et la philosophie positive*, p. 216.

et encouru une responsabilité. Le vrai, le beau emportent mon assentiment, mon admiration ; ils ne s'imposent jamais à moi comme obligatoires ; le bien, non-seulement m'apparaît comme revêtu d'une certaine beauté morale, mais je sens qu'il y a en lui force de loi, et que tout être libre doit l'accomplir.

Ce sont là des notions élémentaires en psychologie, et j'ai honte d'y insister. Cela ne veut point dire que le progrès de la raison humaine, la réflexion, les enseignements de l'histoire ne perfectionnent pas sur de certains points la science de la morale, c'est-à-dire l'application sociale du principe du bien. Mais c'est dans l'application seulement, et dans le détail, que la morale est progressive ; dès le premier jour, son principe et son caractère impératif se sont révélés au premier homme avec autant de force et d'éclat qu'ils se montrent à nous aujourd'hui.

En assimilant la morale à la science, on lui enlève évidemment le caractère obligatoire qui la distingue ; on la dénature, on la découronne, on la fait descendre au niveau de l'esthétique, de l'économie politique et de l'hygiène. Comme ces sciences, elle pourra éclairer les hommes, elle ne les contiendra plus ; elle leur donnera des conseils, mais ne leur dictera point de loi. Il y aura sagesse à la suivre, mais nul mérite ; il y aura imprudence à méconnaître ses avis, mais nulle culpabilité. — Que me fait votre *altruisme?* La nature m'invite à chercher mon intérêt personnel : pourquoi n'écouterais-je pas la voix de la nature, plutôt que celle d'une science incertaine, contestable? Vous n'avez qu'un moyen de me faire pratiquer la vertu, c'est de me démontrer qu'elle est d'accord avec mon bien particulier. Hors de là, le sacrifice est absurde, le dévouement est insensé. Mais qui ne le voit? Nous voilà revenus à cette doctrine de l'intérêt bien entendu, à cette morale de l'égoïsme que M. Littré répudie et flétrit. Si elle est (et nous sommes en cela de votre avis) la conséquence directe et la condamnation du matérialisme, elle est la conséquence non moins fatale du positivisme, et sa condamnation non moins éclatante.

Je ne veux pas pousser plus loin cette discussion. J'ai montré ce qu'est, au fond, la philosophie positive : sous une forme plus habile, plus savante, elle n'est autre chose que le matérialisme. On a réfuté à demi de pareilles doctrines quand on a montré leur véritable caractère, et qu'on les a poussées à leurs dernières conséquences. Cela est si vrai, que le positivisme s'efforce de se dissimuler sous les apparences du doute scientifique, et voudrait faire croire qu'il s'en tient au précepte de Bacon : étudier les phénomènes et ajourner la recherche des causes ; — précepte qui est bon pour les sciences naturelles, mais qui, je l'ai déjà dit, pris absolument, serait la négation de toute philosophie. Quoi qu'il en soit, c'est cette apparence de scepticisme provisoire qui fait aujourd'hui la force du positivisme.

Cette facile et commode philosophie qui consiste à rejeter comme des hypothèses les conceptions de la raison, qui prétend s'en tenir au positif, c'est-à-dire à ce qui est visible et palpable, aux faits et à leurs lois; cette philosophie, qui est proprement le scepticisme, trouve aujourd'hui beaucoup d'esprits disposés à l'accueillir et à s'en contenter. Sans parler des hommes que l'étude à peu près exclusive des sciences mathématiques ou des sciences naturelles a habitués à ne tenir compte que de ce qui se voit ou se touche, et à ne se fier qu'à l'expérience, elle attire à elle par des dehors de sévérité et de rigueur, nombre d'esprits frivoles qui trouvent de bon goût de se moquer de la métaphysique (ce qui les dispense de la comprendre), et qui prennent un doute dédaigneux pour un signe de force et de supériorité. Le prodigieux développement qu'ont pris, depuis cinquante ans, les sciences physiques, n'a pas peu contribué, sans doute, à recommander la méthode qui leur est propre, je veux dire la méthode d'observation, et à persuader aux esprits superficiels que seule cette méthode peut conduire à des résultats positifs. Et il faut dire que le triste succès des grands systèmes de métaphysique que notre siècle a vus naître et mourir était bien fait pour accroître cette disposition, et frapper au moins momentanément la philosophie de quelque discrédit.

Enfin, chose plus étrange au premier abord, il s'est trouvé que le grand mouvement philosophique de l'Allemagne au dix-neuvième siècle tournait en définitive au profit presque exclusif du scepticisme; que l'école qui avait le plus abusé de la métaphysique aboutissait à la négation de la métaphysique; et que les disciples de Hegel venaient prêter main-forte aux disciples de Comte. Non pas que l'école de Hegel n'ait gardé généralement des tendances plus spiritualistes, mais il n'en est pas moins vrai qu'en fait, ses conclusions sont à peu près identiques à celles du positivisme; il n'en est pas moins vrai qu'abandonnant l'ontologie hasardeuse du maître, ne conservant de son système que l'idée du *devenir* universel, elle a substitué partout, comme font les positivistes, la *conception du relatif à celle de l'absolu;* si bien que son dernier mot en religion est l'athéisme, son dernier mot en métaphysique la négation de l'absolu, et que la doctrine de l'*immanence* est le fond même de sa théorie de l'univers. Je ne fais qu'indiquer ici les points de rencontre. Dans les chapitres qui vont suivre, ces analogies et ces rapprochements vont se présenter d'eux-mêmes, quand j'exposerai les idées des Hégéliens français. Il me suffit d'avoir signalé ici ce fait digne d'attention que le matérialisme, héritier de l'Encyclopédie et de Cabanis, et l'idéalisme, fils de Schelling et de Hegel, venus tous deux des pôles opposés du monde philosophique, se rencontrent aujourd'hui, sous nos yeux, dans le même scepticisme, et, on peut le dire, s'embrassent dans le même néant.

Il y a loin, en apparence, de M. Littré à M. Lanfrey, — de la philosophie positiviste à ce voltairianisme un peu superficiel, un peu déclamatoire qui a reparu de nos jours. Si différentes pourtant que semblent ces deux doctrines, elles ont, en réalité, sous des formes très-diverses, un fond commun, qui est le scepticisme religieux, et par leur origine historique comme par leurs conclusions, elles se rapprochent plus qu'on n'est d'abord tenté de le croire. C'est donc ici le lieu de dire quelques mots de cette autre sorte de scepticisme, fort peu scientifique, beaucoup plus littéraire que philosophique, dont l'apparition a été provoquée moins par le mouvement propre des esprits que par les excès de polémique et les emportements d'intolérance de certains écrivains catholiques; doctrine qui s'appelle fièrement la doctrine de l'avenir, et qu'on pourrait plus justement appeler la doctrine du passé, car c'est tout simplement le scepticisme du dix-huitième siècle habillé à la mode du jour.

Le plus brillant et le plus populaire écrivain, je ne puis pas dire de cette école, le mot est trop sérieux, mais de ce petit parti philosophique, c'est M. Lanfrey, qui, dans un livre trop semblable à un pamphlet[1], a recommencé contre l'Église et les Jésuites une guerre qu'on aurait pu croire terminée. Nous n'avons point à nous occuper ici de ce qui, dans ce livre, est de pure polémique ; nous laissons de côté les déclamations et les sarcasmes exhumés de la poussière du dernier siècle. Une seule chose nous intéresse ; ce sont les idées philosophiques de l'auteur, moins pour le peu qu'elles valent que comme expression d'un certain esprit de doute que sa légèreté même propage.

M. Lanfrey n'est point un matérialiste. Ni d'Holbach, ni Diderot, ni même Helvétius ne sont ses maîtres. Le *Système de la nature*, qui nie la liberté, confond le bien et le mal, ne donne à l'homme que l'intérêt pour mobile et définit la vertu « l'équilibre des humeurs ; » cette œuvre honteuse révolte son cœur et indigne sa conscience. Le livre de l'*Esprit* lui-même n'est à ses yeux qu'un paradoxe décourageant et immoral. Mais, si M. Lanfrey repousse le matérialisme du dix-huitième siècle, en revanche il épouse pleinement son scepticisme philosophique

---

1. *L'Église et les philosophes au dix-huitième siècle*, 1 vol. in-12 ; 1855.

et religieux. Il tient toute religion positive pour invention humaine, fable, superstition ; il tient même tout système de métaphysique pour hypothèse et poésie.

« La religion, dans ses principes essentiels, n'est autre chose que la métaphysique mise en dogmes, en rites, en institutions. Dans toute religion, il y a une métaphysique, et réciproquement. » Or, « la métaphysique est absolument dénuée d'éléments de certitude. » Ses prétendus axiomes ne sont que des abstractions. L'évidence ne lui fournit point de base scientifique ; l'expérience pas davantage ; le consentement général encore moins. N'ayant pour instrument que le raisonnement, elle est vouée à d'éternelles incertitudes et n'atteint qu'à l'hypothèse, à la probabilité [1].

La morale seule est certaine. « Elle est la plus
« certaine des sciences, parce que l'évidence de ses
« premiers principes est placée à la fois dans le
« cœur et dans l'esprit. Tel est cet axiome moral :
« Ne faites pas à autrui ce que vous ne voudriez
« pas qu'on vous fît. Non-seulement vous voyez
« avec les yeux de l'esprit, et sans pouvoir le dé-
« montrer, que c'est là une vérité, mais vous le
« sentez encore plus puissamment dans votre cœur.

---

[1]. *L'Église et les philosophes au dix-huitième siècle*, ch. XII, p. 233-234 (2ᵉ édit.).

« Où est l'axiome de la métaphysique qui s'impose
« avec cette force, cette tyrannie, à la nature hu-
« maine? — On s'imagine généralement, sur pa-
« role, que la métaphysique sert de fondement à
« la morale, ou de couronnement, de clef de voûte
« nécessaire à tel ou tel système politique. C'est
« une double erreur qui a fait son temps. La mo-
« rale se suffit à elle-même et se passe d'appui :
« elle règne parce qu'elle est faite pour régner, et
« n'a nul besoin de cette investiture intéressée [1]. »

Ainsi, pour M. Lanfrey, nulle certitude, ni métaphysique, ni religieuse. En fait de dogmes, la
raison ne fait que des hypothèses et ne s'élève qu'à
des probabilités. Y a-t-il un Dieu? L'âme est-elle
une substance distincte du corps? L'homme doit-il,
dans une vie future, trouver la rémunération de
ses actions bonnes ou mauvaises? Nulle réponse à
ces questions. J.-J. Rousseau, dans sa *Profession
de foi du Vicaire Savoyard*, n'a fait lui-même là-
dessus, avec sa métaphysique de sentiment, autre
chose qu'un *beau poëme*. Le seul livre qui, au
dix-huitième siècle, ait dit à cet égard la vérité est
Candide. « *Candide*, critique sans réplique du sys-
« tème le mieux ordonné qui fut jamais, a posé
« les seules conditions auxquelles notre sagesse
« puisse arriver sur ces questions : c'est que nous

---

1. *L'Église et les philos. au dix-huitième siècle*, p. 233-235.

« n'en savons rien et n'en pouvons rien savoir.
« Mais où la certitude cesse, la poésie com-
« mence[1]. »

Voilà certes, un septicisme très-radical. Bien qu'il invoque *Candide* comme son évangile, M. Lanfrey est plus sceptique, j'ai failli dire plus voltairien que Voltaire; car Voltaire, en se moquant de la métaphysique, a fait de la métaphysique toute sa vie; car Voltaire croyait à Dieu très-sincèrement, et son ferme bon sens, aux heures où la passion ne le faisait pas dévier, tenait ce dogme fondamental pour autre chose qu'une hypothèse ou un rêve poétique.

Quoi qu'il en soit, on voit en quoi M. Lanfrey diffère des Positivistes, et en quoi il se rapproche d'eux. Il diffère d'eux en ce qu'il repousse de l'héritage du dix-huitième siècle son matérialisme. Il leur ressemble en ce que, avec eux, il part du scepticisme et nie d'une façon absolue tout dogme, soit religieux, soit métaphysique. J'ajoute qu'il se rencontre et avec les Positivistes et avec les Hégéliens actuels, dans cette conclusion qui est toute sa philosophie, à savoir qu'au milieu des incertitudes éternelles de la pensée humaine, une seule chose est certaine, inébranlable, c'est la morale.

Que la morale seule ait le caractère de la certi-

---

[1]. *L'Église et les phil. au dix huitième siècle*, ch. XII, p. 222.

tude; qu'elle soit par conséquent indépendante de la métaphysique et se suffise à elle-même; c'est là en effet la thèse favorite de tous nos sceptiques du jour. On ne croit plus à Dieu; on ne croit pas beaucoup à l'âme, ni surtout à son immortalité. Mais on prétend, dans cette ruine de toutes les croyances religieuses, maintenir debout, éclatante et indiscutable, l'autorité de la loi morale. Assurément, il faut se féliciter de ce que les plus sceptiques, quand ils doutent de tout, ne doutent pas au moins du devoir. Il faut les louer, quand ils ne croient pas à ce qu'affirme leur raison, de croire du moins à ce qu'affirme leur conscience. C'est un progrès heureux de notre siècle sur le siècle dernier, où le scepticisme donnait ordinairement la main au sensualisme et avait pour conclusion la morale de l'intérêt. La morale de l'intérêt répugne aujourd'hui à tous les esprits : si on ne recule pas devant le doute érigé en système, on recule devant l'abject égoïsme érigé en règle de conduite. Encore une fois, il faut s'en féliciter. Mais si la dignité humaine y gagne, il est permis de se demander si ce n'est point aux dépens de la logique. Cette distinction commode entre la vérité métaphysique et la vérité morale a beau s'abriter sous le nom de Kant, elle n'en cache pas moins une flagrante inconséquence. Est-ce qu'il y a, en effet, plus d'évidence d'un côté que de l'autre? Est-ce que Dieu parle moins à mon cœur que le devoir? Est-ce que la nécessité d'une cause première et intelligente est moins claire à mon esprit que l'autorité de la loi morale?

On parle des objections, des éternelles disputes que soulève la métaphysique. La morale en est-elle exempte? N'a-t-elle pas été contestée et dans son principe et dans ses conséquences, autant et aussi souvent que n'importe quel dogme philosophique? N'a-t-on pas disputé et sur l'existence de la loi, et sur sa nature, et sur son caractère obligatoire, et jusque sur le fait de la liberté morale? Sans parler des fatalistes, des panthéistes et des mystiques, qui ne faussent pas la loi mais qui la suppriment, n'y a-t-il pas eu les partisans de la sympathie ou du sentiment, ceux de l'intérêt personnel et ceux de l'intérêt général?

Mais allons au fond des choses. Que signifie cette belle phrase : que l'évidence de la morale est placée à la fois dans *l'esprit et dans le cœur?* Parlons, de grâce, en matière philosophique, le langage de la philosophie, et sachons ce qu'il y a sous les mots. Je comprends ce que c'est que l'évidence pour l'esprit. Mais qu'est-ce que l'évidence *qui est placée dans le cœur?* Si je comprends bien, cela ne veut pas dire autre chose que le sentiment, l'émotion déterminée en nous par la vue du bien ou du mal moral. Mais ce sentiment, toujours précédé d'un jugement au moins instinctif de la raison, n'a de valeur que celle qu'il emprunte aux jugements de la raison, puisqu'il a en eux son principe et sa cause. Tout revient donc en définitive à la raison ; c'est toujours à elle qu'il faut remonter : car il n'y a pas dans l'homme deux lumières, deux sources de connaissance ; il n'y en a qu'une, qui est la raison. Seulement, quand la raison, dans une intuition rapide, a saisi une vérité morale, les facultés sensibles de notre âme sont ébranlées du même coup; le sentiment s'émeut en nous ; le *cœur* s'associe instantanément au jugement de *l'esprit;* et ce double phénomène fait croire à tort à un double principe de discernement.

Or, si au fond de la conscience et sous ses manifestations complexes il n'y a en réalité que la raison et ses intuitions spontanées, que signifie la distinction qu'on nous oppose? *L'évidence du cœur* n'étant qu'un phénomène sensible déterminé par la vision de la vérité, il ne reste comme base de la morale que l'*évidence de l'esprit.* Et comment l'évidence de l'esprit aurait-elle plus d'autorité en morale qu'en métaphysique? Comment la raison, capable de saisir certaines vérités absolues, serait-elle incapable de saisir d'autres vérités de même ordre? En quoi cet axiome : *Il faut faire le bien*, est-il plus incontestable que cet autre axiome : *Tout phénomène a une cause?*

Je n'insiste pas. J'aurai ailleurs occasion de revenir sur cette question et de la traiter avec les développements qu'elle mérite [1]. Le peu que je viens de dire a dû faire comprendre que la thèse de M. Lanfrey n'a rien de scientifique : elle ne résiste pas au plus léger examen. — « Qu'importe le dogme, dit-on, si la morale est sauve ? » — Il n'y a à cela qu'une difficulté : c'est que, l'autorité de la raison une fois ébranlée, la morale ne tient pas plus que le dogme devant la logique. Ouvrez la voie au scepticisme, il emporte la loi du Devoir aussi bien que l'existence de Dieu, aussi bien que l'immortalité de l'âme. Tout au plus reste-t-il dans l'homme un vague instinct du bien, un sentiment naturel qui résiste quelque temps aux sophismes : mais que le souffle de la passion s'élève, et cette fragile barrière sera renversée. L'égoïsme saura bien se faire une arme de ce doute absolu dont vous avez frappé toute croyance religieuse. « Le diable aussi, dit Dante, est bon logicien. »

[1]. Voyez *Conclusion*, § IV.

CHAPITRE V

L'école hégélienne française ; M. Taine.

Il y a peu d'années encore, la philosophie de Hegel était, on peut le dire, à peu près inconnue en France. En dehors de l'école, on ne savait guère d'elle que son nom. On en entendait parler comme d'un système obscur et bizarre, merveille d'abstraction et de subtilité, assemblage de grandes idées et de prodigieux sophismes. Quelques rares initiés seuls se hasardaient à pénétrer dans ce royaume des *ténèbres visibles ;* et le public profane s'en tenait éloigné par un sentiment de défiance instinctive autant que par impuissance de comprendre. Cette défiance de l'opinion n'avait fait que s'accroître après l'éclat causé par le livre du Dr Strauss, qui laissait entrevoir la portée du système dans le champ de la critique religieuse ; et surtout lorsque, un peu plus tard, l'athéisme insolent de M. Proudhon fit comprendre, à travers ses extravagances, à quelles extrémités la logique emportait une école qui ne reculait devant aucune audace. Nul assurément, à cette heure, et malgré les pompeuses déclamations des humanitaires comme M. Eugène Pelletan et M. Dollfus, ne pensait que le jour pût venir et fût même prochain où cette philosophie, discréditée en Allemagne même par ses propres excès, serait enseignée en France comme la doctrine de l'avenir, et dans la patrie de Descartes aspirerait à remplacer la philosophie spiritualiste.

Les choses en sont là, cependant : c'est un fait aujourd'hui notoire. La philosophie de Hegel a pris pied parmi nous : elle est sortie de l'école; elle est descendue sur la place publique; elle a fait invasion dans la critique, dans l'histoire, dans la littérature, jusque dans le roman; elle a des disciples célèbres, des apôtres zélés : disciples très-indépendants, il est vrai, et qui ne se font pas scrupule de modifier la doctrine du maître; apôtres habiles et discrets, qui savent écarter les théories trop abstruses, les raffinements de dialectique, en un mot tout ce qui demanderait trop d'efforts à notre esprit, ou trop de sacrifices à notre bon sens français. Ils n'aspirent pas, par exemple, comme le maître, à la science de l'absolu; ils ne prétendent pas, comme lui, prenant les lois de la pensée pour les lois mêmes de l'Être, reconstruire le monde sur la base de la logique pure. Le système proprement dit de Hegel est depuis longtemps ruiné : le gigantesque échafaudage de ses abstractions s'est écroulé sous son propre poids. Ceux qui tentaient d'introduire en France ses idées ne pouvaient pas, s'ils étaient habiles, ne point tenir compte du travail de la critique et du temps. Il n'y a donc pas lieu de s'étonner si l'hégélianisme qu'on nous enseigne est un hégélianisme amendé, diminué, transformé ; si l'idéalisme hardi du maître a disparu ; si enfin, à la place de ces conceptions arbitraires mais grandioses qui ont passionné l'Allemagne, on ne nous offre qu'un système assez indécis qui flotte entre le panthéisme et je ne sais quel naturalisme abstrait.

Trois écrivains, d'esprit, de talent et de renom très-divers, peuvent être choisis comme représentant parmi nous cette école dans ses diverses nuances, et sous ses aspects principaux : ce sont MM. Taine, Renan et Vacherot. Je voudrais exposer et apprécier les idées de chacun d'eux en matière de philosophie religieuse, pour porter ensuite sur l'école un jugement d'ensemble..

MM. Taine et Renan ne sont pas les premiers en date, mais ils sont les premiers en talent et en popularité. Littérateurs et critiques plutôt que métaphysiciens, tout disciples qu'ils sont de l'Allemagne, ce sont des esprits éminemment français; ce sont des écrivains; ils ont le sentiment et la pratique de l'art. Ils ont surtout ces qualités essentiellement françaises, la netteté et la précision. En interprétant la philosophie allemande, ils lui font parler une langue qu'elle n'est point habituée à parler, facile et brillante, quelquefois éloquente et poétique, toujours intelligible et claire, autant du moins que les idées le comportent. S'ils ne réussissent pas à la naturaliser en France, on peut assurer que personne n'y pourra réussir après eux.

M. Taine a débuté en écolier révolté plutôt qu'en homme sérieux. Il a visé d'abord à faire du scandale plutôt que de la science. Dans un livre écrit avec esprit, mais sur le ton de la satire[1], il a fait une critique acerbe et passionnée des philosophes français contemporains. Il y traite avec un dédain et un persiflage qui ne sont pas toujours de bon goût, les vivants et les morts, les plus nobles talents, les plus généreux esprits, Royer-Collard et Maine de Biran, Théod. Jouffroy et M. Cousin. A son avis, ce sont des orateurs, des moralistes, des érudits, des littérateurs, tout ce qu'on voudra, excepté des philosophes. Ils n'ont pas eu une idée neuve, une théorie exacte, une conception scientifique. Hommes de style, amateurs de bon ordre, prédicateurs de morale, ils ont tout simplement remis à neuf les lieux communs du dix-septième siècle, après avoir cru réfuter Locke et Condillac avec la petite psychologie des Écossais. Pour M. Taine, la

---

[1]. *Les Philosophes français au dix-neuvième siècle*, 1 vol. in-12. 1857.

France du dix-neuvième siècle n'a qu'un vrai philosophe, c'est Stendhal, et qu'un livre de profonde psychologie, c'est le livre de l'*Amour* de ce grand penseur.

Au fond, et quand on a mis de côté les lazzi et les paradoxes, quand on en a dégagé quelques critiques sérieuses touchant la théorie des idées rationnelles, si on se demande quelle est la doctrine de l'auteur, on est quelque peu embarrassé. Est-ce à un disciple de Condillac qu'on a affaire ? Est-ce à un sectateur de Kant ou de Hegel ? N'est-ce point plutôt à un adepte de la philosophie positiviste ? Il y a de tout cela, en effet, dans ce livre. Les doctrines les plus dissemblables y forment un amalgame étrange. L'auteur habille à la mode du dix-huitième siècle les idées qu'il emprunte à l'Allemagne. Il raisonne comme un sensualiste, et conclut comme un hégélien. Dans la préface de la seconde édition, il affiche la prétention un peu hautaine de concilier dans une théorie supérieure le positivisme et le spiritualisme, tous deux insuffisants, et de compléter l'un par l'autre Hegel et Aug. Comte. En réalité, c'est vers ce dernier qu'il incline. Qui le classerait parmi les positivistes ne lui ferait pas tort de beaucoup. Au moins peut-on dire sans exagération qu'il fait la transition. Il donne une main à M. Littré et l'autre à M. Vacherot.

Tout, en philosophie, dépend d'un petit nombre

de principes : ces principes connus, le reste s'en déduit aisément. Essayons d'appliquer cette méthode à M. Taine en rassemblant les traits essentiels de son système, épars dans de nombreux écrits de littérature et de critique.

Si vous lui demandez ce qu'il entend par la substance, il vous répondra, comme Condillac, que la substance n'est rien que « l'ensemble des qualités, le tout dont les qualités sont les parties[1]. » D'où il suit, par exemple, que « l'âme n'est pas distincte des idées et des sensations[2]. » — Si vous lui demandez ce que c'est qu'une cause, il pense, comme Aug. Comte, que c'est tout simplement un fait qui engendre un autre fait[3]. — Ce que c'est que l'infini ; il répond que c'est une idée toute négative, rien autre chose que l'indéfini, donné par exemple en mathématiques par la série des nombres ou les fractions irréductibles[4].

Ainsi, il n'y a point de substances ; il n'y a que des groupes de faits qui constituent les différents êtres[5]. Il n'y a point de causes ; il n'y a que des

---

1. *Les Philosophes français au dix-neuvième siècle*, p. 161.
2. *Id.*, p. 243-244. « Si toutes les idées, sensations, résolutions disparaissaient, il n'y aurait plus de moi. » (*Id.*)
3. *Id.*, p. 340-1, 352.
4. *Id.*, p. 164.
5. *Id.*, p. 73, 161. — « Nous pensons qu'il n'y a ni *esprits* ni *corps*, mais simplement des *groupes de mouvements* présents ou possibles, et des *groupes de pensées*

faits générateurs, élevés par la science à la hauteur de lois ou de formules d'où se déduisent les autres faits. Il n'y a point de forces; il n'y a que des rapports, c'est-à-dire des nécessités logiques qui lient un fait à celui dont il dérive. Le monde est *une hiérarchie de nécessités;* et cela n'est pas moins vrai du monde moral que du monde physique[1].

Les conséquences sautent aux yeux. Si l'âme humaine n'est pas distincte de ses idées, de ses sensations, que devient sa personnalité ? Que devient sa liberté ? Si, au lieu d'être, comme l'ont dit Leibnitz et Maine de Biran, une force active, elle n'est qu'*un groupe de faits,* un ensemble de phénomènes; ces faits, ces phénomènes, qui la constituent sont produits par d'autres faits qui ne sont pas elle. Elle n'est pas une cause, mais un effet ou une suite d'effets. L'homme n'est pas une personne, une force, une volonté; il n'est qu'*un système de faits,* la résultante de certains rapports, le produit de certaines nécessités logiques. — Et s'il n'est pas une personne, comment serait-il libre ? Ses résolu-

---

présentes ou possibles; nous croyons qu'il n'y a point de substances, mais seulement des systèmes de faits... Nous regardons l'idée de substance comme *une illusion psychologique.* Nous pensons qu'il n'y a rien au monde que des faits et des lois, c'est-à-dire des événements et leurs rapports. » (Art. sur J. St. Mill, *Revue des Deux Mondes,* 1er mars 1861, p. 71.)

1. *Les philos. franç.*, p. 354.

tions ne sont autre chose que des tendances déterminées par des idées prédominantes, lesquelles sont elles-mêmes déterminées par des lois. « La volonté n'est qu'un effet[1] ; » la liberté n'est, comme la substance, qu'une *illusion psychologique*. La nécessité, qui est la loi du monde, est aussi la loi de l'âme humaine. Tout est fatal, tout est déterminé d'avance dans la chaîne indestructible de formules et de *définitions* qui embrasse l'univers, et, en se déroulant, produit les incessantes transformations des êtres. Les sentiments, les pensées de l'homme sont des phénomènes aussi infailliblement réglés que les métamorphoses de l'animal et de la plante : « *une loi unique imprime à l'automate spirituel qui est notre être un système nécessaire de mouvements prévus;* » si bien qu'il suffit de connaître cette loi pour calculer à l'avance et prédire ces mouvements[2]. — Comment enfin, dans un tel système, y aurait-il place pour la loi morale? Comment comprendre la dis-

---

1. *Les philos. franç.*, p. 239, 240, note.
2. « L'homme, dit Spinosa, n'est pas dans la nature comme un empire dans un empire, mais comme une partie dans un tout, et les mouvements de l'automate spirituel qui est notre être sont aussi réglés que ceux du monde matériel où il est compris. » — Spinosa a-t-il raison?... Y a-t-il en nous une faculté maîtresse dont l'action uniforme... *imprime à notre machine un système nécessaire de mouvements prévus?...* — *J'essaye de répondre oui, et par un exemple.* » M. Taine, préface de l'*Essai sur Tite-Live*, 1856.

tinction du bien et du mal, le choix et la responsabilité, là où la liberté est absente? M. Taine parle cependant du devoir. Mais quoi! le devoir, pour lui, n'est que l'*impulsion* d'un sentiment, et les sentiments moraux se produisent en nous, comme les déterminations de la volonté, *selon un ordre mathématique*[1]. Ce qui a fait, à son avis, la supériorité de Stendhal comme moraliste, c'est « qu'il traitait
« du sentiment comme on doit en traiter, c'est-à-
« dire en naturaliste et en physicien, en faisant des
« classifications et en pesant des forces[2]. » Quant au vice et à la vertu, ce sont des phénomènes physiologiques, des produits de la chimie vitale, et rien de plus. « Que les faits soient physiques ou moraux,
« ils ont toujours des causes : il y en a pour l'am-
« bition, pour le courage, pour la véracité, *comme*
« *pour la digestion, pour le mouvement muscu-*
« *laire, pour la chaleur animale. Le vice et la*
« *vertu sont des produits, comme le vitriol et*
« *le sucre*, et toute donnée complexe naît par la
« rencontre d'autres données plus simples dont
« elle dépend[3]. »

Je ne discute pas, j'expose les idées de M. Taine. Un jour, il s'est fort indigné qu'on l'eût traité de matérialiste. Si c'était calomnie, en vérité, le

1. *Les Philosophes français*, p. 275.
2. *Histoire de la littérature anglaise*, introduction, § 8.
3. *Id.*, § 3.

péché était véniel et l'erreur excusable. Comment ne point s'y méprendre, quand il nous montrait la nature « comme un ordre de faits, et l'homme comme une continuation de la nature[1], » quand on l'entendait déclarer que les fonctions vitales des êtres ont pour cause génératrice *le type*[2], et particulièrement que « l'esprit sec et net des Romains était *un effet de la structure primitive du cerveau*[3]? » Comment ne point s'y méprendre quand on lisait une page comme celle-ci : « Chaque nation apparaît
« comme une grande expérience instituée par la
« nature ; chaque pays est un creuset où des subs-
« tances distinctes, en proportions différentes, sont
« jetées dans des conditions spéciales : ces subs-
« tances sont les tempéraments et les caractères ;
« ces conditions sont les climats et la situation ori-
« ginelle des classes. Le mélange fermente d'après
« des lois fixes, insensiblement, pendant des siè-
« cles, et aboutit ici à des matières stables, là à des
« composés qui font explosion. On aime à aperce-
« voir le sourd travail qui fait bouillonner lente-
« ment et incessamment ces gigantesques masses.
« On se pénètre des incalculables forces qui broient,
« ou éparpillent, ou soudent ensemble la multitude
« des particules vivantes asservies à leur effort. On

1. *Étude sur Carlyle.*
2. *Les Philosophes français*, p. 352.
3. *Id.*, p. 357.

« sent le progrès régulier qui, *par une série comp-*
« *tée de transformations prévues*, les amène à l'état
« définitif et marqué. On jouit par sympathie de la
« toute-puissance *de la nature*, et l'on sourit en
« voyant la *chimiste éternelle*, par une mince alté-
« ration des proportions, des conditions ou des
« substances, *imposer des révolutions, fabriquer*
« *des destinées*, instituer la grandeur ou la déca-
« dence, et fixer d'avance à chaque peuple les
« œuvres qu'il doit faire et les misères qu'il doit
« porter. C'est un noble spectacle que celui *du*
« *laboratoire infini*, étendu dans le temps et dans
« l'espace, où tant de vases divers, les uns éteints et
« remplis de cendres stériles, les autres agissants
« et rougis de flammes fécondes, manifestent la
« diversité de la vie ondoyante et l'uniformité des
« lois immortelles[1]. »

Qu'on fasse aussi large qu'on voudra la part de
la métaphore et des effets de style, en vérité, il était
permis de s'y tromper. Et quand, dans le même
morceau, l'auteur expliquait comme quoi la consti-
tution anglaise est le produit de circonstances lo-
cales et d'une forme d'esprit originelle, dont la
force a été accrue *par une alimentation* composée
de viande et d'ale, on pouvait se demander si celui
qui émettait de si étranges propositions n'était pas

---

1. *Essais de critique et d'histoire*, p. 409.

au fond un disciple d'Helvétius, ou, ce qui revient à peu près au même, d'Auguste Comte[1]. Mais M. Taine proteste; et il faut bien tenir compte de sa protestation. Il repousse le matérialisme comme une doctrine grossière et brutale; il n'a pas pour lui assez de dédain. Il se dit le disciple, non d'Helvétius, mais de Hegel. Il déclare que, pour lui, comme pour le philosophe allemand, « l'esprit, « c'est-à-dire le système des grandes idées qui « composent la philosophie, la religion et l'art, est « le principe des choses, la cause de l'univers, le « moteur de tous les changements, la raison de « toutes les vies, et que le monde entier est sus- « pendu à lui comme une chaîne à son aimant[2]. » — A la bonne heure! Il ne reste plus qu'à s'entendre sur le vrai sens de cette formule; car on entrevoit déjà que, pour l'école de Hegel, le mot *esprit* n'a pas la signification qu'on lui donne dans la langue vulgaire. Ceci nous amène à nous demander quelle idée M. Taine se fait de Dieu.

Dans son livre des *Philosophes français au dix-*

---

[1]. M. Taine dit ailleurs: « L'air et les aliments font le corps à la longue; le climat, son degré et ses contrastes produisent les sensations habituelles, et à la fin la sensibilité définitive : *c'est là tout l'homme, esprit et corps*, en sorte que du ciel et du sol dépend tout l'homme. » (*Étude sur La Fontaine, Journal des Débats* du 28 avril 1860.)

[2]. Lettre au *Journal des Débats* du 5 mars 1860.

neuvième siècle, il s'exprime ainsi : « L'unité du
« monde ne vient pas d'une chose extérieure,
« étrangère au monde, ni d'une chose mysté-
« rieuse, cachée dans le monde. Elle vient *d'un*
« *fait général,* semblable aux autres, loi généra-
« trice d'où les autres se déduisent, de même que
« de la loi de l'attraction dérivent tous les phéno-
« mènes de la pesanteur [1]... » A lire cette phrase,
on serait tenté de croire que M. Taine se passe de
premier principe ; car *un fait,* même *général,* n'en
est pas moins un fait, c'est-à-dire un phénomène,
ce qui est précisément le contraire d'un principe.
Ce serait une erreur, on vient de le voir. Quand il
parle d'un *fait général* ou *générateur,* M. Taine
entend parler d'un principe des choses. Ce principe,
il l'appelle aussi *l'axiome éternel, la loi suprême,
la formule créatrice.* Écoutons-le expliquer plus
au long sa pensée à ce sujet ; la chose en vaut la
peine.

« C'est à ce moment que l'on sent naître en soi
« la notion de la nature. Par cette hiérarchie de
« nécessités, le monde forme un être unique, indi-
« visible, dont tous les êtres sont les membres. Au
« suprême sommet des choses, au plus haut de
« l'éther lumineux et inaccessible, se prononce
« *l'axiome éternel ;* et le retentissement prolongé

---

[1]. *Les Philosophes français,* p. 359.

« de cette *formule créatrice* compose par ses on-
« dulations inépuisables l'immensité de l'univers.
« Toute forme, tout changement, tout mouvement,
« toute idée est un de ses actes. Elle subsiste en
« toutes choses, et n'est bornée par aucune chose.
« La matière et la pensée, la planète et l'homme,
« les entassements de soleils et les palpitations
« d'un insecte, la vie et la mort, la douleur et la
« joie, il n'est rien qu'elle n'exprime, et il n'est
« rien qui l'exprime tout entière. Elle remplit le
« temps et l'espace. Elle n'est point comprise en
« eux, et ils se dérivent d'elle. Toute vie est un de
« ses moments, tout être une de ses formes, et les
« séries des choses descendent d'elle, selon des né-
« cessités indestructibles, reliées par les divins an-
« neaux de sa chaîne d'or. L'indifférente, l'immo-
« bile, l'éternelle, la toute-puissante, la créatrice,
« aucun nom ne l'épuise; et quand se dévoile sa
« face sereine et sublime, il n'est point d'esprit
« d'homme qui ne ploie, consterné d'admiration
« et d'horreur [1]. »

Où sommes-nous, et qui venons-nous d'entendre? Est-ce un philosophe qui sonde les obscurités
de la science? Est-ce un poëte qui s'abandonne aux
fantaisies de son imagination? Qu'est-ce qu'un
axiome qui *se prononce* tout seul *au plus haut de*

1. *Les Philosophes français*, p. 361.

l'éther? Qu'est-ce que *le retentissement d'une formule créatrice?* Et qu'est-ce surtout que *les ondulations de ce retentissement?* Et comment enfin ces ondulations peuvent-elles *composer l'immensité de l'univers?* Voilà des questions que M. Taine trouvera bien indiscrètes. La page que je viens de citer lui a paru sans doute un modèle de clarté philosophique. Comment ne pas le dire cependant? D'un homme qui a raillé si amèrement chez certains philosophes de ce temps-ci, ce qu'il a appelé leur style littéraire et *leur métaphysique de métaphores*, ce style lyrique et cette accumulation de métaphores retentissantes sont faits pour étonner, sinon pour provoquer le sourire. Jamais éclectique a-t-il écrit une page aussi pompeuse et aussi vide, aussi brillante et aussi inintelligible?

Tâchons de comprendre pourtant ce qu'a voulu dire l'auteur. M. Taine en a fait quelque part, à propos d'un philosophe français, la judicieuse observation : « Le galimatias simple n'est pas le galimatias double. » C'est une page d'allemand que nous venons de lire : en y regardant bien, on retrouve là, en effet, quelques linéaments du système de Hegel; on reconnaît quelques-unes de ses formules dans ce *devenir* universel dont chaque vie est un moment; dans cette loi créatrice dont chaque être est une forme et chaque mouvement un acte. Et cependant il y a une remarque qu'on fait tout de suite :

c'est qu'il n'est pas dit un mot ici de l'Idée, de l'Absolu, de l'Être en soi, d'où sort, selon Hegel, par une dialectique mystérieuse, l'infinie variété des êtres finis. D'où viént cela? C'est que M. Taine a une grande prétention : il a la prétention d'avoir reformé, en l'asseyant sur une base plus solide, la philosophie de Hegel. Il emprunte au métaphysicien allemand sa théorie d'un ordre idéal de la nature ; mais, au lieu de donner pour support à cette théorie une conception de l'absolu qui est, selon lui, une pure hypothèse, il prétend l'appuyer sur le fondement de l'expérience ; au lieu d'employer la méthode *à priori* qui est pleine de périls, il prétend ne procéder que par la méthode des sciences physiques, qui seule est vraiment philosophique et qui consiste à généraliser par l'abstraction les données de l'observation. En un mot, de la philosophie de la sensation, il se flatte de déduire la philosophie hégélienne de la nature. L'entreprise peut sembler téméraire ; elle est au moins neuve et originale.

Avec les positivistes, M. Taine pense, on l'a vu, qu'il n'y a point de causes immatérielles, distinctes du monde visible, et placées hors de la portée de nos sens. Mais il va, prétend-il, plus loin que les positivistes en ce qu'il pense que les causes, *étant enfermées dans les objets eux-mêmes*, ne sont point inaccessibles à la science : on peut les extraire par l'abstraction des faits *qui les contiennent*. L'abstraction, voilà le puissant instrument qui étend au delà du monde tangible le domaine de la science. Grâce à elle, quand l'analyse a montré que « les causes des événements sont *des lois innées dans les choses,* » que par conséquent « la source des êtres est un système de lois, » la métaphysique ramène par une analyse supérieure ces lois particulières à une formule universelle; « elle démontre que la nature est un ordre de formes qui s'appellent les unes les autres, et composent un tout indivisible; — que les éléments des définitions *ne pouvaient se réunir qu'en un certain ordre de combinaisons;* que tout autre ordre ou combinaison renfermait quelque contradiction intime; enfin, que *cette suite idéale, seule possible,* est la même que la suite observée, seule réelle; » — si bien que « le monde découvert par l'expérience trouve *sa raison comme son image, dans le monde reproduit par l'abstraction* [1]. » C'est là, ajoute M. Taine, l'idée que Hegel s'est formée de la nature, idée profonde et juste. Sa faute a été « de s'envoler d'emblée dans l'absolu, » de vouloir sauter d'un bond au sommet de la pyramide, au lieu d'en gravir un à un les degrés. C'est faute de *l'analyse française* qu'il est tombé d'une chute égale à son génie. Avec l'analyse, avec l'abstraction, M. Taine reconstruit la métaphysique.

1. *Les Philosophes français,* préface de la 2e édition.

Il est peut-être permis de trouver qu'il y a quelque naïveté dans de telles prétentions. Ne disait-on pas que M. Taine a inventé l'abstraction, ou du moins qu'il a découvert en elle une puissance inconnue jusqu'ici? Sur ce sujet-là, son enthousiasme éclate. « Une faculté magnifique apparaît, s'écrie-
« t-il, source du langage, *interprète de la nature*,
« *mère des religions et des philosophies*, seule dis-
« tinction véritable qui sépare l'homme de la brute,
« et les grands hommes des petits[1]!... » On ne s'était jamais douté qu'il y eût tant de choses dans l'abstraction. Qu'est-ce donc que cette opération merveilleuse? Quelque chose d'assez simple pourtant. J'ai la notion d'un homme particulier, de dix hommes, d'un million d'hommes. Ces hommes se ressemblent tous par un certain côté, et par d'autres côtés diffèrent tous entre eux. Je néglige, j'écarte par la pensée les diversités individuelles; je ne retiens et ne considère que les ressemblances : j'arrive ainsi à me former une idée générale de l'homme, l'idée de l'espèce humaine. Voilà l'abstraction.

Sur quoi je me borne à faire une remarque : c'est que, comme j'ai procédé par élimination, par soustraction, il ne peut y avoir dans l'idée générale plus qu'il n'y avait dans les idées particulières. Un écolier en métaphysique sait cela. Dès le premier

---

1. *Étude sur J. Stuart Mill.*

pas donc j'arrête M. Taine, et je demande comment, partant des données de l'expérience, il pourra, par l'abstraction seule, s'élever à un ordre absolu ; comment du contingent il pourra arriver au nécessaire.

Il répondra que l'abstraction donne autre chose et plus que les idées générales; qu'elle donne la loi ou formule génératrice, d'où procède l'unité des races et l'harmonie des phénomènes de la nature; et que l'ensemble des lois est précisément ce qui constitue l'ordre nécessaire du monde. — C'est supposer ce qui est en question. La raison sans doute croit à la stabilité des lois de la nature; mais qui vous autorise à affirmer leur absolue nécessité? Ces lois étant données, l'effet se produit fatalement, il est vrai ; est-ce à dire que ces lois, un autre monde étant donné, ne pouvaient être différentes ? De quel droit proclamez-vous que l'ordre actuel des choses est le seul ordre qui fût possible? Qui vous a dit, par exemple, que la loi de la dilatation des gaz ou celle de la gravitation ne pouvaient être autres qu'elles ne sont ?

Je répète donc ma question, et je demande où M. Taine a pris son système de *nécessités logiques,* son ordre idéal *seul possible.* Ni l'expérience ne le lui révèle, ni l'abstraction ne peut le lui donner. Je vois bien d'où Hegel dérive cette conception. Hegel part d'une idée abstraite que lui fournit la raison; il part de l'absolu, de l'être et de ses lois nécessaires. Rien d'étonnant qu'il en déduise un ordre rationnel et nécessaire. Mais M. Taine n'est pas d'humeur à *s'envoler*, comme le philosophe allemand, dans l'absolu, et je ne l'en blâme pas. Il fait plus, il repousse comme chimères toutes les conceptions rationnelles, tous les principes métaphysiques ; il ne reconnaît que deux sources d'idées, l'expérience et l'abstraction. Eh bien ! avec l'expérience et l'abstraction, on peut lui porter le défi de monter jusqu'à l'absolu, jusqu'au nécessaire, jusqu'à la *loi suprême*. Sa méthode ne porte pas jusque-là. Il aura beau analyser, abstraire et généraliser, du relatif il ne tirera jamais que le relatif ; du phénomène il ne fera jamais sortir que le contingent.

Que devient donc sa conception de la nature, considérée comme un système de lois ? Car, si les lois de la nature n'existent pas d'une existence absolue ; si en un mot, bien que nécessitantes dans leur action, elles sont relatives et contingentes quant à leur existence, elles supposent dès lors au-dessus d'elles quelque chose de nécessaire. Qu'est-ce qu'une loi, en effet ? Je l'ai déjà dit ailleurs : ce n'est pas une cause, c'est seulement le mode d'action de la cause. Quand je demande d'où vient que certains phénomènes se reproduisent dans un certain ordre chez les êtres vivants, vous me répondez que c'est *le type* qui en est la cause. Fort bien ; et quelle est la cause du type? Le type est la loi des organisations, j'entends cela; mais qui est-ce qui a soumis les organisations à cette loi? Le type est le fait supérieur et primitif qui domine chaque série, la formule d'où sort la multitude ordonnée des autres faits ; soit; je vois là un rapport de subordination des divers éléments et des diverses fonctions des êtres. Mais où est le principe de cette subordination? La dépendance réciproque des éléments ne suppose-t-elle pas un plan? La subordination des fonctions n'implique-t-elle pas un but? Le rapport des faits particuliers au fait général n'explique donc pas tout : car lui-même a besoin d'être expliqué par une cause extérieure et supérieure aux faits ; et cette coordination même que vous invoquez comme fait primitif et générateur, suppose une intelligence ordonnatrice.

La question, on le voit, revient toujours à savoir ce qu'on fait de l'idée de cause. M. Taine prétend ne pas détruire cette idée, mais seulement l'expliquer, la préciser, l'épurer. A mon avis, il ne l'épure pas, il la détruit; il ne l'explique pas, il la supprime. Qu'on en juge. Comme c'est là le point fondamental, il faut qu'on me permette encore cette citation :

« Nous pouvons maintenant comprendre le sens
« et la vertu de cet axiome des causes qui régit
« toutes choses, et que St. Mill a mutilé. Il y a *une*

« *force intérieure et contraignante* qui suscite tout
« événement, qui lie tout composé, qui engendre
« toute donnée. Cela signifie, d'une part, qu'il y a
« une raison à toute chose, que tout fait a sa loi,
« que tout produit implique des facteurs, que toute
« qualité et toute existence doivent se déduire de
« quelque terme antérieur et supérieur. Et cela si-
« gnifie, d'autre part, que *le produit équivaut aux*
« *facteurs*, que tous deux ne sont qu'une même
« chose sous deux apparences, que *la cause ne*
« *diffère pas de l'effet*, que les puissances généra-
« trices ne sont que les propriétés élémentaires,
« que *la force active* par laquelle nous figurons la
« nature *n'est que la nécessité logique* qui trans-
« forme l'un dans l'autre le composé et le simple,
« le fait et la loi. Par là nous désignons d'avance
« le terme de toute science, et nous tenons *la puis-*
« *sante formule* qui, établissant *la liaison invin-*
« *cible* et la production spontanée des êtres, *pose*
« *dans la nature le ressort de la nature,* en même
« temps qu'elle enfonce et serre au cœur de toute
« chose vivante les tenailles d'acier de *la néces-*
« *sité*[1]. »

N'est-ce pas railler de prétendre qu'on garde
l'axiome des causes, quand on pose en principe que

---

1. *Philos. anglaise,* Étude sur *J. Stuart Mill.* (Revue des Deux Mondes, 1er mars 1861, p. 78-79.)

le produit équivaut aux facteurs, que *la cause ne diffère pas de l'effet?* Dire que l'effet est identique à la cause, ou que l'effet a sa cause en lui-même, n'est-ce pas dire tout simplement qu'il est parce qu'il doit être, en d'autres termes, qu'il est sans cause; en d'autres termes, qu'il n'y a ni causes ni effets, mais seulement des phénomènes nécessaires.

La nécessité! toujours la nécessité et la logique! Encore une fois, où l'avez-vous prise, cette nécessité? Qui vous l'a révélée, cette logique? L'expérience ne vous donne que des faits, l'abstraction ne vous donne que des lois, c'est-à-dire l'ordre de succession des phénomènes. Cet ordre est constant; voilà tout ce que vous savez. Quand vous affirmez qu'il est nécessaire, vous affirmez ce que vous ne savez point, ce que nul ne peut savoir; vous faites une pure hypothèse.

Je vois bien que vous avez besoin de cette hypothèse pour remplacer l'idée de cause que vous avez détruite. Mais l'hypothèse n'en est pas moins gratuite et pas moins illégitime. Il n'y a pas de milieu : si votre ordre idéal n'est pas la cause du monde, il n'est rien, il n'existe que dans l'esprit humain, il est un pur produit de l'analyse, une formule, une figure géométrique construite avec les données de l'expérience.

Et puis vous n'y songez pas. Vous qui vous vantez de chasser de la science les abstractions réalisées; vous qui avez écrit : « Nous considérons la substance, *la force*, et tous les êtres métaphysiques des modernes comme un reste des entités scolastiques; nous pensons qu'il n'y a rien au monde que des faits et des lois, c'est-à-dire des événements et des rapports [1]; » ne voyez-vous pas que vous manquez à vos principes et à votre méthode? Grands pourfendeurs des substances et des forces, que venez-vous nous parler d'*une force intérieure et contraignante?* Quelle est cette *entité* nouvelle? Quel est cet *être métaphysique* aussi étrange pour le moins que ceux des modernes? Je comprends la logique appliquée aux idées, c'est-à-dire leurs rapports perçus par l'esprit. Mais qu'est-ce que la logique suscitant des événements et transformant le simple en composé? Quand on a une si louable horreur des abstractions réalisées, ne ferait-on pas bien d'envoyer celle-là rejoindre toutes les abstractions de la scolastique?

Pour conclure sur ce point, c'est par une étrange illusion que M. Taine a cru, des prémisses de Condillac, pouvoir tirer les conclusions de Hegel. Entre ces deux termes, il y a un abîme. L'ordre réel, les lois contingentes du monde lui appartiennent, soit : l'ordre absolu, les lois nécessaires qui sont *la raison des choses*, voilà ce qui lui échappe, voilà ce

---

[1]. *Philos. anglaise, Etude sur J. Stuart Mill.*

que son empirisme ne lui donnera jamais. — Si vous voulez, lui dirai-je, rester dans la logique, il faut que vous restiez dans les conclusions des positivistes. Puisque vous prétendez, comme eux, ne porter dans les sciences morales d'autres procédés que ceux des sciences physiques, il faut, comme eux, vous borner à observer des faits et à constater des lois. Renvoyez comme eux l'étude de l'âme humaine à la physiologie. Ne parlez plus ni de l'*axiome éternel*, ni de la *formule créatrice*. Laissez surtout aux rêveurs allemands cet *ordre rationnel*, ce *monde idéal* dont le monde réel est l'image : vraie chimère métaphysique, aussi plaisante que toutes celles dont vous vous êtes si spirituellement moqué ; hypothèse pure, aussi inutile à la science, aussi insaisissable à l'esprit que la cause suprême et le monde invisible des spiritualistes.

Au surplus, que M. Taine soit un positiviste sans le croire, ou qu'il se croie un hégélien sans l'être, il importe assez peu, quant au fond des choses. Au point de vue métaphysique, la différence des deux écoles est réelle ; au point de vue religieux, la nuance est légère. « L'univers, disent les positivistes, est *un ensemble ayant ses causes en lui-même, causes que nous nommons ses lois* [1]. » — Le monde, disent nos hégéliens français, est « comme une échelle de

---

[1]. *Paroles de philosophie positive*, par M. Littré, p. 34.

formes, comme une suite d'états, *ayant en eux-mêmes la raison de leur succession et de leur être*, composant par leur ensemble un tout indivisible qui, se suffisant à lui-même, ressemble par son harmonie et sa majesté *à quelque Dieu* tout puissant et immortel[1]. » La seconde définition est plus ambitieuse que la première : dit-elle autre chose? Toute la différence, ce me semble, est dans l'assimilation qui la termine. Le fond des deux doctrines, c'est l'*immanence*, c'est la théorie qui met dans le monde lui-même, dans ses lois, sa raison d'être et sa cause. Seulement, ce monde qui a sa raison d'être en soi, qui se suffit à lui-même, il plaît aux hégéliens d'en faire un dieu, ou quelque chose de semblable à un dieu. Nous avons alors à choisir entre un dieu réel, qui est l'univers, le Tout indivisible, et un dieu abstrait, qui est une loi, une formule algébrique.

M. Taine a résumé quelque part, sous une forme railleuse, les différents systèmes de théodicée. Il prend une fleur, le bluet, pour exemple des rapports des êtres individuels à leur type. « Selon les « panthéistes, dit-il, le bluet idéal, c'est Dieu. Se- « lon les matérialistes il n'y a pas de bluet idéal,

---

[1]. *Étude sur Carlyle*, par M. Taine. — Et dans le passage cité ci-dessus : « Nous tenons la puissante formule qui *pose dans la nature le ressort de la nature.* »

« il n'y a que des bluets particuliers. Selon les
« déistes, il n'y a pas de bluet idéal, mais un
« ouvrier intelligent et puissant qui fabrique tous
« les bluets particuliers. Selon les positivistes on ne
« peut connaître que les bluets particuliers, il ne
« faut pas s'occuper du bluet idéal[1]. » Je continue
la métaphore et j'ajoute : Selon M. Taine, il y a un
bluet idéal dont on peut s'occuper, qu'on peut connaître, et qui est tout simplement le type de l'espèce, c'est-à-dire la forme abstraite ou la loi de
reproduction des bluets particuliers. — Mais j'ai
deux observations à faire. La première, c'est qu'il
n'est pas vrai que pour les déistes il n'y ait point
en ce sens de bluet idéal, et qu'il n'y ait qu'un
ouvrier intelligent qui fabrique les bluets particuliers. Les déistes admettent parfaitement qu'il y a
un type de l'espèce, c'est-à-dire une loi de reproduction ; seulement, selon eux, ce type, cette loi a
sa raison d'être, non pas en soi (ce qui ne se comprend point), mais dans une cause intelligente et
supérieure. — La seconde observation, c'est que
M. Taine renouvelle ici la vieille et absurde thèse des
réalistes du moyen âge, qui soutenaient que les universaux, c'est-à-dire les idées générales, les types des
espèces, les formes abstraites, avaient une existence
réelle, indépendante et de notre esprit et des êtres

---

1. *Les Philosophes français*, p. 130.

individuels. C'était bien la peine de passer par Hegel pour en revenir à Guillaume de Champeaux !

Nous savons maintenant à quoi nous en tenir sur le sens de la profession de foi de M. Taine. Nous savons ce que signifient ses paroles, quand il proteste « qu'il adore l'idéal, mais ne l'épaissit pas en allégories ; — qu'il met une raison créatrice et divine à la source et au terme des choses, mais qu'il n'a pas besoin de la personnifier pour la saisir ; — qu'enfin, entre les spiritualistes et lui, il n'y a que l'épaisseur d'une métaphore[1]. » Ce qu'il appelle *l'idéal*, c'est une pure abstraction. Ce qu'il appelle *la raison divine*, c'est tout siplement le système des lois d'où procède l'univers ; c'est « la puissante formule qui, établissant la production spontanée des êtres, pose dans la nature le ressort de la nature. » Ce qu'il appelle l'*Esprit*, ce n'est pas un être déterminé, substance infinie et cause intelligente, c'est tout simplement « le système des grandes idées qui composent la philosophie, la religion et l'art. » Je cherche Dieu, et je ne trouve qu'un axiome de géométrie. Axiomes, formules, loi génératrice, autant de grands mots qui ne masquent que le néant. Là où je ne vois pas de cause, je ne comprends ni génération ni loi. Là où je ne trouve pas un Dieu personnel, je ne trouve pas Dieu. N'est-ce pas

---

[1]. Lettre au *Journal des Débats*.

M. Proudhon, le grand ennemi de Dieu, qui l'a dit : « Dieu est personnel, ou il n'est pas. L'hypothèse panthéiste est une hypocrisie et un manque de cœur[1]. » M. Proudhon a dit vrai ; et ce que j'aime en lui, du moins, c'est qu'il appelle les choses par leur nom. Il ne s'agit pas là d'allégorie ; il s'agit d'un oui ou d'un non. Il n'y a pas entre nous « l'épaisseur d'une métaphore, » il y a l'épaisseur d'un monde, il y a la distance d'une abstraction à une réalité, de l'être au non-être.

Ces questions se retrouveront plus loin ; je ne fais que les indiquer ici en passant. J'en ai dit assez pour caractériser les doctrines de M. Taine, et faire apercevoir, sous les équivoques et les habiletés de langage, le vrai fond de sa pensée. Ses principes rigoureusement appliqués, sa méthode logiquement suivie devaient le mener au positivisme, et s'il est vrai qu'il faut juger une philosophie par sa méthode, s'il est vrai que les principes sont tout, il faut conclure que M. Taine, quoi qu'il en dise et malgré qu'il en ait, est un sensualiste dont la doctrine va aboutir, non pas au panthéisme de Hegel, mais à un naturalisme fondé sur des lois mécaniques.

C'est pure concession, sans doute, à la mode du jour, si M. Taine se réclame de Hegel et de Spinoza ;

---

1. *Système des contradictions économiques*, t. I, p. 377 ; in-12, 2ᵉ édition.

car, non-seulement sa méthode est l'inverse de la leur, mais il n'y a pas d'esprit plus opposé que le sien aux tendances et aux procédés idéalistes de ces deux philosophes. Il leur a fait des emprunts, sans doute. Il a emprunté, par exemple, à Hegel son système de la nature, mais en l'empruntant il l'a en quelque façon décapité, il en a rejeté ce qu'il avait de grand et d'original, je veux dire son caractère idéal et spiritualiste. Il a gardé le corps de la doctrine, il en a laissé l'âme. C'est la philosophie de Hegel, moins le principe de cette philosophie ; c'est la doctrine de l'esprit, moins l'esprit absolu ; c'est, si j'ose dire, le panthéisme moins Dieu. M. Taine n'a pas plus le sens métaphysique que le sens religieux : métaphysique ou religion, ce sont choses pour lui dignes d'un égal dédain. L'idée de l'infini n'entre pas dans son esprit sous une autre forme que sous celle du monde : ce n'est pas de Dieu, c'est du monde qu'il s'enivre ; ce n'est pas l'idéal qu'il se plaît à contempler, c'est la nature et son inépuisable fécondité, et le travail sans repos de ses forces génératrices. La nature n'est à ses yeux ni l'œuvre admirable d'un créateur intelligent, ni même la manifestation d'un absolu qui se réalise : elle est tout simplement un mécanisme qui fonctionne, quelque chose comme un immense appareil chimique, comme une pile gigantesque d'où se dégage incessamment le fluide de la vie universelle, et sous l'action de laquelle se font et se défont les agrégations sans nombre d'où naît l'infinie variété des êtres. Au delà, rien. Il ne se demande pas qui a mis en mouvement ce mécanisme, comment s'est construit ce merveilleux appareil, quelle main a rassemblé ces éléments multiples qui fermentent et s'agrégent. Il ne s'inquiète pas de savoir qui a organisé les *forces génératrices*, et mis dans les choses ce qu'il appelle les *lois innées* ou les *propriétés élémentaires*. Il ne se met pas davantage en peine de nous expliquer comment il se peut que « la matière ait pour terme la pensée[1] ; » comment l'homme, force intelligente et libre, a été engendré par des forces inintelligentes et fatales ; comment l'être pensant et la personnalité morale peuvent être le résultat ou le produit de la matière qui ne pense point, de la nature impersonnelle et aveugle ?

Mais j'oublie que pour M. Taine la liberté n'est qu'une illusion. Car il a fait aussi un emprunt à Spinoza ; et ce qu'il lui a pris, c'est son fatalisme. Dans l'univers tel qu'il le conçoit, dans l'homme comme dans la nature, tout s'accomplit par des nécessités logiques, tout se meut sous l'empire de lois irrésistibles. De même que le monde est « une hiérarchie de nécessités, » l'homme est « un théorème qui marche. » La volonté dépend des impulsions du sentiment et

---

1. *Hist. de la littérature anglaise*, t. III, p. 613.

de l'équilibre des forces ; l'esprit dépend de la structure du cerveau et de la nature de l'alimentation ; la sensibilité, enfin, dépend « du climat, de son degré et de ses contrastes. » — « C'est un animal : sauf quelques minutes singulières, ses nerfs, son sang, ses instincts le mènent. La routine vient s'appliquer par-dessus, la nécessité fouette, et la bête avance [1]. »

Je ne demande pas quelles peuvent être en morale les conséquences de cette philosophie ; elles sont trop claires. M. Taine, qui nous a expliqué comment le vice et la vertu sont des produits de combinaisons chimiques, comme le sucre et le vitriol, a écrit quelque part cette phrase étrange : « Refuse« rez-vous de reconnaître le divin, parce qu'il appa« raît dans l'art et la jouissance, et non pas seule« ment dans la conscience et l'action[2] ? » Cette théorie *du divin dans la jouissance* pourrait mener loin. Je n'insiste pas : je demande seulement ce que devient la personnalité humaine ; je demande ce qui reste de ce qu'on a jusqu'à présent considéré comme constituant la grandeur et la dignité de l'homme, je veux dire la volonté, la force morale, ce principe d'énergie intime, de quelque nom qu'on l'appelle, qui fait les grandes âmes, les grands ca-

---

1. *Hist. de la littérature anglaise*, t. III, p. 596.
2. *Id., ibid.*, p. 600.

ractères, les grandes vertus, qui est peut-être un des éléments du génie? Je demande ce que c'est que l'homme, si corps et âme, esprit et cœur, tout dépend en lui du *degré d'élévation du pôle;* si ses sentiments, comme ses facultés, ne sont qu'une question d'histoire naturelle ; si, en un mot, pour savoir ce qu'il est, ce qu'il vaut, il suffit d'interroger le ciel qui l'éclaire et le sol qui le nourrit, ni plus ni moins que s'il s'agissait d'une plante potagère ou d'une tête de bétail? Enfanté par les énergies mystérieuses de la nature, façonné par les influences extérieures, gouverné par les *facultés maîtresses* qui le constituent, serré de toutes parts dans les *tenailles d'acier* de la nécessité, l'homme ne s'appartient plus. Il n'est plus une personne morale, il n'est qu'un automate dont les mouvements sont réglés par la mathématique éternelle, un misérable atome emporté dans le tourbillon des invincibles fatalités.

Ce qui est vrai de l'individu l'est, par la même raison, de l'espèce. « Une civilisation, un peuple, un siècle, sont des définitions qui se développent. » — « L'histoire est une géométrie de forces. » Les institutions d'une nation sont le résultat des circonstances physiques et physiologiques où cette nation a été placée; et telles conditions étant données, l'historien peut suivre du regard « la série comptée des *transformations prévues* qui amène un peuple à l'état définitif et marqué. » Par là, on en vient à identifier, comme le font les positivistes, la science politique avec la biologie et l'hygiène. Il y a plus : comment admettre qu'en un monde ainsi fait, l'homme puisse, d'une façon quelconque, influer sur ses destinées? Si ses tendances, ses résolutions, sont le résultat des circonstances matérielles qui l'entourent, où prendrait-il la force de réagir contre elles? Où en prendrait-il même la pensée, si ses pensées et ses sentiments sont déterminés par le milieu où il vit? Si tout est fatal dans le monde, si nos destinées *se fabriquent* sans nous, si c'est *la chimiste éternelle* qui seule « institue la grandeur et la décadence » des sociétés, qu'avons-nous à faire qu'à croiser les bras et à regarder couler, dans une indifférence stoïque, le torrent qui emporte à flots pressés les générations humaines?

CHAPITRE VI

L'école hégélienne française (suite) : M. Renan.

Il y a loin, sous plus d'un rapport, de M. Taine à M. Renan. Non pas que leurs doctrines soient au fond très-dissemblables, mais ce ne sont des esprits ni de même nature ni de même ordre, et leurs instincts sont aussi différents que leurs méthodes. Autant l'idée religieuse est étrangère au premier, autant elle tient de place dans les méditations du second. M. Renan a l'intelligence et le goût des choses religieuses : dans l'histoire de l'humanité, c'est l'histoire des religions qui attire surtout son attention. Pour tout ce qui touche au développement, aux phases diverses, aux transformations successives du sentiment religieux dans le monde, il a autant de curiosité, d'ardeur passionnée que M. Taine a, ce semble, d'indifférence. On dirait que celui-ci a étudié d'abord la philosophie dans le cabinet d'un physiologiste : il applique à l'étude de l'esprit humain les méthodes des sciences naturelles et mathématiques; et l'homme n'est pour lui qu'un organisme qui peut se monter et se démonter comme une horloge. M. Renan, au contraire, semble être entré dans la philosophie par l'histoire et la critique : c'est surtout par la méthode historique qu'il résout les problèmes de la philosophie religieuse ; il a plus regardé l'humanité que l'homme ; il a plus interrogé la pensée humaine dans ses manifestations que dans ses principes. Il se peut que cette seconde méthode ne soit pas beaucoup plus sûre que la première : elle est certainement plus raisonnable, mieux appropriée à son objet, et si elle s'égare, il y a à parier que ses résultats, même erronés, seront toujours plus dignes de l'homme, plus en harmonie avec sa grandeur morale et la noblesse de sa nature. Et en effet, si M. Renan va au scepticisme, il faut reconnaître du moins que les instincts de son esprit tendent à l'élever au-dessus de ce naturalisme abstrait et dur qui se passe d'idéal et où succombe jusqu'à la liberté morale.

A ce que je viens de dire, on a déjà compris que M. Renan, qui est un éminent esprit et un rare écrivain, n'est point un philosophe. Critique, historien, philologue, érudit, poëte même et artiste, il est tout cela peut-être : il n'est pas métaphysicien. Lui-même en fait, ou à peu près, l'aveu. Ce qui est sûr, c'est qu'il ne croit pas à la métaphysique ; c'est qu'il ne la regarde pas comme une science, et considère que son temps est passé. Selon lui, la philosophie n'est pas une science spéciale : elle n'est que le côté le plus élevé de toutes les sciences, le résultat général de toutes les connaissances particulières, une certaine manière de considérer les choses et de comprendre l'univers [1]. Jusqu'à présent, on avait cru qu'il y avait deux choses très-distinctes : — l'une, l'esprit philosophique, qui s'allie en effet à toutes les sciences, généralise et formule leurs résultats ; — l'autre, la philosophie, science particulière qui a son domaine à part et son objet spécial. On avait cru que cet objet spécial, c'était l'étude de l'âme et de ses facultés, de l'esprit humain et de ses principes, de Dieu et de ses attributs, de la morale et de ses lois. Il avait semblé que, sur ces divers sujets d'un ordre tout particulier, ce n'était ni à la chimie ou à la physique, ni même à la philologie ou à l'histoire qu'il fallait aller demander des lumières, et que, pour savoir par exemple si l'âme est ou non spirituelle, si elle doit ou non survivre au corps, si Dieu n'est qu'une abstraction ou s'il est une cause intelligente, il était assez naturel d'interroger cette faculté par laquelle nous avons vue sur le monde moral, je veux dire la raison, et d'étudier cette science qui cherche

---

[1]. *De l'avenir de la métaphysique* (*Revue des Deux Mondes*, 15 janvier 1860).

à préciser et éclaircir ses conceptions, je veux dire la métaphysique. M. Renan n'est pas de cet avis; et on voit qu'il faut le ranger parmi ceux qui aujourd'hui, comme les positivistes, dénient à la raison toute autorité spéculative.

Veut-on savoir, par exemple, ce qu'il pense de la nature de l'âme? Certes, M. Renan n'est pas un matérialiste : le matérialisme répugne à son esprit. Il n'est pas cependant un spiritualiste dans le sens ordinaire du mot; car il n'admet pas de substance immatérielle et distincte du corps. Que fera-t-il donc de l'âme? Il faut l'entendre : « L'âme n'a rien « de matériel, mais elle naît à propos de la matière. « L'ancienne hypothèse de deux substances acco- « lées pour former l'homme, hypothèse qui, en « tout cas, doit être maintenue *pour la commodité* « *du langage*, est vraie si on entend parler de deux « ordres de phénomènes...; elle est fausse si on « entend soutenir qu'à un certain moment de l'exis- « tence organique, un nouvel être vient s'adjoindre « à l'embryon.... La conscience de l'individu naît « et se forme, elle est une résultante, mais une « résultante plus réelle que la cause qui la produit « et sans commune mesure avec elle, à peu près « comme un concert n'existerait pas sans les tubes « et les cordes sonores des exécutants, bien qu'il soit « d'un tout autre ordre que les objets matériels qui « servent à le réaliser. » Et plus loin : « La raison

« et la moralité se produisent *par suite de l'exis-*
« *tence d'un certain organisme...* La matière est
« la *condition nécessaire* de la production de la
« pensée[1]. »

J'ai dit que M. Renan n'est point un matérialiste.
A lire cette définition de l'âme, qui ne serait tenté
de le croire cependant? Quel est le sensualiste qui
n'accepterait cette théorie? Que disent les matérialistes en effet? Ils ne prétendent point que la
pensée, que la volonté soient choses matérielles :
ce serait trop absurde. Ils nient seulement que
l'âme soit une substance distincte du corps; et
M. Renan le nie comme eux. Ils reconnaissent deux
ordres de phénomènes; mais, au lieu de les attribuer à deux substances différentes, ils n'y voient
que les effets divers d'une cause unique, qui est le
corps : et M. Renan est du même avis. Seulement,
et c'est à cela que semble se réduire la différence
des deux doctrines, selon M. Renan, cette âme qui
naît à propos de la matière, cette *résultante* du
jeu de nos organes, est *plus réelle* que la cause
même qui la produit : assertion qui peut sembler
difficile à comprendre. En logique ordinaire, on
tient généralement qu'il y a, dans la cause, à tout
le moins autant de réalité que dans l'effet. Mais
c'est ici une formule empruntée par M. Renan à la

---

1. *Essais de morale et de critique*, p. 65.

métaphysique de Hegel; et on sait que Hegel s'est fait une logique à lui, et qui déroute souvent la logique vulgaire.

Si cependant vous insistez; si vous pressez M. Renan de se prononcer et de dire enfin ce qu'il est et ce qu'il pense, il vous répondra qu'il n'est ni matérialiste ni spiritualiste, — qu'il est *idéaliste*, « c'est-à-dire qu'il ne distingue point l'esprit et la matière [1]. » — Idéaliste, soit : l'idéalisme ne nous fait pas peur, pourvu qu'il réponde à quelque chose, pourvu qu'il laisse subsister les réalités individuelles et surtout la personnalité humaine. Qu'est-ce que l'esprit? Qu'est-ce que la matière? Je l'ignore. Sont-ce des substances différentes, ou une substance unique sous des formes diverses? Je n'en sais rien. Mais ce que je sais, c'est que je suis une *personne;* c'est que ce qui en moi sent, pense et veut, ce que j'appelle mon âme, est une cause vivante et persistante, un être distinct et conscient, en qui la conscience prolongée par la mémoire atteste l'identité; c'est qu'enfin cette cause, douée d'intelligence et de liberté, capable de bien et de mal, a pour caractère éminent la moralité. De moi, je ne sais pas autre chose, mais je sais cela de science certaine. Spiritualisme ou idéalisme, il m'importe peu; mais mon individualité, ma per-

1. *La Vie de Jésus*, p. 128 et 404.

sonnalité morale m'importent par-dessus tout. — Or, si la conscience n'est que la *résultante* de l'organisme ; si l'âme n'existe, si la raison et la moralité ne se produisent que *par suite* de l'existence du corps ; il est clair que votre idéalisme aboutit exactement aux mêmes conséquences que le matérialisme ; c'est-à-dire que, comme le matérialisme, il supprime la réalité de l'âme ; il met à sa place un mot, une étiquette. L'âme n'est plus un être distinct, mais seulement « un ordre de phénomènes ; » elle n'est plus une cause, mais seulement une suite d'effets. Il y a encore dans l'homme des faits moraux, des faits intellectuels ; il n'y a plus de principe vivant, intelligent et libre ; il n'y a plus de personne morale. Et comme l'organisme, comme la matière est la *condition nécessaire* de la pensée et de la conscience ; comme « c'est le corps seul qui fait la distinction des personnes [1] ; » il est très-clair encore que la mort, en détruisant l'organisme, du même coup détruit la pensée et la conscience ; en dissolvant le corps, du même coup abolit la personnalité.

« Je ne vois pas de raison, dit quelque part M. Renan, pour qu'un Papou soit immortel [2]. » J'avoue que je n'en vois davantage, dans son système,

1. *La Vie de Jésus*, p. 244.
2. *De l'avenir de la métaphysique.*

pour que ni lui ni nous le soyons. Pour le spiritualiste, qui considère l'âme comme un principe distinct du corps, pouvant survivre au corps, l'âme d'un pauvre Papou, si obtuse qu'on la suppose et si enfoncée qu'elle puisse être dans les ténèbres de l'ignorance et de la barbarie, par cela seul qu'il y brille la notion confuse du bien et du mal, l'idée du devoir et la pensée d'un Dieu, cette pauvre âme porte, comme la nôtre, le sceau divin, qui est la liberté morale; et là où a pu germer la plus obscure vertu, s'accomplir le plus modeste sacrifice, éclore la plus humble prière, là le spiritualiste voit luire l'espérance d'une autre vie, trouve la promesse d'une récompense, et entrevoit les perspectives sans fin de ce progrès vers l'idéal qui est pour lui la loi de l'humanité. Mais M. Renan, quelle immortalité peut-il promettre, je ne dis pas à un Papou, mais à un Vincent de Paul ou un Cheverus? Comment cette idée d'immortalité pourrait-elle se concilier avec sa théorie de l'âme? Comment un ordre de phénomènes qui est né à propos de la matière, pourrait-il survivre à la matière? Là où il n'y a ni unité, ni substance, ni personnalité par conséquent, comment comprendre la persistance de l'être? — M. Renan, qui tient à garder les mots tout en supprimant les choses, promet pourtant à l'homme une immortalité qui doit être ici-bas son espérance et sa force. Nous verrons tout à l'heure de quelle nature est cette immortalité. On peut présumer, dès à présent, qu'elle n'a rien de commun avec celle qui est la foi du genre humain.

Mais c'est sur la question de l'existence et de la nature de Dieu que nous voulons surtout interroger M. Renan : en tout système, c'est la question capitale et sur laquelle on peut le juger.

Jamais M. Renan n'a exprimé, sous une formule nette et scientifique, ses idées touchant ce grand problème. On est obligé de les chercher dans divers écrits, où il les a jetées comme en passant et sous une forme assez vague pour qu'il y ait quelque difficulté à s'en bien rendre compte. Voici comment il s'exprime sur ce point dans un de ses premiers écrits. Parlant du reproche d'athéisme adressé à l'école de Hegel, il disait : « Que si vous prati« quez le culte du beau et du vrai; si la sainteté de « la morale parle à votre cœur; si toute beauté et « toute vérité vous reportent au foyer de la vie « sainte; que si, arrivé là, vous renoncez à la pa« role, vous enveloppez votre tête, vous confondez « à dessein votre pensée et votre langage pour ne « rien dire de limité en face de l'infini; comment « osez-vous parler d'athéisme? Que si vos facultés, « vibrant simultanément, n'ont jamais rendu ce « grand son unique que nous appelons Dieu, je « n'ai plus rien à dire : vous manquez de l'élément « essentiel et caractéristique de notre nature. — A

« ceux qui, se plaçant au point de vue de la subs-
« tance, me demanderont : Ce Dieu est-il, ou
« n'est-il pas? — Oh ! Dieu ! répondrai-je, c'est lui
« qui est, et tout le reste qui paraît être. Supposé
« même que, pour nous philosophes, un autre mot
« fût préférable, outre que les mots abstraits n'ex-
« priment pas assez clairement la réelle existence,
« il y aurait un immense inconvénient à nous cou-
« per ainsi toutes les sources poétiques du passé,
« et à nous séparer par notre langage des simples
« qui adorent si bien à leur manière. Le mot *Dieu*
« étant en possession des respects de l'humanité,
« ce mot ayant pour lui une longue prescription
« et ayant été employé dans les belles poésies, ce
« serait renverser toutes les habitudes du langage que
« de l'abandonner. Dites aux simples de vivre d'as-
« piration à la vérité, à la beauté, à la bonté morale,
« ces mots n'auront pour eux aucun sens. Dites-
« leur d'aimer Dieu, de ne pas offenser Dieu, ils
« vous comprendront à merveille. Dieu, Provi-
« dence, immortalité, autant de bons vieux mots,
« un peu lourds peut-être, que la philosophie inter-
« prétera dans des sens de plus en plus raffinés ; mais
« qu'elle ne remplacera jamais avec avantage [1]. »

Nous voilà bien avertis : ne nous arrêtons pas
aux mots. M. Renan lui-même nous prévient qu'il

---

1. *Études d'histoire religieuse*, p. 418-419.

ne les garde que comme de vieilles formules consacrées par l'usage, et qui ne tirent pas à conséquences. Il n'a pas, lui, le mauvais ton qu'il reproche aux chefs de la nouvelle école hégélienne; il ne veut pas, comme M. Feuerbach, *se brouiller avec Dieu* ni *avec le monde* [1]. Il tient même à ne point contrister *les simples* dans leur prière, et à ne se point priver de ces belles poésies où il est parlé de Dieu. Par toutes ces graves raisons (et il faut le remercier de cet aveu dépouillé d'artifice), il garde donc ce *bon vieux mot, quoiqu'un peu lourd*. Mais il nous permettra de lui demander ce qu'il fait de la chose.

Parler de la sainteté de la morale, de la beauté et de la vérité qui nous reportent au foyer de la vie sainte; invoquer cette *vibration* mystérieuse de nos facultés qui produit ce grand son qu'on appelle Dieu; il a compris que ce n'était pas là une profession de foi bien explicite; et il s'est posé à lui-même la vraie question : Dieu est-il, ou n'est-il pas? — Il est, s'écrie-t-il dans un élan lyrique; il est si bien que seul il est, et que tout le reste paraît être. — C'est quelque chose que cette affirmation. Ce n'est pas assez. Sous quelle forme Dieu est-il? Est-il une idée ou un être? Est-il identique avec le monde, où en est-il distinct? Voici la réponse :

---

1. *Études d'histoire religieuse*, p. 417.

« Sous une forme ou sous une autre, Dieu sera
« toujours le résumé de nos besoins supra-sensi-
« bles, *la catégorie de l'idéal* (c'est-à-dire la forme
« sous laquelle nous concevons l'idéal), comme
« l'espace et le temps sont les *catégories des corps*
« (c'est-à-dire les formes sous lesquelles nous con-
« cevons les corps) [1]. »

Certes, la chute est profonde, et nous voilà loin de la solennelle déclaration de tout à l'heure. Dieu n'est plus *celui qui est,* et devant qui tout le reste *paraît être*. Il n'est, entendez bien ceci, que *le résumé de nos besoins supra-sensibles*. Qu'est-ce à dire? sinon que, derrière ce mot de Dieu, il n'y a rien que ce qu'y mettent l'imagination et la poésie; rien que les rêves, les désirs, les espérances de l'humanité; que c'est un symbole et non un être, une conception de notre esprit qui n'a de réalité que dans notre esprit; si bien que ce n'est pas Dieu qui a créé l'homme, mais l'homme qui a créé Dieu.

En doutez-vous? A cette première définition de son Dieu, M. Renan en ajoute une autre qui n'est pas moins claire : Dieu, c'est *la catégorie de l'idéal*. Écartons, si vous voulez, cette expression scolastique. L'auteur lui-même nous en donne la traduction : une *catégorie,* c'est une des formes, une des lois nécessaires de la pensée; formes ou

---

1. *Études d'histoire religieuse,* p. 419.

lois sans lesquelles nous ne pouvons penser, mais qui n'impliquent en rien la réalité des choses que nous pensons. Dieu donc, c'est l'idéal tel que le conçoit notre esprit ; c'est l'idée du beau, l'idée du vrai, l'idée du bien, conçues par nous sous la notion de l'absolu et du parfait, c'est-à-dire un pur concept de notre esprit, une création de notre entendement.

Car il faut bien comprendre que cette doctine n'a rien de commun avec la doctrine platonicienne. Pour les platoniciens, l'idéal s'identifie avec l'être parfait et infini ; Dieu est le principe, la substance même du vrai, du beau, du bien, partant l'objet même des conceptions de la raison. Pour M. Renan, fidèle en cela à la nouvelle métaphysique allemande, Dieu n'est qu'une notion abstraite comme l'espace et le temps. Si l'étendue et la durée sont des propriétés réelles des êtres, l'espace et le temps, en effet, considérés comme idées générales, ne sont autre chose que des abstractions, des rapports conçus par la raison, nullement des réalités effectives. Dieu n'est donc qu'une abstraction.

Au reste, l'auteur en convient lui-même. « Dans
« la nature et l'histoire, dit-il ailleurs, je vois bien
« mieux *le divin* que dans les formules abstraites
« d'une théodicée artificielle et d'une ontologie
« sans rapport avec les faits. L'absolu de la justice
« et de la raison ne se manifeste que dans l'huma-

« nité; envisagé hors de l'humanité, cet absolu
« n'est qu'une abstraction ; envisagé dans l'huma-
« nité, il est une réalité... L'infini n'existe que
« quand il revêt une forme finie. Dieu ne se voit
« *et n'existe* que dans ses incarnations[1]. »

Ici le système achève de se dessiner. — L'absolu, c'est-à-dire l'infini, c'est-à-dire Dieu, ne se manifeste et n'existe que dans la nature et l'humanité. — Voilà le dernier mot de la doctrine.

L'objection toutefois se présente d'elle-même à l'esprit. Si l'infini n'existe qu'à la condition de revêtir une forme finie, de deux choses l'une : ou bien c'est le monde, manifestation visible de l'infini, qui est Dieu; ou bien l'infini n'est qu'un mot vide de sens, il n'y a de réel que le fini, il n'y a pas de Dieu. Ces conséquences semblent forcées; mais M. Renan ne les accepte pas. Il prétend garder l'infini, mais sous la forme du fini, ce qui revient à le détruire; il prétend garder Dieu, mais sous la forme du monde, ce qui équivaut à le nier. Sa formule, en définitive, est la formule même de Hegel : « Dieu n'est pas, il
« devient. — La vraie théologie, c'est la science
« du monde et de l'humanité, la science de l'uni-
« versel *devenir*, aboutissant comme culte à la
« poésie et à l'art[1]. » L'absolu, ou Dieu, n'est donc

---

1. *De l'avenir de la métaphysique*, p. 384.
2. *Id.*, p. 385.

ni un être, ni une substance, ni une force ; en soi, il n'est qu'une abstraction, un pur idéal conçu par l'esprit humain, et qui, par conséquent, n'a point d'existence effective en dehors de l'esprit humain. Il ne revêt l'existence, il ne prend réalité que dans la nature, dont les lois générales tendent incessamment à le réaliser par les êtres divers qui composent le monde, et dans l'humanité dont l'intelligence travaille incessamment à l'exprimer par la science, la religion et l'art. La nature et l'humanité sont en ce sens la réalité de Dieu, son incarnation. Mais c'est surtout dans l'humanité que le *divin* se manifeste ; c'est dans l'histoire qu'il se montre sous les traits les plus éclatants. « L'humanité fait du divin comme l'araignée file sa toile [1]. »

On vient de voir quelle réponse, assez ambiguë dans la forme, très-claire au fond, M. Renan a faite à cette question : Dieu est-il ou n'est-il pas ? Il s'en adresse une seconde : Dieu est-il ou n'est-il pas personnel ? — A vrai dire, il a déjà répondu, et la question est au moins superflue. Mais ce qu'il en dit est curieux, et le passage mérite d'être cité. On y entrevoit le fond de la pensée de M. Renan.

« Fait-on Dieu personnel ? Strauss intervient et
« dit avec raison : — « La personnalité est un moi
« concentré en lui-même par opposition à un autre

---

[1]. Préface du *Livre de Job*, p. 90.

« moi ; l'absolu, au contraire, est l'infini qui em-
« brasse et contient tout, qui par conséquent,
« n'exclut rien. Une personnalité absolue est donc
« un non-sens, une idée absurde... La personnalité
« de Dieu ne doit pas être conçue comme indivi-
« duelle, mais comme une personnalité totale, uni-
« verselle ; et au lieu de personnifier l'absolu, il
« faut apprendre à le concevoir comme se person-
« nifiant à l'infini. » — Le fait-on impersonnel ?
« La conscience proteste, car nous ne concevons
« l'existence que sous forme personnelle ; et dire
« que Dieu est impersonnel, c'est dire, selon notre
« manière de penser, qu'il n'existe pas. De ces deux
« théories, l'une n'est pas vraie, l'autre n'est pas
« fausse ; ni l'une ni l'autre ne porte sur un terrain
« solide. Toutes deux impliquent contradiction.
« Osons enfin écarter *comme secondaires et libres*
« au plus haut degré ces questions condamnées
« par leur exposé même à ne recevoir jamais de
« solution. Osons dire qu'*elles n'importent que*
« *médiocrement à la religion*. Du moment qu'on
« croit à la liberté, à l'esprit, *on croit à Dieu*. Ai-
« mer Dieu, connaître Dieu, c'est aimer ce qui est
« beau et bon, connaître ce qui est vrai. L'homme
« religieux est celui qui sait trouver en tout le di-
« vin, non celui qui professe sur la divinité quelque
« aride et inintelligible formule. Le problème de
« la cause suprême nous déborde et nous échappe ;

16

« *il se résout en poëmes* (ces poëmes sont les reli-
« gions), non en lois; ou s'il faut parler ici de
« lois, ce sont celles de la physique, de l'astrono-
« mie, de l'histoire, qui seules sont les lois de l'être,
« et ont une pleine réalité[1]. »

C'est là, sans nul doute, une façon commode de se tirer d'affaire. M. Renan, nous le savions déjà, n'aime pas les solutions nettes, et il lui déplaît d'appeler les choses par leur nom. Mais on ne peut se défendre ici d'admirer la tranquillité d'âme et l'indifférence superbe avec lesquelles il écarte cette grande question de la personnalité de Dieu. Quoi ! c'est une question *secondaire* de savoir si Dieu est un être vivant et intelligent, ou s'il n'est qu'une abstraction qui se réalise, une formule qui se développe, une idée qui s'incarne? C'est une question *libre,* et où on peut différer impunément, de savoir si Dieu est une cause créatrice, revêtue d'attributs infinis, — ou s'il n'est que l'absolu indéterminé, c'est-à-dire la négation même de l'être, l'équivalent du néant? Vous trouvez que cela *importe médiocrement à la religion!* Pour nous, pour tous ceux qui parlent la langue ordinaire, il n'y a point de religion sans Dieu, et point de Dieu sans personnalité. Le Dieu vivant et personnel, vous en convenez vous-même, c'est le

---

[1]. *De la métaphysique et de son avenir* (*Revue des Deux Mondes,* du 15 janvier 1860, p. 389).

seul qu'adore l'humanité. La liberté, l'esprit, elle y croit sans doute, et d'une foi inébranlable : mais la liberté et l'esprit, ce n'est pas Dieu, c'est l'homme, et l'homme cherche en dehors de lui, au-dessus de lui, l'Être absolu que son cœur devine et que sa raison affirme. — Le vrai, le beau, le bien, grandes et sublimes idées, je l'accorde ; mais si elles ne m'attestent pas une intelligence infinie, si derrière elles je n'aperçois pas Dieu, substance, cause, législateur suprême, elles ne sont après tout que des abstractions, c'est-à-dire des créations de mon entendement ; elles n'ont d'existence que dans ma pensée, et c'est encore ma propre pensée que j'adorerai en les adorant.

Que la nature intime de Dieu se dérobe à notre intelligence, que l'essence de l'absolu nous échappe, personne ne le nie. Est-ce à dire qu'il faille écarter comme oiseuse la question de savoir si Dieu est ou non personnel, ce qui équivaut à savoir s'il existe ou n'existe pas? — Qu'il y ait là des mystères insondables, des obscurités que l'œil de l'homme ne peut percer, il n'est que trop évident. « Nous ne savons, comme dit Montaigne, le tout de rien. » Est-ce à dire qu'au-dessus de ces nuages ne brillent pas pour la raison un certain nombre de vérités essentielles? Les objections que soulève la personnalité divine, si spécieuses qu'elles paraissent, sont, je le crois, de purs sophismes. Il y a là de l'inexplicable, il n'y a point de contradiction. Je reviendrai plus loin sur ce sujet : je n'en veux dire ici qu'un mot. La prétendue antinomie découverte par l'école de Hegel, et dont l'humanité ne s'était pas doutée jusqu'à ce jour, tient à la fausse notion que cette école s'est faite de l'absolu. Au lieu d'y voir l'être *tout parfait*, comme dit Descartes, ayant dans sa perfection même la raison de son existence, elle y a vu un absolu universel qui comprend tout et absorbe tout. Quand on a commencé par poser en thèse que l'absolu est tout, il est parfaitement clair qu'il ne peut plus rien y avoir en dehors de l'absolu. Mais où a-t-on pris cette définition? L'idée que la raison se forme de l'absolu est tout autre. Lorsque la raison dit de Dieu qu'il est absolu ou infini, elle n'entend dire qu'une chose, c'est qu'il existe par lui-même et que tout existe par lui. L'absolu ne veut point dire l'universalité des choses, mais le principe et la raison des choses : il ne veut point dire la totalité des êtres, mais bien l'Être par excellence, l'Être nécessaire et parfait. Et, loin que la perfection et la personnalité soient pour la raison des idées contradictoires, la personnalité est aux yeux de la raison le plus haut degré et la forme la plus achevée de l'être ; l'existence impersonnelle en est la forme la plus élémentaire et le degré le plus infime.

Il y a bien une autre objection dont Strauss ne

s'était pas avisé et qu'a découverte M. Renan : c'est que donner à Dieu la personnalité, ce serait supposer en lui une organisation nerveuse et un cerveau. « Toutes les facultés que le déisme vulgaire attri« bue à Dieu, n'ont jamais existé sans cerveau. Il « n'y a jamais eu de mémoire, de prévoyance, de « perception des objets extérieurs, *de conscience* « *enfin* sans un système nerveux[1]. » Quel raisonnement ! De ce qu'on n'a jamais vu d'âme sans cerveau et sans système nerveux, M. Renan conclut qu'il ne saurait y avoir sans système nerveux et sans cerveau une intelligence qui pense, qui veuille, et qui ait conscience de ses résolutions et de ses pensées. De tout temps, cependant, l'humanité a admis, au moins comme possibles, de *purs esprits*, c'est-à-dire des intelligences non associées à des corps. Cela prouve, à tout le moins, qu'il n'y a là pour la raison ni absurdité ni contradiction logique. Et de fait, si nos facultés, dans l'état actuel des choses, sont liées, et à beaucoup d'égards subordonnées à notre organisation physique, qui peut dire qu'une organisation physique soit, d'une manière absolue, la condition nécessaire de leur existence ? Il y a plus, si on comprend que le système nerveux soit aujourd'hui l'instrument de nos percep-

---

1. *Lettre à M. Guéroult* (*Opinion Nationale* du 4 septembre 1862).

tions extérieures, on ne comprend pas en quoi il peut être l'instrument de la conscience. Je pense, je me souviens, je veux : j'ai la conscience, c'est-à-dire la notion intime et immédiate de mes pensées, de mes souvenirs, de mes volontés. En quoi mes nerfs interviennent-ils dans cette notion ? En quoi sont-ils nécessaires à cette connaissance que j'ai de ce qui se passe en moi ? Voilà ce que M. Renan a oublié de nous dire. — Les idéalistes nous reprochent de nous faire un Dieu semblable à nous ; qui donc ici, des idéalistes ou de nous, tombe le plus dans les grossières illusions de l'anthropomorphisme ?

Quoi qu'il en soit, M. Renan, hésitant entre le dieu personnel qu'il ne comprend point, et le dieu impersonnel qui ne saurait exister, prend le parti sommaire de les repousser tous deux. A son avis, il est insensé de prétendre définir ou déterminer Dieu d'une manière rationnelle. Aucune formule philosophique n'est assez large pour embrasser l'infini. « Toute proposition appliquée à Dieu est impertinente, une seule exceptée : il est. » L'art et la poésie sont, au point de vue religieux, bien supérieurs à la philosophie, parce que toute philosophie en parlant de Dieu, le rapetisse et le défigure. Ce qui nous révèle Dieu, ce n'est pas la métaphysique, c'est la conscience ; ce n'est pas la raison, c'est le sentiment. « Si l'humanité n'était qu'intelligente, elle serait athée. »

Non, certes, ce n'est pas la métaphysique qui a révélé Dieu au monde; et la métaphysique ne prétend point à un tel honneur. Il est parfaitement vrai qu'en cette matière la conscience de l'humanité a devancé la science. Il est encore vrai que le sentiment moral est l'essence même, l'âme et la vie de toute religion. Qu'y a-t-il à en conclure contre la philosophie? Si la conscience a la première affirmé Dieu, la philosophie ne peut-elle, sans outrecuidance, prétendre à éclaircir, à préciser ce que la conscience a entrevu dans ses puissantes mais confuses intuitions? Si le sentiment moral nous soulève de terre et nous emporte vers l'infini, le sentiment ne suppose-t-il pas la croyance? n'a-t-il pas cette croyance pour racine et pour support? Et ne peut-on pas dire qu'autant vaut la croyance, autant vaut le sentiment?

Aucune théodicée, sans doute, aucune formule ne peut contenir ni épuiser l'infini. Mais, s'incliner devant la conscience et récuser la raison, c'est tomber dans l'éternelle inconséquence des sceptiques. Qu'est-ce donc que la conscience, sinon cette intuition spontanée, cette conception instinctive de la vérité, qui se produit dans l'intelligence humaine avant toute réflexion, avant tout effort, et par le libre jeu de ses facultés naturelles? Et si la raison instinctive mérite confiance, comment la raison réfléchie serait-elle dénuée d'autorité?

Mais non ; rendons justice à M. Renan : il n'est pas inconséquent à ce point. En réalité, il ne croit pas plus à ce que dit la conscience qu'à ce qu'enseigne la philosophie; il ne croit pas plus au Dieu de la foi instinctive qu'à celui de la raison. A ses yeux, tout dogme, soit philosophique soit religieux, n'est qu'un symbole grossier, imparfait, destiné à périr. La philosophie *critique* (et c'est là sa supériorité) n'en adopte aucun, n'en repousse aucun, mais les regarde tous comme les expressions particulières et les formes transitoires d'un sentiment qui seul est immortel « et qui ne peut nous tromper [1]. » En quoi ce sentiment est-il infaillible? En quoi la révélation de la conscience a-t-elle une certitude souveraine? Ce n'est pas sans doute en ce qu'elle nous parle d'un Dieu réel, d'un Dieu personnel : non; c'est là l'enveloppe grossière, le symbole périssable. Le sentiment en ce sens n'a qu'une valeur toute *subjective*. S'il est vrai, ce n'est point d'une vérité absolue, mais d'une vérité tout humaine, et seulement comme fait fondamental de notre nature. Insignifiant comme croyance, il ne vaut que comme principe d'émotions généreuses, de nobles pensées, de grandes inspirations. Il est la source de ces poëmes plus ou moins riches, plus ou moins brillants et consolants qu'on appelle

---

[1]. *De l'avenir de la métaphysique*, p. 390-391.

les *religions*, et qui ont donné aux hommes des solutions plus ou moins heureuses des grands et insolubles problèmes de la vie. « La Religion est « la plus haute manifestation de la nature humaine : « *entre tous les genres de poésie*, c'est celui qui « atteint le mieux le but essentiel de l'art [1]. »

Quand donc M. Renan nous dit que « Dieu se « révèle par le cœur; quand il proteste de sa foi « dans la réalité supérieure du monde idéal, et s'é- « crie : c'est lui qui est, et le monde physique qui « paraît être [2]; » — il faut bien se rappeler ce qu'il entend par « l'idéal; » il ne faut pas oublier que l'idéal, pour lui, c'est tout simplement une idée pure; que le monde idéal, c'est tout simplement le monde abstrait de la vérité, de la beauté, de la justice. « Celui qui aura consacré sa vie au « bien, au vrai, au beau, aura été le mieux avisé. « *Voilà le Dieu vivant, qui se sent et ne se démon-* « *tre pas* [3]. » Le Dieu de la conscience, le Dieu du sentiment, le Dieu que le cœur nous révèle, n'est donc en définitive rien autre chose que *l'idée* que nous avons du vrai, du bien et du beau, c'est-à-dire une pure conception de notre esprit. Ce Dieu *vivant* a un suprême malheur, c'est qu'il ne vit que dans l'esprit humain et par l'esprit humain.

1. *Études d'histoire religieuse*, Préface, p. vi.
2. *Explications*, p. 28 et p. 31.
3. *Lettre à M. Guéroult*.

—Vainement ajoute-t-on, « qu'il est l'absolu; qu'il est l'ordre où les mathématiques, la métaphysique, la logique sont vraies; qu'il est le lieu de l'idéal, le principe vivant du bien, du beau et du vrai [1]. » Les axiomes de la géométrie et de la métaphysique ne sont ni des êtres, ni des réalités; ce ne sont que des rapports abstraits conçus par la raison. Nous sommes toujours dans le monde des abstractions. Je ne sais d'ailleurs ce qu'on entend par l'*ordre* où ces axiomes *sont vrais;* comme s'ils n'étaient pas vrais dans tous les ordres et dans tous les temps. Je ne sais pas davantage ce que c'est que *le lieu* de l'idéal. Et quant au *principe vivant du bien, du beau et du vrai,* je répéterai volontiers ce qu'a dit avec autant d'esprit que de bon sens un ami même de M. Renan : « Un principe vivant, qu'est-ce que c'est que cela ? Si cela vit, ce n'est pas un principe; et si c'est un principe, cela ne vit pas [2]. »

Il reste une difficulté : ce Dieu tout idéal n'explique pas le monde. M. Renan a fini par le comprendre, et il a essayé d'expliquer le monde. Voici cette explication qu'il nous a récemment livrée : « Le « temps, dit-il, me semble de plus en plus le fac- « teur universel, le grand coëfficient de l'éternel « *devenir*..... Deux éléments, *le temps et la ten-*

---

1 *Les sciences de la Nature et les sciences historiques.*
2. M. Al. Reville, *Revue Germanique,* décembre 1863.

« *dance au progrès* expliquent l'univers. *Mens
« agitat molem... Spiritus intus alit...* Sans ce
« germe fécond de progrès, le temps reste éter-
« nellement stérile. Une sorte *de ressort intime*
« poussant tout à la vie, et à une vie de plus en
« développée, voilà l'hypothèse nécessaire. Les
« vieilles écoles atomiques, qui trouvèrent tant de
« vérités, arrivèrent à l'absurde faute d'avoir com-
« pris cela. La « chiquenaude » de Descartes ne
« suffit pas... Il faut la tendance permanente à être
« de plus en plus, le besoin de marche et de pro-
« grès. Il faut admettre dans l'univers ce qui se re-
« marque dans la plante et l'animal, *une force in-
« time* qui porte le germe à remplir un cadre tracé
« d'avance. Il y a une conscience obscure de l'u-
« nivers qui tend à se faire, *un secret ressort* qui
« pousse le possible à exister [1]. »

N'est-ce pas là une explication d'une merveilleuse simplicité? « Une tendance au progrès, un ressort secret qui pousse tout à la vie, » il n'en faut pas davantage. Ajoutez-y le temps, « grand coefficient de l'éternel devenir, » et avec cela vous pouvez vous passer de Dieu. — On nous assure que c'est là *l'hypothèse nécessaire,* faute de laquelle les atomistes sont allés à l'absurde. Je le veux bien ; mais

---

[1]. *Les sciences de la Nature et les sciences historiques,* Revue des *Deux Mondes,* 15 octobre 1863.

d'abord cette hypothèse elle-même est-elle suffisante? Explique-t-elle ce qu'elle a la prétention d'expliquer? Je demande quelle est la cause du monde; on me répond par de grands mots : « *Une conscience obscure qui tend à se faire,* » ce qui est pour moi, je l'avoue, parfaitement inintelligible ; — « une tendance permanente à être de plus en plus, un besoin de marche et de progrès; » ce qui me semble un effet, et non pas une cause. — « Une sorte de ressort, une force intime, » présente à l'esprit une idée un peu plus nette, mais ne répond pas mieux à la question; car d'où vient-elle, cette force? Et qui l'a mis dans le monde, ce ressort? On a reculé la difficulté sans la résoudre. Dans l'univers, comme dans la plante et l'animal, cette force secrète tend à remplir « un cadre tracé d'avance : » mais qui l'a tracé, ce cadre? Car un cadre suppose une intelligence qui en a conçu l'ensemble et coordonné les détails. Parler des lois nécessaires, de la logique éternelle, c'est ne rien dire : les lois sont des faits généraux, qui supposent eux-mêmes une cause; la logique est une abstraction, et les disciples de Hegel ont renoncé à la dialectique de l'idée. L'hypothèse de M. Renan se réduit donc à ceci : Une force mystérieuse, occulte, indéfinissable, qui est dans le monde sans qu'on sache pourquoi, infinie et pourtant dénuée d'intelligence; nécessaire et pourtant asservie à des lois qu'elle subit sans les connaître; toute-puissante, et pourtant enfermée dans un cadre qu'elle remplit sans le savoir : hypothèse contradictoire, hypothèse qui n'explique rien ; car elle prend pour principe une cause qui n'est point cause première, qui implique par conséquent quelque chose au delà et au-dessus d'elle. Cette force mystérieuse, c'est ce qu'on a appelé d'un nom vulgaire, qui ne dit rien de plus et rien de moins, la Vie ou la Nature. Voilà le seul Dieu réel, le seul Dieu vraiment *vivant* que M. Renan reconnaisse, puisque l'autre n'existe qu'à l'état abstrait et n'a conscience de lui que dans l'homme.

Ce que M. Renan pense de l'âme et de Dieu fait présumer aisément ce qu'il doit penser touchant la destinée humaine et l'immortalité.

« L'homme, dit-il quelque part, *dès qu'il se dis-
« tingua de l'animal,* fut religieux, c'est-à-dire qu'il
« vit dans la nature quelque chose au delà de la
« réalité, et pour lui quelque chose au delà de la
« mort[1]. » Sur cette phrase assez extraordinaire, on aurait, sans être trop curieux, bien des explications à demander. Il y a donc eu un moment où l'homme ne se distinguait point de l'animal, où il n'était qu'un être sans raison, sans notion de Dieu, sans conscience du bien et du mal. Comment cet

1. *Vie de Jésus,* ch. I, p. 2.

animal est-il devenu homme ? Comment la raison, l'instinct religieux, la conscience morale sont-ils nés en lui ? On ne nous le dit pas. Sans doute il faut voir dans l'homme le produit suprême des évolutions de la nature, le dernier terme des transformations progressives de l'être, l'œuvre finale de cette force intime, de ce ressort secret dont on nous parlait tout à l'heure ; mais ces pompeuses formules n'éclaircissent guère le mystère. La nature aveugle et fatale produisant l'intelligence et la liberté, est un miracle qui vaut bien celui de la création. Un animal s'élevant peu à peu du demi-jour de l'instinct aux clartés sublimes de la raison, c'est un phénomène assez étrange en histoire naturelle. — Mais enfin l'homme *s'est distingué* de l'animal ; il est devenu religieux ; il a vu quelque chose *au delà de la réalité*. Ce qu'il y a au delà de la réalité, on vient de nous le dire : il y a l'idéal, c'est-à-dire une abstraction qui n'existe que dans notre esprit. Il nous reste à connaître la seconde moitié de la religion, selon M. Renan, je veux dire ce qu'il y a pour l'homme « au delà de la mort. » Voici sur ce point comment il s'exprime.

« Il est des problèmes qu'on ne résout pas, mais
« que l'on franchit. Celui de la destinée humaine
« est de ce nombre. *Ceux-là périssent qui s'y ar-*
« *rêtent.* Ceux-là seuls arrivent à trouver le secret
« de la vie, qui savent étouffer leur tristesse inté-

« rieure, *se passer d'espérances*, faire taire ces
« doutes énervants où ne s'arrêtent que les âmes
« faibles et les époques fatiguées. Qu'importe la ré-
« compense, quand l'œuvre est si belle qu'elle ren-
« ferme en elle-même les promesses de l'infini?...
« Trois mille ans ont passé sur le problème agité
« par les sages de l'Idumée, et malgré les progrès
« de la méthode philosophique, on ne peut dire
« qu'il ait fait un pas vers la solution...... *L'avenir*
« *de l'homme individuel n'est pas devenu plus*
« *clair;* et peut-être est-il bon qu'un voile éternel
« couvre des vérités qui n'ont leur prix que quand
« elles sont le fruit d'un cœur pur. Mais un mot,
« que ni Job ni ses amis ne prononcent, a acquis
« un sens et une valeur sublime : le devoir, avec
« ses incalculables conséquences philosophiques,
« en s'imposant à tous, résout tous les doutes, con-
« cilie toutes les oppositions, et sert de base pour
« réédifier ce que la raison détruit ou laisse crou-
« ler. Grâce à cette révélation sans équivoque ni
« obscurité, nous affirmons que celui qui a choisi
« le bien sera le vrai sage. *Celui-là sera immortel;*
« *car ses œuvres vivront dans le triomphe défini-*
« *tif de la justice*, le résumé de l'œuvre divine qui
« s'accomplit par l'humanité. L'humanité fait du
« divin, comme l'araignée file sa toile; la marche
« du monde est enveloppée de ténèbres, mais il va
« vers Dieu. Tandis que l'homme méchant, sot ou

« frivole, mourra tout entier, en ce sens qu'il ne
« laissera rien dans le résultat général du travail
« de son espèce; l'homme voué aux bonnes et belles
« choses *participera à l'immortalité de ce qu'il a
« aimé*. Qui vit aujourd'hui autant que le Galiléen
« obscur qui jeta, il y a dix-huit cents ans, dans le
« monde le glaive qui nous divise et la parole qui
« nous unit? Les œuvres de l'homme de génie et
« de l'homme de bien échappent seules ainsi à la
« caducité universelle[1]. » Et ailleurs : « Nous *ressusciterons* dans le monde que nous aurons contribué à faire... Notre vie aura été une portion de la vie infinie : nous y aurons notre place marquée pour l'éternité[2]. »

M. Renan est logique. Après avoir, comme son maître Hegel, enlevé à l'âme sa réalité substantielle, son individualité, il était forcément conduit à ne plus admettre, comme Hegel, qu'une seule immortalité effective, celle de l'espèce; et à ne plus offrir, comme Auguste Comte[3], à la conscience de l'homme pour châtiment ou récompense que la justice de l'histoire, c'est-à-dire le souvenir ou l'oubli des générations à venir. Il ne m'en coûte point de reconnaître que cette étrange doctrine a ici, sous la

---

1. *Étude sur le poëme de Job*, p. 88 à 91.
2. *Les sciences de la Nature et les sciences historiques*. (Revue des Deux Mondes, 15 octobre 1863).
3. Voyez *supra*, ch. IV, p. 94.

plume de M. Renan, un caractère d'élévation qui lui manquait absolument dans la religion positiviste : différence qui ne tient pas seulement au talent si supérieur de l'écrivain ; mais qui tient surtout, à ce que M. Renan y introduit une grande idée, l'idée du devoir. J'ai bien quelque peine à comprendre qu'à une âme qui n'est qu'un *ordre de phénomènes*, une *résultante* de l'organisme, on impose une loi morale, le devoir, le sacrifice, la vertu : toutes choses qui supposent, ce semble, non-seulement une intelligence qui discerne, mais surtout une liberté qui choisit et une volonté qui se déploie. Admettons pourtant la volonté, chez un être qui n'est ni substance ni cause ; admettons la liberté morale. Quel est ce semblant de justice, dont on nous leurre ? Le méchant et le sot, (car sottise et méchanceté, dans cette morale nouvelle, paraissent traitées de même sorte, et M. Renan a dit ailleurs : « Une belle pensée vaut une bonne action, une vie de science vaut une vie de vertu, ») le méchant et le sot *mourront tout entiers*, en ce sens qu'il ne restera rien de leurs œuvres « dans le résultat général du travail de l'humanité : » les voilà bien punis ! Voilà l'iniquité, voilà l'hypocrisie bien châtiées ! L'homme de bien, au contraire, sera *immortel*, il *ressuscitera*, il aura sa place marquée pour l'éternité dans la vie infinie, en ce sens que ses œuvres vivront dans le triomphe définitif de la justice. Admirable rémunération des épreuves obscures infligées à la vertu ! Et quel dommage que Job, sur son fumier, n'ait pu entendre cette merveilleuse consolation philosophique !

Parlons sérieusement. Je ne méconnais point ce qu'il y a de noble et de fier dans ce stoïcisme qui *se passe d'espérances,* et, cherchant le bien pour lui-même, poursuit, sans arrière-pensée égoïste, l'idéal souverain de la justice. Je ne conteste point qu'il y a, dans l'accomplissement désintéressé du devoir, des joies austères qui, pour une âme élevée, sont un dédommagement suffisant et la meilleure récompense. Mais il faut juger humainement les choses humaines. « Qui veut faire l'ange fait la bête, » a dit Pascal. La solidarité humaine, le triomphe définitif de la justice, c'est un beau sujet de méditation pour un philosophe dans son cabinet. Mais dans les crises de la vie, à ces heures de trouble où le plus fort chancelle, où se livre en nous le douloureux combat de la passion et du devoir, — que me fera, je vous prie, le *résultat général des travaux de l'espèce?* C'est une belle chose que la gloire, mais tout le monde n'est pas un grand poëte ou un grand philosophe, un héros ou un saint ; et combien peuvent se flatter de se survivre dans leurs œuvres ? Si encore notre âme, survivant à sa dépouille terrestre, pouvait d'un séjour plus élevé contempler ce grand spectacle de l'humanité marchant vers Dieu, vers l'idéal, et jouir en pensée de ce progrès auquel, pour une humble part, elle aurait concouru! Mais non; on nous l'a dit : l'âme n'est qu'un souffle qui passe, un phénomène qui disparaît avec la combinaison de forces qui l'a produit, un son qui se dissipe dans l'air quand la harpe est brisée.

« Étouffer ses tristesses, se passer d'espérances; » le conseil est facile à donner. Eh! ne savez-vous pas qu'il est des choses où l'homme ne peut se résigner à douter; que la foi et l'espérance lui sont aussi nécessaires que le pain dont il vit, et que lui ôter les perspectives d'un monde meilleur, c'est le livrer à tous les abaissements du matérialisme? Ces questions redoutables, auxquelles vous ne voulez pas qu'on s'arrête, on ne les écarte pas de la main comme de vains fantômes. Nous avons beau nous boucher les yeux et les oreilles, elles se dressent devant nous, obstinées, implacables; elles nous barrent la route comme le sphinx, et il faut répondre ou périr.

M. Renan semble s'en être aperçu et avoir compris, à la réflexion, ce qu'il y a de vain et de dérisoire dans cette prétendue immortalité du souvenir. Dans le dernier de ses écrits, qui en est le plus célèbre, et peut-être le plus dangereux, dans sa *Vie de Jésus*, revenant incidemment sur cette question, il a, d'une façon discrète et comme en passant, émis sous forme de doute ou d'hypothèse, une nouvelle théorie de la vie future.

« Le mot de royaume de Dieu, dit-il, exprime
« avec un rare bonheur le *besoin qu'éprouve l'âme*
« *d'un supplément de destinée, d'une compensation*
« *à la vie actuelle*. Ceux qui ne se plient pas à
« concevoir l'homme comme un composé de deux
« substances, et qui trouvent le dogme déiste de
« l'immortalité de l'âme en contradiction avec la
« physiologie, aiment à se reposer dans l'espérance
« d'une *réparation finale qui, sous une forme in-*
« *connue*, satisfera aux besoins du cœur de l'homme.
« Qui sait si le dernier terme du progrès, dans des
« millions de siècles, n'amènera pas *la conscience*
« *absolue de l'univers, et dans cette conscience le*
« *reveil de tout ce qui a vécu?...* Il est sûr que
« l'humanité morale et vertueuse aura sa revanche;
« qu'un jour le sentiment de l'honnête pauvre
« homme jugera le monde, et que ce jour-là
« la figure idéale de Jésus sera la confusion de
« l'homme frivole qui n'a pas cru à la vertu, et
« de l'homme égoïste qui n'a pas su y atteindre[1]. »
Singulier assemblage d'aspirations spiritualistes et
de doctrines qu'on dirait empruntées, les unes à
Cabanis, les autres à Hegel! Sollicité par cet instinct
profond, par ce besoin d'immortalité qui est en
nous, M. Renan s'arrête cependant, et devant quoi?
Devant les objections des physiologistes, c'est-à-

1. *Vie de Jésus*, ch. XVII, p. 288.

dire devant ce vieux sophisme qui, de l'union intime de l'âme et du corps, conclut à leur identité. Que reste-t-il alors, et qu'offrir au cœur de l'homme pour satisfaire à ses besoins? Un jour, après des millions de siècles, au terme des infinies transformations des êtres, peut-être renaîtrons-nous *avec tout ce qui a vécu dans la conscience absolue de l'univers*. Mais quoi ! ne nous a-t-on pas dit que la conscience individuelle, résultat de l'organisme physique, meurt avec cet organisme? Et revivre sans sa conscience, sans sa personnalité, est-ce là revivre? Que m'importe la conscience *absolue de l'univers*, si ma conscience propre a péri, si ma personnalité s'est évanouie, confondue dans le grand Tout? Quel *supplément de destinée*, quelle *réparation finale* trouverai-je dans une renaissance qui ressemble si fort à cette absorption dans l'Être infini, que le vieux panthéisme indien donne pour but suprême aux contemplations et à l'ascétisme de ses saints? Le *Nirvâna*, l'anéantissement final du bouddhisme, voilà où vient aboutir le gigantesque effort de la philosophie hégélienne !

C'est chose digne de remarque, en effet, combien nos philosophes nouveaux, tout en exaltant l'humanité, font bon marché de la personnalité humaine. M. Renan, en particulier, a là-dessus une théorie des plus étranges. Il distingue la conscience d'avec l'âme ou la personne. La conscience, résultante de l'organisme cérébral, disparaît avec le cerveau : « l'effet s'en va avec la cause… *L'âme au contraire, la personnalité de chacun, n'est nulle part*, puisque l'homme agit souvent plus fortement à mille lieues que dans le canton où il habite. L'âme est où elle agit, où elle aime. Dieu étant l'idéal, objet de tout amour, *Dieu est donc essentiellement le lieu des âmes*. La place de l'homme en Dieu, l'opinion que la justice absolue a de lui, le rang qu'il tient dans le seul vrai monde, qui est le monde selon Dieu, sa part en un mot, dans la conscience générale, voilà son être véritable[1]. » On est confondu d'entendre énoncer gravement de si étonnantes propositions. Est-ce une thèse philosophique ? Est-ce un jeu d'esprit ? Séparer la personnalité de la conscience, qui en est la condition nécessaire, et sans laquelle le moi ne saurait se distinguer, n'est-ce pas fausser à plaisir les notions les plus élémentaires ? Ne nous disait-on pas tout à l'heure, avec Strauss, que « la personnalité est un moi concentré en lui-même par opposition à un non-moi, » et n'est-ce pas par cette raison qu'on écartait le Dieu personnel ? Confondre la pensée avec l'être qui pense, l'influence des idées avec l'intelligence qui a conçu les idées, n'est-ce pas heurter de front le sens commun ?

---

1. *Les sciences de la Nature et les sciences historiques.*

Autant dire que l'effet est identique à la cause, que le tableau et l'âme du peintre, la statue et l'âme du sculpteur sont la même chose. Enfin, dire que Dieu ou l'idéal est *le lieu* des âmes, parce que l'idéal (l'idéal un lieu!) est l'objet de tout amour, n'est-ce pas se moquer de son lecteur? — A moins de croire que, malgré tout son esprit, un homme qui se dit philosophe et qui n'est que poëte, ne prenne des phrases creuses pour des idées et sa rhétorique pour de la psychologie.

Laissons ces fantaisies, et allons aux questions sérieuses. Il y a un point sur lequel M. Renan se croit inexpugnable. Les idées qu'on peut se faire touchant la destinée humaine, il y tient peu : pour lui, ce ne sont que des hypothèses plus ou moins plausibles. Elles n'ont de valeur qu'en tant qu'elles consolent et soutiennent l'âme humaine, et donnent satisfaction à ses aspirations. Au fond, une seule chose importe, c'est le devoir; et par bonheur, cette chose qui seule importe est aussi la seule qui soit indiscutable. Elle est au-dessus de toute incertitude, et en même temps elle suffit à notre vie morale. — Cela est-il vrai? Est-il vrai que l'idée du devoir suffise à résoudre tous les doutes et supplée à toutes les croyances ? M. Renan, sur ce point, invoque l'autorité de Kant. A l'exemple de Kant, il prétend retrouver dans l'idée du devoir « le vrai fondement de la certitude morale » qui manque

partout ailleurs. La vie, pour lui, a une autre fin que le bonheur; elle a *un but supérieur, elle correspond à un objet*. Cet objet, ce but suprême, c'est le devoir. « Dès que le sacrifice, dit-il, devient
« un devoir et un besoin pour l'homme, je ne vois
« plus de limite à l'horizon qui s'ouvre devant moi.
« Comme les parfums des îles de la mer Érythrée,
« qui voguaient sur la surface des mers et allaient
« au-devant des vaisseaux, cet instinct divin m'est
« un augure d'une terre inconnue et un messager
« de l'infini[1]. »

Ce sont là de nobles pensées, éloquemment exprimées. Mais nous demandons à M. Renan autre chose que de l'éloquence; nous lui demandons des idées nettes. Que veut-il dire ici? Il parle de Kant, mais Kant ne s'est pas arrêté à mi-chemin. De la loi morale qu'il a constatée dans la conscience humaine, de la liberté qu'il en a déduite, Kant s'élève, en vertu de ce qu'il appelle le principe du souverain bien, c'est-à-dire du mérite et du démérite, à la notion d'un Dieu juste et rémunérateur. M. Renan suit-il jusque-là l'*Aristote des temps modernes?* Non, apparemment; et sans doute il se pique d'éviter en cela l'inconséquence où est tombé le philosophe allemand, lorsqu'il a donné une valeur objective à son principe du souverain bien. Mais M. Re-

1. *Essais de morale et de critique*, Préface, 1859.

nan ne commet-il pas une autre inconséquence, tout aussi évidente, lorsqu'il prétend donner à la vie humaine dans le devoir *un objet, un but supérieur?* Pourquoi la *catégorie* du bien correspondrait-elle plutôt à un *objet* réel, que la catégorie de l'infini? Je me crois obligé; est-ce à dire que je le sois en effet? Cette loi, qui est tout simplement la *forme* sous laquelle je conçois les actes libres, qui me dit qu'elle répond à une vérité extérieure? N'est-il pas évident que, ce qu'on disait tout à l'heure du sentiment religieux, il faut le dire du sentiment moral, de l'idée du devoir? Toute *sublime* qu'elle est, M. Renan doit la tenir pour purement *subjective*.

Il est donc tombé dans la même inconséquence et s'est fait la même illusion que Kant, lorsqu'il s'est imaginé qu'après avoir révoqué en doute les conceptions de la raison, il lui serait encore possible de donner à la vie humaine un but supérieur, à la morale un objet réel. Pas plus que Kant, il ne peut, ces gages donnés au scepticisme, retrouver la certitude; il n'y a pas plus, pour lui, de bien absolu que de vérité absolue. En morale aussi bien qu'en métaphysique, il est condamné à rester dans le subjectif, c'est-à-dire dans le sentiment, dans les impulsions naturelles, dans les inspirations de la sympathie; toutes choses éminemment variables et individuelles. Il sera plus beau, plus noble, plus glorieux de réaliser le bien, de chercher le vrai, de poursuivre l'idéal ; mais celui qui y manquera, ne manquera après tout qu'à sa propre dignité, et n'encourra d'autre châtiment que de ne rien laisser de lui à la postérité : faible digue contre les assauts de la passion.

A entendre M. Renan parler en termes si élevés de cet instinct moral qui lui est un *messager de l'infini, l'augure divin d'une terre inconnue*, on dirait qu'il croit, d'une foi ardente, à une autre vie. On vient de voir pourtant qu'il n'y a, selon lui, d'autre immortalité promise à l'homme que celle de l'histoire. Que signifient donc ces brillantes métaphores ? On ne peut supposer que M. Renan cherche à tromper son lecteur. Reste que M. Renan soit dupe tout le premier de sa propre imagination. Il y a deux hommes en lui : il y a le philosophe, le disciple de Hegel, qui s'égare au travers de formules abstraites et trébuche au milieu des antinomies ; et il y a le poëte, l'homme de sentiment intime, l'homme religieux, qui parfois échappe aux étreintes de la logique pour s'abandonner aux inspirations de son bon sens et de sa conscience. Quand c'est celui-ci qui parle, nous entendons un spiritualiste qui semble adorer le même Dieu que nous, et qui dit : « Notre Père, qui êtes aux cieux[1]!... » Quand

---

1. Article sur *Béranger* (*Journal des Débats* du 17 décembre 1859).

c'est le premier, nous entendons un métaphysicien pour qui les hommes ne sont que des « éclosions d'un moment à la surface de l'océan des êtres, » et qui dit : « l'Abîme, notre père [1]... » L'un proclame solennellement que nous sommes « les fils de Dieu [2], » que la religion est sainte, que l'âme est immortelle, et l'homme appelé à « des destinées infinies. » L'autre enseigne que Dieu n'est qu'une catégorie, la religion un genre de poésie particulier, l'âme un produit de l'organisme, et l'immortalité un souvenir. De ces deux hommes, lequel croire ? Ils ont tour à tour la parole dans les écrits de M. Renan : on passe brusquement des axiomes emphatiques du panthéisme allemand, aux effusions religieuses du spiritualisme le plus pur; à chaque instant, le poëte semble démentir les conclusions et vouloir faire pardonner les témérités du philosophe. Je ne refuse point à la philosophie le droit de se parer des grâces de l'imagination, et d'appeler à son aide le sentiment; mais je voudrais que les images ne servissent pas à déguiser les idées, et qu'à chaque page le lecteur ne fût pas exposé à prendre des métaphores pour des réalités.

Avec les écrivains de l'école de Hegel, il ne faut

---

1. *Explications*, broch. in-8º (août 1862).
2. *Ibid.*

pas se fier aux mots : nulle école peut-être n'a plus abusé des mots, et ne les a plus arbitrairement détournés de leur sens vrai. Chose étrange, ses doctrines sont hardies, et son langage est timide; elle supprime les choses, et garde les mots; elle pense autrement que nous, et elle affecte de parler comme nous. Pour qui n'est pas dans le secret de sa métaphysique, il y a là une source d'équivoques perpétuelles.

M. Renan par exemple a une prétention : il ne veut point passer pour un adversaire de la religion; il ne croit point que ses doctrines portent atteinte à l'autorité sacrée, à la bienfaisante influence de la religion. Non-seulement il proteste de son respect pour elle et se défend de chercher à l'ébranler, mais il se flatte de l'affermir en l'épurant. — La foi au surnaturel, dit-il, s'éteint visiblement dans les esprits. Pour sauver la religion compromise avec le miracle dans une solidarité fâcheuse, il faut « la dégager des dogmes particuliers et des croyances surnaturelles; » il faut « la détacher d'un vaisseau qui périt. » Le naufrage des dieux qui s'en vont ne doit pas entraîner le naufrage du divin : la religion est éternelle, éternelle comme la poésie, éternelle comme l'amour; « elle survivra à la destruction de toutes les illusions, à la mort de l'objet aimé. » M. Renan va plus loin : il croit servir la cause même du christianisme; car la religion de

Jésus, « susceptible d'épurations indéfinies, n'est autre chose que la religion de l'esprit[1]. » — Le tout est de s'entendre. Que la foi au surnaturel s'affaiblisse tous les jours, on ne peut guère le contester. Qu'il importe, pour ceux qui l'ont déjà perdue ou qui la perdront demain, que l'idée religieuse, que la religion éternelle surnage dans ce grand naufrage, je l'accorderai encore sans peine. Mais, à raisonner même dans l'hypothèse de M. Renan, à distinguer comme lui dans la religion deux parts, ce qui est de l'essence et ce qui est de la forme, la première impérissable, la seconde destinée à disparaître, la question est de savoir ce qui est de la forme et ce qui est de l'essence. L'existence d'un Dieu réel et personnel, est-ce là un de ces *dogmes particuliers* qui soient condamnés à périr? L'âme distincte du corps et immortelle, est-ce là une de ces *croyances surnaturelles* dont la cause soit à jamais perdue? Mais cela est si peu surnaturel que, de tout temps, on a donné à ces croyances, par opposition aux religions miraculeuses, le nom de *religion naturelle*. — Quoi qu'il en soit, si avec M. Renan on range Dieu et l'immortalité de l'âme parmi les fables pieuses qu'une foi naïve doive peu à peu abandonner, je demande en quoi consistera la religion.

---

1. *Explications.* — *Études d'histoire religieuse*, Préface, p. xv et suiv.

Si elle n'est rien de plus que « la vie de l'esprit, l'aspiration au monde idéal aboutissant comme culte à la poésie et à l'art[1]; » si elle consiste seulement « à prendre la vie au sérieux, et à employer son activité à la poursuite d'une fin généreuse[2], » je prie qu'on me dise quelle philosophie, sauf peut-être l'abject matérialisme des d'Holbach et des Lamettrie, pourra à ce compte être dite irréligieuse? quel homme, d'un esprit un peu sérieux, pourra être dit athée? « La conception et le culte du parfait, » l'aspiration vers l'infini, vers l'idéal, c'est peut-être là le sentiment religieux, ou du moins l'une de ses formes; ce n'est pas la religion.

Et le sentiment religieux lui-même, tout éternel qu'on le proclame, pense-t-on qu'il survive longtemps à ce qu'on appelle « la perte de ses illusions, la mort de l'objet aimé? » Quand, à la place du Dieu réel et vivant, vous aurez mis « un idéal transcendant, » un ensemble d'idées « exprimant la valeur transcendante de la vie, » quelles émotions religieuses, je vous prie, éveilleront ces formules ambitieuses et vides, quelles consolations apporteront-elles aux âmes désespérées, quelle force morale aux volontés défaillantes? *L'Océan des êtres, l'Abîme, notre père*, singulier objet d'adoration et

---

1. *Études d'histoire religieuse*, Préface, p. xv et p. 418.
2. *Ibid.*, Préface, p. xvii.

d'amour à proposer aux hommes! L'idéal même, quel fantôme flottant et insaisissable ! Chacun ne poursuit-il pas ici-bas un idéal différent? — Et quant à cette prétention de M. Renan que la *religion de l'esprit* dont il s'est fait l'apôtre ne soit autre chose que la religion de Jésus, que le christianisme agrandi et épuré, c'est-là, en vérité, une thèse qu'il est difficile de prendre au sérieux. On sait assez que c'est la faiblesse des philosophes de vouloir retrouver partout leur système : mais M. Renan n'abuse-t-il pas de la permission, quand il nous donne le fondateur du christianisme pour un *idéaliste*, c'est-à-dire pour un partisan ou plutôt un précurseur de la doctrine de Hegel[1]? Même en se plaçant au point de vue de la critique moderne et en ne considérant Jésus que comme un homme sublime, peut-on soutenir sérieusement, l'Évangile à la main, que Jésus n'était *ni spiritualiste ni déiste,* c'est-à-dire ne croyait ni à une âme distincte du corps, ni à un Dieu déterminé et personnel? A qui persuadera-t-on que lorsqu'il dit : « Mon père...... C'est mon père qui m'a envoyé, » il entend ce mot au sens des hégéliens et veut parler de « l'idéal transcendant, de l'océan des êtres, de notre père, l'abîme?... »

Au point de vue de la logique, il y a, entre les

---

1. La *Vie de Jésus*, p. 75, 128.

idées et les sentiments de M. Renan, quelque chose de contradictoire, ou du moins de peu conciliable. En fait, on peut dire que ce mélange singulier de scepticisme et de poésie, de critique négative et de sentiment religieux, qui est le côté original de son talent, a été une des causes de son succès et de l'influence qu'il exerce sur beaucoup d'esprits. Cet instinct poétique et religieux qui fait si absolument défaut à M. Taine, est une des forces de M. Renan : c'est par là qu'il a prise sur beaucoup d'âmes délicates et élevées. Sa philosophie a des dehors séduisants. Elle ne se hérisse point de métaphysique ; elle parle une langue limpide, transparente, pleine de couleur et de mouvement. Sur les révolutions religieuses de l'humanité, sur la loi de progrès qui au travers de formes changeantes l'emporte vers un idéal de vérité et de perfection, elle emprunte à Hegel des vues larges, des idées fécondes, qu'elle développe en un magnifique langage. Loin d'enfermer l'homme dans un réseau de *nécessités logiques* et de le soumettre à l'empire d'une fatalité aveugle comme la nature, elle revendique hautement la liberté et proclame la sainteté du Devoir. Elle prendrait volontiers pour devise cette belle parole de Kant : « Il y a deux choses qui « remplissent mon âme de respect et d'admira- « tion, le ciel étoilé sur nos têtes, la loi morale au « dedans de nous. »

Mais quand, écartant ces dehors brillants, on va au fond du système; quand, sous la poésie des mots on cherche les idées, on trouve que cette philosophie indécise, ondoyante, et qui revêt toutes les formes, se résout finalement en un pur scepticisme; que cette théorie des religions aboutit à une négation absolue de la religion. Quelquefois, il est vrai, elle semble incliner au panthéisme; comme lorsque se faisant cette question : « En dehors de la nature et de l'homme, y a-t-il quelque chose ? » elle répond : « Il y a tout. La nature n'est qu'une apparence, l'homme n'est qu'un phénomène. Il y a le fond éternel, il y a l'infini, la subtance, l'absolu, l'idéal... *Voilà le Père* du sein duquel tout sort, au sein duquel tout rentre[1]. » Mais ce n'est là qu'une face peu accusée de la doctrine. Au fond, elle se rapproche plutôt du positivisme. Je ne confonds point, Dieu m'en garde, M. Renan avec les positivistes : mais je suis bien obligé de dire que sa philosophie (qu'il affecte quelquefois aussi d'appeler *la philosophie positive* [2]) ressemble singulièrement à la leur sous biens des rapports, et que si elle n'a pas tout à fait les mêmes conclusions, elle a au fond les mêmes principes. Je suis bien obligé de constater qu'en fait de mé-

1. *Lettre à M. Guéroult.*
2. *Discours* d'ouverture au Collége de France, 22 février 1862.

taphysique il professe comme les positivistes le doute systématique; que sur la nature de l'âme il pense et parle comme eux; que, pour lui comme pour eux, la cause suprême et la destinée humaine, l'origine et la fin des choses sont des problèmes insolubles; que la science, en un mot, n'atteint que des lois; et que « les seules lois réelles et positives sont celles *de la physique, de l'astronomie et de l'histoire.* »

Sa doctrine n'abaisse pas l'homme; elle lui propose un noble but, la conquête de la vérité, l'accomplissement du devoir. Mais, chose étrange! Ce devoir, cette vérité, ne répondent à rien de réel et d'absolu; elle en fait quelque chose de relatif, de mobile, de changeant comme nous. De la métaphysique de Hegel, M. Renan a retenu une seule idée, dont il a fait toute sa philosophie : c'est celle qui consiste à substituer, en toutes choses, « la catégorie du *devenir* à la catégorie de l'être, la conception du relatif à la conception de l'absolu [1]. » De là, les conséquences qu'on a vues. — Rien *n'est*, tout est en voie de se faire. La conscience humaine n'est pas un sujet permanent et identique, mais *un ordre de phénomènes* qui se développe. La personnalité humaine n'est pas une existence propre et distincte, mais une influence, un souvenir. Dieu

1. *Averroés*, Préface, p. vii.

n'est pas un être réel et déterminé, mais un idéal qui se réalise. Il n'y a de Dieu nulle part, mais il y a du *divin* partout. Il faut s'en tenir à ceci, que « l'humanité est de nature transcendante; qu'elle fait du *divin;* » ce qui veut dire tout simplement qu'un instinct naturel la pousse vers un certain idéal qu'elle conçoit. Tirez la conclusion dernière : — Dieu n'étant que la pensée de l'homme élevée à la hauteur de l'infini, la science de Dieu n'est autre chose que la science de l'humanité. Et comme l'histoire est la forme nécessaire de tout ce qui se développe, toute psychologie, par conséquent toute théologie est dans l'histoire. L'histoire de l'esprit humain, voilà toute la science : l'humanité pense et croit de certaines choses successivement et dans un certain ordre : au fond, il n'y a de réel que sa croyance et sa pensée. Contempler curieusement le spectacle mouvant du monde, étudier le progrès des idées et des faits, « poursuivre la nuance » et s'abstenir de tout dogmatisme, voilà la sagesse : la lourdeur d'esprit et l'ignorance affirment; « la finesse d'esprit consiste à ne pas conclure. »

Avais-je tort de dire que le dernier mot de la *philosophie critique* est le scepticisme? Si l'idée de Hegel, appliquée à l'histoire, est juste et féconde, si la notion du *devenir* doit avoir sa place dans la science à côté de la notion de l'être; appliquée à la métaphysique, cette idée est la négation même de la science et de la vérité. Oui, sans doute, c'est la loi des choses humaines de se développer toujours sans atteindre jamais un point fixe ni s'arrêter dans un état stable. Oui, dans le monde comme dans l'homme, tout se meut, tout se transforme ; en ce sens, rien ne demeure, tout devient. Mais ce n'est là qu'une face de la réalité : la forme vous a empêché de voir le fond, l'apparence vous a caché l'être. J'aperçois bien le mouvement universel ; mais quoi ! il y a apparemment quelque chose qui se meut ! Je vois bien que tout est en train de devenir ; mais il y a apparemment quelque chose qui devient ! Sous les phénomènes qui changent, il y a une substance qui ne change point. En moi, par exemple, sous les sensations, sous les pensées qui se succèdent, est-ce que je ne saisis pas une cause vivante et persistante, l'âme qui pense et qui sent ?

De même, au-dessus de ce relatif que nous voyons, n'y a-t-il pas un absolu que nous concevons sans le voir ? Au-dessus de la mobilité des choses, n'y a-t-il pas une réalité immuable ? Le mouvement universel, le *processus* infini, c'est un mot et rien de plus. La raison divine, vous me la montrez au terme des choses : c'est à leur origine que j'ai besoin de la voir. Si elle n'est pas leur principe, elle n'est qu'un effet, un produit, un attribut ; elle n'est à raison de rien.

La science humaine est progressive sans doute, par conséquent variable. Qu'est-ce à dire? Est-ce donc la vérité qui change, ou n'est-ce point l'idée que nous nous faisons de la vérité? Si la vérité n'est rien de réel, si elle n'a d'existence que dans notre esprit, si le but que nous poursuivons n'est qu'un rêve, un vain mirage, à quoi bon consumer sa vie dans cette poursuite insensée? Mieux vaut le dire tout de suite : il n'y a ni vérité ni erreur; il n'y a que des opinions qui se produisent, des idées qui se succèdent dans un ordre déterminé et suivant une loi logique. La logique préside au développement des idées comme à l'enchaînement des faits. Les idées, comme les êtres, n'étant que des transformations nécessaires, existent toutes au même titre, qui est leur nécessité. Et voilà, en dépit des belles phrases sur la liberté et le devoir, la fatalité devenue la loi de l'histoire. Du moment que tout est également nécessaire, il est clair que tout a été également légitime : il faut tout absoudre, car tout a eu sa raison d'être.

Au point de vue de la morale, mêmes conséquences. Si le devoir n'est qu'un idéal, sans plus de réalité que le vrai, sans plus d'autorité que le beau, pourquoi sacrifierais-je à cette chimère mon intérêt ou mon plaisir? Les derniers hégéliens allemands l'ont bien senti, et seuls ils sont restés jusqu'au bout dans la logique lorsque, se retournant vers leurs maîtres, il leur ont crié : « Votre Humanité transcendante n'est qu'un nouveau mythe, votre culte de l'idéal n'est qu'une nouvelle superstition; votre devoir n'est qu'une illusion de la conscience, tout comme le Dieu réel est une illusion de la raison : dernières idoles que le vrai philosophe doit avoir le courage de jeter à bas. » — Si, en effet, dans l'homme seul se personnifie toute intelligence, s'accomplit toute perfection, se réalise tout ce qu'il y a de divin dans le monde, l'homme est à lui-même son Dieu; l'homme, dis-je, non pas l'humanité, qui n'est qu'une abstraction, mais l'homme individuel, qui est l'élément réel dont l'humanité se compose. L'individu, dès lors, ne relève que de lui-même : tout en lui est divin, tout est saint et sacré, et l'égoïsme est sa seule loi.

CHAPITRE VII

L'école hégélienne (suite) : M. Vacherot.

M. Taine et M. Renan, bien qu'ils s'inspirent visiblement de la philosophie allemande, ne la représentent que par un certain côté. Ni l'un ni l'autre n'a de goût pour la métaphysique. M. Taine coud tant bien que mal les conclusions de Hegel à la philosophie de Condillac, et se moque de l'absolu. M. Renan ne prend du système de Hegel que sa loi du *devenir* universel, et repousse avec quelque dédain sa théodicée *artificielle*. Voici un écrivain qui, tout en modifiant à sa façon la doctrine du maître, s'en montre l'interprète plus fidèle. C'est M. Vacherot.

Celui-là du moins est un esprit vraiment philosophique ; à la fois très-érudit et très-indépendant, très-exercé à l'analyse, et ouvert aux inspirations les plus élevées, éminemment sincère, passionné pour la vérité, et sachant l'aimer jusqu'à lui sacrifier toutes choses. Nourri dans le sein de l'éclectisme, M. Vacherot, à l'heure où il commença de penser par lui-même, fut atteint par le souffle de la philosophie critique de Kant et de W. Hamilton. Pour un esprit comme le sien, rester dans le scepticisme était chose impossible ; accepter sans réserve les hypothèses hasardeuses, les jeux de logique de Schelling ou de Hegel ne l'était pas moins. Il a essayé de se refaire, avec quelques-unes de leurs idées, une métaphysique raisonnable. Il s'est efforcé de dégager de leur doctrine un principe positif, d'asseoir ce principe sur une analyse rigoureuse, de prendre ainsi un point d'appui dans la raison humaine, et sur ce point fixe de relever l'édifice de la science, en le débarrassant des constructions ruineuses dont l'avait surchargé l'imagination des deux Allemands. Il a consacré à cette œuvre un incontestable talent ; il y a apporté une loyauté, une sincérité qui touchent. Il faut remercier M. Vacherot de son livre, qui est surtout un livre de bonne foi[1]. La grandeur de l'effort n'en fait que mieux sentir l'impuissance ; et cette clarté d'exposition qui est le propre de l'esprit français a servi du moins à

---

[1]. *La métaphysique et la science, ou principes de métaphysique positive*, 2 vol. in-8°, Paris, 1858. — Déjà, en 1851, dans le troisième volume de son *Histoire critique de la philosophie d'Alexandrie*, M. Vacherot avait émis les mêmes idées. Je m'attacherai de préférence à son livre de *la Métaphysique*, qui donne de ses doctrines un exposé définitif et plus complet.

mettre en pleine lumière le scepticisme incurable qui est au fond de cette philosophie.

Je ne puis ni ne veux entrer ici dans l'examen approfondi du système de M. Vacherot. Il faudrait pour cela s'engager dans un dédale de subtilités où le lecteur hésiterait peut-être à me suivre. Je voudrais seulement en faire saisir les traits principaux, en m'attachant particulièrement à la question de la réalité et de la personnalité de Dieu.

On sait que Kant a sapé par la base les conceptions de la raison pure, et qu'en leur reconnaissant un caractère de nécessité logique, il leur a dénié toute valeur objective, absolue. Toute l'école allemande, à la suite du maître, est partie de ce principe, et toute l'école allemande a fait, comme le maître, de prodigieux et inutiles efforts pour échapper au scepticisme qui en est la conséquence directe, et reconstituer sur de nouveaux fondements la métaphysique écroulée. Fichte, sacrifiant intrépidement le monde extérieur tout entier à la logique, a voulu tout déduire du *moi*, même la nature et Dieu, et a réduit la science à un idéalisme subjectif. Schelling et Hegel, l'un par l'intuition, l'autre par la dialectique, ont cherché à fonder leur doctrine sur un nouveau principe; ce principe, qui doit réparer les ruines faites par la critique de Kant et servir de base à la philosophie du dix-neuvième siècle, c'est le principe fameux de l'identité de la pensée et de l'être. Il est clair en effet que, quand on a nié la valeur objective des conceptions rationnelles, il n'y a plus qu'un moyen de sortir légitimement du contingent et du relatif, c'est de poser en thèse que l'idée abstractivement conçue est identique à l'être en soi, à l'absolu. Étrange entreprise sans doute, qui semble le coup de désespoir de l'esprit humain aux abois !

Disciple de Schelling et de Hegel, M. Vacherot a tenté comme eux de résoudre le problème ; sa solution, au fond, est la même, et de fait, il n'y en a pas d'autre possible. Elle consiste tout simplement à mettre la *vérité abstraite* à la place de *la réalité nécessaire*. Le vrai conçu, pensé, c'est là, dit-on, l'objectif, l'absolu ; et cet objectif, il est évident que nous l'atteignons directement, puisqu'il est dans notre pensée, au lieu d'être en dehors d'elle comme l'enseignait l'ancienne métaphysique. Là est tout le secret de la métaphysique nouvelle ou *positive*, ainsi qu'elle s'appelle. Comme c'est là le fondement de tout, il faut s'y arrêter un instant, et voir si elle échappe, comme elle s'en flatte, au scepticisme.

Si Kant, dit M. Vacherot[1], a raison de refuser aux concepts rationnels une nécessité objective, il est du moins obligé de reconnaître en eux une nécessité logique qui fait que l'esprit est emporté mal-

1. *La métaphysique et la science*, t. Ier, p. 392 et suiv.

gré lui au delà des réalités contingentes. Ainsi, de la notion de phénomène, la pensée s'élève à l'idée de causalité ; de la notion de qualité à l'idée de perfection ; de la notion de substance finie et contingente à l'idée de l'*être en soi,* de l'être infini et nécessaire. De cette nécessité logique il suit, et c'est ce que Kant n'a pas vu, que ces idées répondent à quelque chose de *positif :* ce quelque chose de positif, c'est la vérité, pensée, conçue par notre esprit.

Cela ne veut pas dire que ces idées aient un objet *réel.* Non, il n'y a de réel que le fini, le relatif, le contingent. « La seule réalité, c'est l'individu[1]..... Il n'y a de réalité que sous la condition d'individualité[2]. » En quel sens donc ces conceptions sont-elles objectives? En ce sens seulement qu'elles répondent à quelque chose de vrai, à une vérité que conçoit notre esprit. Elles n'ont point d'objet déterminé et extérieur que nous saisissions par une sorte d'intuition; elles ont seulement un objet pensé, et naissent en nous par l'abstraction, sous l'empire d'une loi logique qui ne permet pas à la raison de se reposer dans les notions données par l'expérience. Ainsi nous avons l'idée nécessaire de cause, sans qu'il y ait nécessairement une cause première; nous avons l'idée nécessaire de perfec-

---

1. *La métaphysique et la science,* t. Ier, p. 425.
2. *Ibid.,* p. 427.

tion, sans qu'il y ait nécessairement un être parfait; nous avons l'idée nécessaire de substance infinie ou de l'être en soi, sans qu'il y ait nécessairement une substance infinie [1].

C'est sur cette distinction que repose toute la métaphysique de M. Vacherot; c'est par là qu'il se flatte d'échapper au scepticisme de Kant. N'est-ce pas là une pure subtilité? L'objection saute aux yeux, et M. Vacherot se la fait à lui-même. « Si la « conception de l'Être en soi n'a pas d'objet déter« minable, elle n'a donc pas de *réalité objective?* » — A quoi il répond : « Vous concluez trop vite. Elle « n'a pas d'objet qui tombe sous l'entendement, « mais elle n'en est pas moins une vérité positive, « aussi positive que les vérités de l'expérience ou « de l'entendement. Seulement, au lieu d'un être, « d'un type déterminé, elle a pour objet la *totalité* « *infinie* des êtres qui remplissent l'univers. Est-ce « là une idée *sans objet?* Bien au contraire : si on

---

1. « Tout être concret est contingent, fini, individuel, « relatif. Mais l'être abstrait, l'être en tant qu'être, prend « tous les attributs opposés. Il est nécessaire, en ce que la « négation de l'être, le néant est impossible. On peut bien « nier tel être, on ne peut nier l'être en général. Il est in« fini, en ce qu'au delà d'un être limité l'esprit est forcé de « concevoir encore et toujours l'être. Il est universel, en ce « que l'être comme tel ne laisse rien en dehors de lui. Il est « absolu, en ce qu'en dehors de l'être il n'y a rien dont il « puisse dépendre. » (T. Ier, p. 430).

« juge de l'objectivité d'une idée par le degré d'ex-
« tension qu'elle comporte, il n'y a pas de notion
« plus objective que la conception de substance.
« C'est en vertu de cette conception que l'esprit
« comprend l'infinité et la plénitude de l'univers[1]. »

M. Vacherot joue sur les mots. Une idée peut très-bien être *positive* sans avoir une *réalité objective,* sans répondre à un objet réel. Vérité n'est pas toujours synonyme de réalité ; il y a des vérités purement idéales. Est-ce qu'une proposition de géométrie est une réalité ? Est-ce qu'une abstraction est un objet ? Rien de plus incontestable assurément que l'égalité de tous les rayons dans un cercle parfait : où avez-vous vu un cercle parfait et des rayons absolument égaux ? — Que si, pour ne pas faire de l'idée de substance une abstraction pure, on lui donne pour objet, comme le veut M. Vacherot, la totalité des êtres qui composent l'univers ; alors il y a là, j'en conviens, quelque chose de très-réel ; mais ce n'est plus l'absolu, ce n'est plus l'infini que nous avons, c'est seulement *l'indéfini*. La totalité des phénomènes n'est toujours que le phénomène. Totale ou partielle, l'existence finie n'est toujours que le fini et le contingent. Vous n'êtes pas sortis du relatif, vous n'en pouvez pas sortir. Vous pouvez dire que le monde est immense, indéfini dans l'espace et dans

---

[1]. *Ibid.*, t. II, p. 64.

le temps ; vous n'avez pas le droit d'affirmer qu'il est nécessaire, éternel, infini. — Mais, dit-on, il y a là une loi nécessaire de mon esprit. — Qu'importe ? répondra Kant. Qui vous dit qu'il y a là une vérité absolue ? Qui vous dit que cette loi nécessaire de votre esprit réponde à une nécessité objective ?

M. Vacherot n'échappe donc point à Kant ; et sa prétendue objectivité est un véritable sophisme. Il y a une chose évidente : le principe de Kant admis, l'absolu disparaît, et, quoi qu'on fasse, il ne reste que deux choses : la totalité des êtres finis, qui est le monde, et l'idée générale de l'être, qui est une pure abstraction.

Nous venons de toucher, sur cette question un peu abstruse, l'erreur fondamentale de M. Vacherot. Il importait de la signaler dès l'abord, parce que tout son système repose sur cette donnée. Essayons maintenant de faire comprendre quel est ce système.

La vieille métaphysique est morte, on nous le déclare. Le spiritualisme de Descartes, de Leibnitz, de tout le xvii° siècle, ne peut plus faire illusion qu'à des novices. Kant a pour jamais ruiné les prétendus axiomes sur lesquels, depuis Platon et Aristote, on fondait les preuves traditionnelles de l'existence de Dieu. Pour la métaphysique *positive*, au contraire, rien n'est plus facilement démontrable que Dieu ; car, pour elle, la conception de l'infini, de l'absolu, est impliquée logiquement dans la notion du phénomène, du fini. « Il y a de l'être « partout et toujours... L'idée de l'être en soi est « la seule idée positive. » Voilà le *fiat lux* de la science nouvelle. A la lumière de cet axiome, Dieu apparaît avec une irrésistible évidence; on peut dire que « toute affirmation est une affirmation de « Dieu [1]. » Je ne demande pas mieux; seulement il faut s'entendre : le Dieu qu'affirme en ces termes M. Vacherot (car il se dit hautement théiste [2]), ressemble fort peu au Dieu des spiritualistes. C'est tout simplement l'*Être en soi*.

Qu'est-ce donc que l'être en soi ? On ne peut le définir que par des négations. « L'être en soi de la « raison pure n'est *aucune réalité* qu'on puisse « percevoir ou imaginer ; car alors il ne serait point « l'être en soi, *toute réalité étant un phénomène* « *qui passe*. Il n'est ni dans le temps, ni dans l'es- « pace, car il serait borné. Il n'a aucune forme dé- « terminée ; il n'est *ni âme, ni corps, ni même es-* « *prit*, car il serait un être et non plus l'Être en « soi. Sa nature d'Être universel répugne *à toute* « *espèce d'individualité*, si excellente et si com- « préhensive qu'elle soit. Enfin, il est *sans rap-* « *ports avec quoi que ce soit*, l'isolement absolu

---

1. *La métaphysique et la science*, t. II, p. 513.
2. *Id.*, Préface, p. XIII.

« étant la condition de l'absolue indépendance.
« Avec Fénelon, nous ne trouvons qu'une affirma-
« mation pour exprimer la nature métaphysique de
« Dieu : *Il est celui qui est* [1]. »

M. Vacherot se trompe ici d'autorité. Ce n'est pas Fénelon, c'est Hegel qu'il devait citer, Hegel qui pose cet axiome : « L'Être, en tant qu'être, est « identique au néant [2]. » Et, en vérité, Hegel a raison. Cet être en soi, ce n'est qu'une abstraction vide, la négation de toute réalité, ce que d'autres philosophes contemporains appellent l'indéterminé ou l'*inconditionnel*. Mais quoi ! la négation de toute réalité, n'est-ce pas la négation de l'être ? Ce qui est en dehors de toutes les conditions de l'existence, peut-il être dit exister ? Non, il ne faut pas dire de votre Dieu : *Il est celui qui est;* — il faut dire : Il est celui qui n'est pas; il est ce qui n'est rien.

M. Vacherot n'accepte pas cette conclusion. Il ne veut pas du Dieu de Hegel, de cet *être en soi* qui équivaut au non-être. Car, de cette abstraction vide, comment faire sortir plus tard le monde et toutes ses réalités? La dialectique du maître y a vainement épuisé ses ressources. M. Vacherot a très-bien vu que c'était là le côté faible du système

---

1. *La métaphysique et la science*, t. II, p. 514.
2. Logique, liv. I, p. 86-98. — Voy. ce que dit à ce sujet M. Vacherot lui-même, t. II, p. 343.

du philosophe allemand. Il a eu la prétention d'éviter l'écueil. Le Dieu qu'il proclame est un Dieu très-positif et très-réel.

Dépouiller la réalité de tous ses attributs, et donner cette abstraction pour Dieu, c'est, dit-il, un jeu de dialectique auquel un esprit sérieux ne saurait se laisser prendre. « Tout autre est notre Dieu. » — « L'être nécessaire est si peu une négation, qu'il « est le fondement de tous les êtres individuels, « qui lui empruntent le peu d'existence qu'ils pos- « sèdent. » — « Si Dieu n'est aucune des réalités, « il les contient toutes. Il est à la fois Esprit et Na- « ture ; car c'est le propre de l'Être universel d'être « tout, sans être aucune réalité déterminée et par- « ticulière [1]. »

« Dieu n'est pas un être distinct du monde, con- « cevant et créant son œuvre à un moment déter- « miné. Le monde est son acte nécessaire, *sa réa- « lité intime et identique avec son essence* [2]. — Le « monde et Dieu sont un seul et même objet, con- « sidéré sous deux aspects différents [3]. » — En un mot, « Dieu est *l'idée du monde*, et le monde *la « réalité de Dieu*. La raison établit la distinction « *logique* et l'identité *substantielle*. Elle définit « Dieu, l'Être universel conçu dans son *idéal;* et le

1. *La métaphysique et la science*, t. II, p. 503, 523, 524.
2. *Id. ibid.*, p. 527.
3. *Id. ibid.*, p. 526.

« monde, le même Être universel vu dans sa *réa-*
« *lité*[1]. »

Dieu donc a deux faces, deux aspects. Sous l'aspect métaphysique, c'est l'idée ; sous l'aspect positif ou réel, c'est le monde.

Parlons d'abord du Dieu-idée. Il n'y a pas d'idée sans un esprit qui la conçoive, et l'idée n'existe qu'en tant qu'elle est conçue et pensée. M. Vacherot en tombe d'accord. Ce Dieu métaphysique, qui est l'idée du monde, l'idée pure, la pensée abstraite, ce Dieu-là, il en convient, « *n'a pas d'autre trône*
« *que l'esprit*, ni d'autre réalité que l'idée. C'est *un*
« *idéal* engendré par la synthèse de la raison, ni
« plus ni moins que les figures de la géométrie,
« construites par une synthèse de l'imagination[2]. »
— Mais un pareil Dieu ressemble fort à une abstraction ? — « Qu'importe, répond l'auteur, si cette
« abstraction est une vérité[3] ? » Mais, objecte encore l'interlocuteur, « si Dieu n'est que l'*idéal*, il
« n'existe donc que par l'homme ? Point d'homme,
« point de Dieu ? — Vous l'avez dit, reprend M. Vacherot : *Le Dieu réel existerait ; le Dieu vrai au-*
« *rait cessé d'exister*[4]. »

Voilà qui est formel. Le Dieu de la raison, le Dieu

---

1. *La métaphysique et la science*, t. II, p. 598, et préf. p. 28.
2. *Id. ibid.*, p. 500.
3. *Id. ibid.*, p. 537.
4. *Id. ibid.*, p. 584.

vrai, n'est rien autre chose qu'une abstraction, une création de notre esprit : semblable aux *figures de géométrie* que construit l'imagination, il n'a d'existence que dans notre esprit et par notre esprit. — Passons maintenant au Dieu réel.

Qu'est-ce que le Dieu *réel?* C'est l'Être universel considéré, non plus dans son idée, mais dans sa réalité; c'est le monde. Le monde, en effet, n'est pas moins que l'*Être en soi lui-même*, dans la série de ses manifestations. Il possède l'infinité, la nécessité, l'indépendance, tous les attributs métaphysiques que les théologiens accordent ordinairement à Dieu. Comme tel, il se suffit à lui-même ; il a en lui-même le principe de son existence et la cause de son mouvement [1].

Il ne faut donc pas regarder Dieu et le monde comme deux êtres distincts : ils ne sont qu'un même être, l'Être universel, avec la seule différence de l'idéal à la réalité [2].

Il ne faut pas non plus se figurer l'idéal, l'absolu, l'Être en soi, comme produisant le monde : il est absurde de supposer « qu'une abstraction en-« gendre une réalité [3]. » L'Être universel nous est donné, comme absolu et nécessaire, par la raison,

---

1. *La métaphysique et la science*, t. II, p. 545.
2. *Id. ibid.*, p. 605.
3. *Id. ibid.*, p. 605.

au sein des choses finies et contingentes. La raison l'affirme *à priori* dans sa réalité, « sans avoir besoin « de lui supposer une cause, un principe, un anté- « cédent quelconque. » Puis, la pensée fait de cet Être universel, en l'affranchissant de toutes les conditions de la réalité, une essence pure, un idéal, un Être parfait. Mais, entre cet idéal et le monde, il n'y a, il ne peut y avoir aucun rapport de cause à effet [1].

Nous connaissons enfin le Dieu de M. Vacherot; non sans peine, car au milieu de tant de distinctions subtiles, on trébuche à chaque pas comme sur un terrain semé de chausse-trapes. Les disciples de Hegel, il faut s'en souvenir, ont pris de leur maître cette mauvaise habitude d'habiller leurs idées toutes nouvelles avec des mots anciens qu'ils détournent de la signification usuelle. La théodicée de M. Vacherot, que je viens d'exposer, en offre plus d'un exemple. Je crois toutefois en avoir reproduit exactement la conception fondamentale. Également éloignée du panthéisme de Spinosa et de l'idéalisme chimérique de Hegel, cette théorie, selon M. Vacherot, a le mérite d'écarter le problème insoluble de la création, et les inextricables difficultés que soulève le dogme d'un Dieu personnel. La personnalité de Dieu est, en effet, à ses yeux, une conception absurde, contradictoire, et que la métaphysique

---

1. *La métaphysique et la science*, t. II, p. 606.

doit décidément rejeter parmi les superstitions. Qui dit réalité, dit imperfection : l'Idéal seul est parfait. L'*absolu* ne s'élève à la perfection qu'en passant à l'état d'*idéal*. « Il ne prend la *divinité* qu'en perdant toute *réalité*[1]. »

L'être infini et universel ne devient personnel qu'en cessant d'être universel et infini ; en se réalisant « dans cette manifestation supérieure de son être qu'on nomme l'humanité [2]. » C'est en ce sens que les Allemands ont pu dire que Dieu prend conscience de lui-même dans la pensée humaine. Mais, à parler exactement, si l'humanité, comme la nature, comme toute chose, est *divine*, il n'y a de Dieu que l'*idéal*.

Au-dessus du monde et de la vie universelle, l'homme conçoit la vérité, la beauté ; la perfection absolue. C'est là le vrai Dieu, le Dieu de la raison, celui que tout esprit adore [3].

Les vieilles idoles que l'ancienne théologie nous montrait au haut du ciel assises sur un trône, sont tombées en poussière. Mais « puisque l'idéal nous reste, Dieu nous reste [4]. » Il n'y a pas d'autre ciel que la pensée. Dieu n'a point d'autre sanctuaire. « Le ciel véritable est dans l'esprit, la pensée, la

---

1. *La métaphysique et la science*, t. II, p. 534.
2. Id. ibid., p. 532.
3. Id. ibid., p. 572.
4. Id. ibid.

conscience humaine, miroir sublime où la vie universelle se transforme en se réfléchissant[1]. »

Toute religion, par conséquent, se résume dans ce mot : la contemplation de l'idéal, de la vérité suprême, de la beauté souveraine ; « saint idéal de la pensée, seul Dieu de la raison, d'où découle toute lumière, toute science, toute justice, tout amour[2]. »

Telle est, dans ses grandes lignes, la théodicée de M. Vacherot. Elle a la prétention d'échapper à deux périls également redoutables ; d'un côté l'athéisme, que l'auteur tient pour « une absurde impiété ; » de l'autre le panthéisme, qui est, à ses yeux, « plus dangereux et plus immoral encore, » car en divinisant tout, il consacre et justifie tout, même le mal et le crime.

Que l'auteur de *la Métaphysique positive* se défende avec une sorte d'indignation d'être un panthéiste ou un athée, ces protestations l'honorent : elles partent d'une âme élevée. Qu'il se dise, qu'il se croie théiste, je ne mets en doute ni sa sincérité ni la noblesse de ses sentiments. Je n'interroge pas sa conscience, mais je discute ses idées. Son livre m'appartient ; j'ai le droit de le juger ; et sans vouloir blesser l'homme, je crois pouvoir dire que si

---

1. *La métaphysique et la science*, t. II, p. 561.
2. *Id. ibid.*, p. 587-589.

sa doctrine n'est pas le panthéisme même, elle ressemble à l'athéisme à s'y méprendre.

Que vient de nous dire M. Vacherot? — Que le Dieu de la raison est une abstraction pure; et que le Dieu réel, c'est le monde; le monde qui est l'Être universel réalisé, qui possède *tous les attributs métaphysiques de la divinité*, qui par conséquent a sa cause d'existence en lui-même. Que dit-il encore? — Que le monde et Dieu sont un même objet, l'Être universel, vu tantôt dans son idéal, tantôt dans sa réalité; qu'entre les deux il y a *identité substantielle* et *distinction purement logique*. N'est-ce pas là la formule même du panthéisme?

Écoutez encore ces paroles : « Si le monde est le « Dieu vivant, l'Être universel dans sa réalité con« crète, les êtres, quelle que soit leur individualité, « leur activité propre et leur liberté, n'en sont que « des déterminations diverses. En ce sens, il est vrai « de dire que *la nature est Dieu, que l'humanité* « *est Dieu, que tout est Dieu*. La nature, c'est « Dieu vu dans l'ordre de ses manifestations infé« rieures; l'humanité, c'est Dieu vu dans l'ordre « de ses manifestations supérieures[1]. »

Qu'importe la *distinction logique*, là où il y a *identité substantielle*? Est-ce que Spinoza, lui aussi, ne reconnaissait pas une distinction logique

---

1. *La métaphysique et la science*, t. II, p. 612.

entre la substance infinie et les modes ou phénomènes qui se produisent en quelque sorte à sa surface? Qu'importe aussi qu'on distingue l'idéal du réel? M. Vacherot se croit bien à l'abri derrière cette réponse; et j'avoue que je n'en comprends pas la portée. N'est-il pas convenu lui-même que l'idéal n'est qu'une abstraction, qu'il n'existe que dans notre pensée et par elle? En quoi donc cet idéal peut-il empêcher l'identité absolue, la confusion du monde et de Dieu?

Ce n'est pas qu'il n'y ait entre le système de M. Vacherot et celui de Spinoza de notables différences. Pour Spinoza, qui pose d'abord la substance absolue, il n'y a de réalité qu'en Dieu; les êtres finis n'ont ni individualité, ni liberté, ni existence propre. Pour M. Vacherot, qui part de l'expérience, des choses contingentes et finies, il n'y a de réalité que dans le monde et dans les êtres individuels qui le composent : c'est par une opération ultérieure de la raison qu'il pose le monde, le *Cosmos*, comme Être infini, universel. En procédant ainsi, il se flatte de sauver les individualités et particulièrement la personnalité humaine : il se flatte surtout de sauver la liberté, d'échapper à ce fatalisme révoltant qui est la conséquence forcée de tout panthéisme. M. Vacherot ne se fait-il pas quelque illusion, et s'il garde la liberté, n'est-ce point, comme Spinoza, par une inconséquence? Je veux bien lui accorder que, dans son système, les individualités sont sauves, puisque, pour lui, il n'y a de réel que ce qui est individuel; bien que j'aie quelque peine à comprendre qu'un être garde son individualité, quand il n'est qu'une *détermination* de l'être en soi, une *partie intime* de l'Être universel[1]. Mais la liberté? Elle me semble en grand péril. Admettons que je suis un être distinct, que je suis une personne. Toujours est-il que je fais partie de cet être infini qui est le monde. Et ce monde, remarquez-le bien, ce n'est pas une collection d'êtres individuels, c'est un *tout vivant* : « Son unité est aussi réelle, aussi intime, aussi organique que celle de tout être individuel[2]; » et ce tout vivant, cet *organisme* possédant l'infinité, la nécessité, a en lui-même, en lui seul, le principe de sa conservation et de son mouvement[3]. Dans un tel monde, peut-il y avoir place pour la liberté? Si les êtres qui le composent forment une unité vivante, s'ils font partie intégrante d'un organisme infini et *nécessaire*, comment échapperaient-ils à la loi éternelle qui gouverne le tout? Si la nature est Dieu vu dans ses manifestations inférieures; si l'humanité est Dieu vu dans ses manifestations supérieures, n'est-on pas autorisé à conclure que la même fatalité qui régit dans la na-

1. *La métaphysique et la science*, t. II, p. 617.
2. *Id. ibid.*, p. 530.
3. *Id. ibid.*, p. 545.

ture les phénomènes physiques, doit régir dans l'humanité les phénomènes moraux?

M. Vacherot, cependant, se défend, je l'ai dit, d'être panthéiste; et il en donne une raison qui me touche. — Le monde, dit-il, ne peut être identifié avec Dieu, parce que le monde est imparfait, plein de faiblesse et de misères. Or, la perfection, l'idéal sont impliqués dans l'idée de Dieu. — Je n'y contredis pas. Et, toutefois, il y a quelque chose que je ne puis m'expliquer. Ne nous a-t-on pas dit que le monde était doué de l'infinité, de l'éternité, de la nécessité, de tous les attributs métaphysiques qu'on reconnaît à Dieu? Comment un tel être peut-il n'être pas parfait? Comment ce monde peut-il être fini sous un rapport, et sous l'autre infini, contingent dans chacune de ses parties et nécessaire dans son tout? Comment, en un mot, car cela ne veut pas dire autre chose, peut-il être Dieu pour une partie et ne pas l'être pour le tout? Le bon sens de M. Vacherot s'est révolté contre cette conséquence du panthéisme que, tout étant Dieu, tout est nécessairement bon et saint : sa conscience s'est insurgée contre ce qu'il a appelé le *crime* du spinozisme. Et plutôt que d'admettre un Dieu qui ne soit pas parfait, il a mieux aimé, en dépit de la langue et de la logique, admettre un monde qui soit éternel et infini sans être Dieu. Je le veux bien; mais je dis qu'alors il ne lui reste plus de Dieu, et que pour fuir le panthéisme, il se jette dans l'athéisme.

Cette seconde accusation, il s'en défend comme de la première, et avec non moins de vivacité. Les réponses qu'il y oppose sont véritablement étranges. — « Quand Dieu, dit-il, est défini l'être en soi, l'être universel, l'athéisme est un mot vide de sens; l'affirmation du néant implique en effet contradiction[1]. » Et ailleurs : « S'il y a une doctrine contraire à l'athéisme, celle c'est qui retrouve Dieu partout dans le monde de la réalité[2]. »

Je comprendrais ce langage dans la bouche d'un panthéiste; mais nous venons d'écarter le panthéisme. En quel sens donc faut-il l'entendre? On nous a expliqué que l'être en soi, ou l'être universel n'est qu'une abstraction, et que sa réalité est le monde. Est-ce sa réalité qui sera Dieu? Non, M. Vacherot vient de nous le dire, puisque le monde est imparfait et que l'idée de Dieu emporte l'idée de perfection. Ce sera donc l'abstraction? Pas davantage ; adore-t-on une abstraction, la notion vide de l'être, une négation, une formule algébrique?

Où donc trouver Dieu? Évidemment, M. Vacherot, dans la sincérité de sa conscience, a porté le poids de ces perplexités. Il a soulevé tour à tour

---

1. *La métaphysique et la science*, t. I, Préface, p. 27, et t. II, p. 503.
2. *Id. ibid.*, p. 579.

ces solutions, et tour à tour il les a rejetées. Sa pensée a traversé des phases diverses, et son langage se ressent des oscillations de sa pensée ; car il donne successivement au mot *Dieu* deux ou trois significations toutes différentes. Lui-même en fait l'aveu dans le passage suivant, où il nous livre, ce semble, sa formule définitive :

« Je l'ai cherché longtemps, ce Dieu que je
« croyais *caché*... Je l'ai cherché dans l'imagina-
« tion et dans la conscience. J'ai cru le trouver
« dans la nature et l'humanité. Partout je n'ai vu,
« je n'ai saisi que des idoles... Alors j'ai essayé de
« traverser la scène mobile du monde pour péné-
« trer jusqu'au fond immuable, au principe iné-
« puisable de la vie universelle. Là, je l'avoue, j'ai
« eu un moment d'éblouissement et d'ivresse ; *j'ai*
« *cru voir Dieu*. L'être en soi, l'être infini, absolu,
« universel, que peut-on contempler de plus su-
« blime, de plus vaste, de plus profond?... Mais
« *ce Dieu vivant*, que d'imperfections, que de
« misères il étale, si je le regarde dans le monde,
« son acte incessant? Et si je veux le voir *en soi*
« et dans son fond, je ne trouve plus que l'*être en*
« *puissance, sans lumière, sans couleur, sans*
« *forme, sans essence déterminée*..... Mon illusion
« n'a pas tenu contre l'évidence, contre la foi du
« genre humain. Dieu ne pouvait être où n'est pas
« le beau, le pur, le parfait. Où le chercher alors,

« *s'il n'est ni dans le monde, ni au delà du monde;*
« *s'il n'est ni le fini, ni l'infini, ni l'individu, ni*
« *le tout?* Où le chercher, sinon en toi, saint idéal
« de la pensée? Oui, en toi seul est la vérité pure,
« l'être parfait, le Dieu de la raison... Tu n'es pas
« seulement divin, sublime idéal, tu es Dieu; car
« devant ta face toute beauté pâlit, toute vertu
« s'incline, toute puissance s'humilie. L'univers est
« grand; toi seul es saint : voilà pourquoi toi seul
« es Dieu..... Idéal, idéal! Tu es bien le Dieu que
« je cherche. Ta lumière est la seule qui puisse
« faire évanouir à jamais les deux fantômes de
« l'idolâtrie et de l'athéisme [1]. »

Récapitulons. De compte fait, voilà trois dieux entre lesquels a hésité M. Vacherot : — *Le Dieu vrai*, mais qui n'est qu'une abstraction morte; — *Le Dieu réel*, mais qui est imparfait; — et enfin l'*Idéal*, qui seul possède la perfection. C'est à ce dernier qu'il s'attache définitivement : c'est là le Dieu véritable, celui « qu'ont adoré Platon, Descartes, Malebranche et Fénelon [2]. »

Il n'y a qu'une différence entre l'idéal de Platon, de Malebranche, de Fénelon, et celui de M. Vacherot : c'est que pour les premiers l'idéal est une réalité, la réalité souveraine et absolue; tandis que

---

1. *La métaphysique et la science,* t. II, p. 586-587.
2. *Id. ibid.,* p. 588.

pour le second, il n'est qu'une conception de notre esprit. Pour les premiers, l'idéal se confond avec la Substance infinie, la Cause suprême, l'Intelligence créatrice ; pour le second, il n'est qu'une création de notre pensée, il n'existe qu'en elle et par elle, il n'a de sanctuaire que notre raison et notre conscience. Le mot est le même : les choses se ressemblent-elles ?

Le dieu de M. Vacherot a toutes les perfections, sauf l'existence. Il ne lui manque rien, que d'être.

Il est la vérité, dit-il, et la vérité, c'est l'être même. — C'est là, on se le rappelle, l'axiome fondamental de sa métaphysique. J'ai montré que ce prétendu axiome n'est qu'un sophisme et repose sur une équivoque. Lorsque la vérité dont on parle répond à quelque chose de réel, on peut dire, en effet, que la vérité, c'est l'être ; mais si elle n'a d'autre objet qu'une idée, si elle n'exprime qu'un rapport logique, alors elle n'est qu'une abstraction, comme le sont les vérités mathématiques. On confond la vérité concrète et la vérité abstraite ; la première, qui exprime une réalité extérieure, effective ; la seconde, qui n'exprime que quelque chose d'idéal et n'a de réalité actuelle que dans la pensée. L'idéal de M. Vacherot n'est qu'une vérité abstraite. M. Vacherot a l'idée de Dieu, il n'a pas Dieu.

Lui-même en convient, et voici sa dernière défense : — « L'athée, dit-il, c'est celui qui nie à la fois l'idée et l'être de Dieu. Je nie l'être, mais je garde l'idée [1]. » — Étrange distinction, en vérité! Qui donc a jamais nié l'idée de Dieu? C'est ce mot d'athée qui vous blesse?... Effaçons-le, je le veux bien. Vous adorez l'idéal; votre pensée s'incline avec respect devant la vérité absolue et la beauté souveraine; votre âme, en face de cette sublime conception, se sent émue d'admiration, éprise d'amour, transportée d'enthousiasme... Non, vous n'êtes pas athée : vous adorez Dieu sans le connaître, sans le voir. Mais j'ai le droit de dire qu'il n'y a pas de Dieu dans votre philosophie, que votre philosophie aboutit en fait aux mêmes conclusions que l'athéisme.

Il ne faut pas en effet déplacer la question. La question n'est pas de savoir s'il y aura au monde une certaine chose, réelle ou idéale, à laquelle on continuera de donner le nom de Dieu. La question est de savoir si cette chose est ou non un Dieu véritable et veut être adorée comme telle.

Or, je ne me lasse pas de le répéter, je ne puis voir un Dieu véritable que là où je vois un Dieu personnel. Et en cela je suis d'accord, non-seulement avec la tradition religieuse et philosophique de l'humanité, mais avec les données du sens commun et les instincts les plus impérieux de la conscience.

---

1. *La métaphysique et la science*, t. II, p. 543-544.

L'école de Hegel pense justement le contraire. Pour elle, la personnalité de Dieu est un préjugé enfantin, une superstition anthropomorphique, une notion contradictoire et absurde. Qui a raison, de l'humanité ou de l'école de Hegel? La question vaut la peine qu'on s'y arrête.

La principale objection dirigée contre la personnalité de Dieu peut se résumer ainsi : — « L'idée d'un Dieu personnel renferme une contradiction ; car la personnalité implique la conscience, et la conscience implique la limite. Pour qu'un être ait conscience de soi, pour qu'il s'affirme, pour qu'il se pose comme *moi*, il faut qu'il se distingue, qu'il se sépare des autres êtres. C'est le sens de la formule célèbre *le moi suppose le non-moi*. Donc, qui dit distinction ou détermination, dit négation et limite : *Omnis determinatio negatio est*. L'infini embrasse tout, contient tout, n'exclut rien : il est tout, ou il n'est pas. Si Dieu était une personne, il y aurait quelque chose hors de lui qui le limiterait; il ne serait pas l'infini. » —

Il n'y a rien de plus dangereux que les principes abstraits à l'usage de la logique pure. On en a ici un exemple dans cet axiome emprunté à Spinoza : « Toute détermination est une négation, c'est-à-dire une limite. » Un peu de réflexion fait apercevoir bien vite que ce prétendu axiome est un pur sophisme.

Tout être qui dit *moi* se distingue, il est vrai; et qui dit conscience, dit distinction. Est-ce à dire que toute distinction soit synonyme de limitation? Un être ne se distingue pas des autres êtres seulement par sa conscience qui dit *moi* et *non-moi*. Il se distingue par tout ce qui le constitue, par sa nature propre, par ses attributs, par ses facultés. Je suis un être intelligent, sensible, volontaire. Ce qui me détermine, ce n'est pas d'avoir une intelligence finie, une sensibilité et une liberté bornées, c'est d'avoir entre autres facultés l'intelligence, la sensibilité et la volonté; c'est la nature de mes facultés, ce n'est pas leur degré, ce n'est pas leur limitation.

Il y a ici une équivoque : sur la foi de l'étymologie, on semble prendre le mot *déterminé* pour synonyme exact du mot *délimité*. La synonymie n'est que dans les mots. Si on s'attache à l'idée, on voit que les attributs, les facultés d'un être, bien loin d'être des négations, sont ce qu'il y a de plus positif dans l'être, car ce sont ses énergies, ses puissances; si bien qu'il est vrai de dire qu'un être sera d'autant plus élevé dans l'échelle des êtres qu'il sera plus déterminé, c'est-à-dire distingué par des puissances ou des facultés plus nombreuses. L'idée de limite, l'idée même du non-moi dont l'être se sépare, n'est pas l'élément fondamental de la conscience; elle n'en est que l'accident ou la forme. On conçoit en effet très-bien que les puissances, les facultés d'un être le distinguent, c'est-à-dire le constituent ou le caractérisent par cela seul qu'elles existent en lui, avant même qu'elles se soient déployées au dehors et qu'en se déployant elles aient rencontré leur limite dans les autres êtres. Je pense, je sens, je veux ; sans nul doute la conscience que j'ai de ma pensée, de mes sensations, de ma volonté, fait que je me distingue aujourd'hui de ce qui n'est pas moi. Mais avant d'avoir rencontré ce non-moi, est-ce que déjà je n'étais pas, au moins en puissance, un être distinct et positif? Est-ce que ma pensée seule, avant même de savoir qu'elle est bornée, ne suffisait pas à m'attester ma personnalité et à me donner la conscience de mon existence? « Ce qui constitue la personne, ce n'est donc pas l'obstacle extérieur qui l'éveille, c'est l'énergie intérieure qui l'anime [1]. »

Maintenant, concevez une intelligence infinie, c'est-à-dire parfaite. Cet être infiniment intelligent, par quoi est-il déterminé, sinon par son intelligence? Fût-il seul au monde, ne pensera-t-il pas au moins sa propre pensée? N'en aura-t-il pas conscience? Ne dira-t-il pas *moi?* En quoi son infinité y fait-elle obstacle? Sa perfection qui le caractérise, qui le distingue, ne le limite pas apparemment : le prétendre serait absurde et contradictoire. Sont-ce les êtres imparfaits qui le limiteront? En quoi leur im-

1. M. Édouard Laboulaye, *La personnalité de Dieu.*

perfection empêche-t-elle sa perfection d'être? En quoi, par exemple, mon intelligence imparfaite peut-elle limiter l'intelligence infinie?

« Mais, dit-on, si Dieu n'est pas tout, il y a en dehors de lui quelque chose, et ce quelque chose le limite. » — On est ici visiblement dupe d'une illusion de l'imagination; on se représente l'infini comme une chose immense, comme un océan sans bornes, où sont plongés les êtres finis; et on se figure ces êtres finis, par cela seul qu'ils existent et en vertu de quelque chose d'analogue à ce que les physiciens appellent l'impénétrabilité, limitant autour d'eux l'immensité qui les enveloppe. Mais c'est là matérialiser et fausser l'idée de Dieu : Dieu n'est point une grandeur, même infinie; Dieu n'est pas plus dans l'espace qu'il n'est dans le temps; et dès lors, rien de ce qui est dans le temps et dans l'espace ne peut le limiter. L'infini ne veut pas dire l'universalité des choses; il veut dire l'être nécessaire et parfait qui existe par lui-même, et qui a dans sa perfection la raison de son existence éternelle.

J'en ai déjà fait la remarque : les disciples de Hegel dénaturent l'idée de Dieu, et c'est la fausse définition qu'ils en donnent qui fait la force de leurs objections. Ils font l'absolu synonyme de l'indéterminé ou de l'*inconditionnel*, et il est clair qu'une telle abstraction est inconciliable avec la personnalité. De même ils font l'infini synonyme du tout, et il est non moins clair, si l'infini est *tout*, qu'en dehors de lui il n'y a rien et il ne peut rien y avoir. Mais l'infini n'est pas plus une totalité que l'absolu n'est l'indéterminé. Ce sont là deux notions purement logiques, deux abstractions qu'on substitue très-arbitrairement aux vraies notions de la raison. L'infinité de Dieu, il faut le répéter, ne nous apparaît pas sous la notion d'immensité ou de totalité, mais sous celle de perfection. A la place de ces termes abstraits l'*Absolu*, l'*Infini*, mettez l'Être parfait, et vous verrez s'évanouir la plupart des subtilités qu'on oppose à la personnalité divine. Je n'entends pas dire par là que le problème de la coexistence du fini et de l'infini disparaisse : le problème subsiste sans doute, radicalement insoluble pour l'esprit humain ; mais l'objection perd sa force apparente. Pour la raison, l'existence d'êtres finis, c'est-à-dire imparfaits et contingents, empêche si peu l'être parfait et immuable, qu'au contraire elle l'implique : c'est parce que je suis imparfait, parce que je n'ai pas toujours été et ne serai pas toujours, c'est parce que, en un mot, je n'ai pas en moi la raison de mon existence, que je suis obligé de la chercher dans un être parfait qui est la cause première, le principe nécessaire de toutes les existences.

Et quand la raison humaine s'élève ainsi de la notion des êtres finis à l'idée de Dieu, ce n'est pas une abstraction parfaite ou une perfection abstraite qu'elle conçoit, c'est l'être dans sa plénitude, c'est l'être par excellence. Il n'est pas vrai qu'il y ait, à ses yeux, contradiction entre la perfection et l'être; car la perfection absolue emporte pour elle l'existence absolue. Il n'est pas vrai davantage que l'idée de perfection et l'idée de personnalité soient inconciliables; car la personnalité est pour la raison le plus haut degré de l'être, l'être à sa plus haute puissance. M. Vacherot l'avoue : « La personne, dit-il, est supérieure à la chose parce que les attributs qui la caractérisent révèlent un degré bien plus parfait de l'être. » Qu'en résulte-t-il dans son système ? Une conséquence étrange : c'est qu'il y a plus de perfection dans l'humanité qu'en Dieu. Cette proposition est si choquante qu'il est obligé de l'expliquer en faisant remarquer qu'au fond « l'homme n'est pas distinct de Dieu; que l'homme, « que la pensée sont les manifestations supérieures « de l'Être infini, le *dernier degré de l'échelle que* « *monte le Dieu vivant* dans la série de ses mani- « festations à travers le temps et l'espace [1]. » Mais quoi donc ! Ne voit-il pas que, pour échapper à une absurdité, il se rejette dans le panthéisme que tout à l'heure il fuyait avec tant d'horreur?

Je ne veux pas pousser plus loin cette discussion :

---

1. *La métaphysique et la science*, t. II, p. 577-578.

il m'a suffi de montrer ce que le sens commun oppose aux sophismes des Hégéliens. Que de redoutables difficultés s'élèvent sur ce point, il serait puéril de le contester. Nous concevons l'infini comme nécessaire, mais nous ne comprenons rien à son essence. Nous affirmons de Dieu qu'il est, et qu'il est la cause absolue ; mais nous ne pouvons pénétrer sa nature intime. Dieu seul peut comprendre Dieu. Qu'y a-t-il là de si étonnant et de si humiliant pour l'orgueil humain? Non-seulement l'infini, dans son essence, se dérobe à nous, mais le rapport du fini à l'infini nous échappe. Est-ce un motif pour nier ce qui apparaît à la raison avec les caractères de l'évidence? Les deux termes du problème, le fini et l'infini, nous sont donnés avec la même certitude, l'un par la raison, l'autre par l'expérience. Avez-vous le droit, sous prétexte que votre esprit n'en peut saisir le lien, d'écarter arbitrairement soit l'un, soit l'autre des deux termes? Spinoza, pour expliquer le monde, niait le fini en tant que substance; et il est clair que par là le problème de la création disparaissait. Vous, au rebours, vous niez l'infini comme substance et comme cause; et il n'est pas moins manifeste que par une voie inverse, vous arrivez au même résultat. Mais c'est là supprimer le problème, ce n'est pas le résoudre.

Il me reste, en terminant, à dire un mot de la

morale de M. Vacherot. On a vu que la question de la liberté n'est pas sans soulever de sérieuses difficultés dans son système : je n'y insiste pas. Quant à la morale même, il la fonde sur la conception rationnelle du devoir, et il s'assure que cette base est assez solide pour la porter. Que l'idée du devoir se révèle à la raison avec un grand caractère d'évidence et d'autorité, ce n'est pas moi qui le contesterai. Mais je demanderai à M. Vacherot, comme je l'ai déjà demandé à M. Renan, si cette conception peut bien avoir dans leur système toute la valeur qu'ils lui donnent. Comme l'idée de Dieu, elle n'est qu'un *idéal ;* par conséquent, un produit de notre esprit. Comment donc lui reconnaître une vérité absolue, et surtout une force obligatoire? En quoi un idéal, l'idéal psychologique de l'homme, oblige-t-il ma volonté? Je puis le concevoir, l'aimer, même aspirer à lui d'un ardent désir, sans pour cela me sentir moralement astreint à le réaliser. Pourquoi me faites-vous plutôt une loi de l'idéal du Bien que de celui du Beau? Où est enfin la sanction de cette prétendue loi? Je n'entends parler ni de récompenses ni de peines; je n'entrevois nulle vie meilleure au delà de cette vie; et quand je demande quelles promesses, quelles espérances, quels encouragements, en un mot, soutiendront l'homme dans les épreuves de la vie, voici ce qu'on me répond :

« Il se regarde, il se voit dans l'être absolu; et

« *cette intuition métaphysique* communique un
« caractère religieux à tous ses actes moraux, à
« ses devoirs et à ses vertus. Tout ce qu'il sent de
« vie, de force, d'amour, d'enthousiasme pour le
« vrai, le beau, le bien, il le rapporte à cette
« source infinie de tout être, et puise dans le sen-
« timent profond de la vie universelle à laquelle il
« appartient, un étrange accroissement de force,
« d'amour et de vertu. *In Deo vivimus, et move-*
« *mur et sumus*. Qui n'a pas le sens plus ou moins
« net de cette vérité n'est pas *religieux*, fût-il ver-
« tueux jusqu'à l'héroïsme, jusqu'à la sainteté[1]. »

Voilà toute l'adoration et toute la prière ! Voilà tout le secours que la religion peut prêter à la morale ! J'avoue humblement que j'ai peine à comprendre quelle consolation et quelle force m'apportera *cette intuition métaphysique* de l'absolu et de *la vie universelle*. Que me fait, à moi chétif, la vie universelle, si après quelques jours d'une misérable existence je dois disparaître dans cet abîme sans fond, dans ce gouffre bouillonnant d'où sortent toutes choses et où toutes choses reviennent? Cette pensée de l'infini vivant, de l'être universel dont je ne suis qu'une infime molécule, cette pensée m'accable, au lieu de me soutenir. Et quand l'immortalité me serait donnée (ce qu'on ne me dit

---

[1]. *La métaphysique et la science*, t. II, p. 674.

pas), si je ne dois revivre que dans cette humanité qui est la manifestation supérieure de l'être absolu, que m'importe, du moment qu'elle ne sauve pas mon individualité, du moment qu'elle laisse périr avec la mémoire et la conscience le principe de mon identité personnelle?

M. Vacherot, en écrivant son livre, a eu, il le déclare, la pensée de réconcilier la science (et par là il faut entendre le positivisme) avec la métaphysique : cette intention se révèle jusque dans le second titre de ce livre : *Principes de métaphysique positive*. Je ne sais si les positivistes signeront le traité qu'on leur propose. J'incline à croire qu'ils ne s'y refuseront point ; et, en vérité, les concessions qu'on leur fait sont telles, qu'ils seraient bien exigeants de ne point s'en contenter. On leur accorde que le monde est un ensemble de faits et de lois qui a sa cause en lui-même; que Dieu n'est qu'une idée engendrée par l'esprit humain. J'imagine qu'en revanche il leur en coûtera peu d'accorder que le monde est infini [1], et que la raison conçoit un certain *Être en soi* qui n'a aucune réalité et n'est qu'une abstraction pure. Si ennemis qu'ils soient des abstractions, celle-ci est si inoffensive et si peu compromettante qu'il faudrait avoir l'esprit

---

1. M. Littré parle en effet d'un « *univers illimité.* » (*Paroles de philosophie positive*, p. 34.

mal fait pour s'en effaroucher. Je souhaite à M. Vacherot, puisqu'il l'ambitionne, l'honneur de signer sur ces bases la paix avec les positivistes : peu de métaphysiciens le lui envieront. Quand la métaphysique aura été réduite à ces termes, ce sera le cas de répéter la boutade de Pascal, que « toute la philosophie ne vaut pas une heure de peine. »

CHAPITRE VIII

Le panthéisme et le naturalisme. — Conclusion sur l'école hégélienne française.

On vient de voir, dans les chapitres qui précèdent, sous quelles formes très-diverses les principaux disciples français de Hegel ont essayé d'acclimater chez nous sa philosophie. Le sujet est si important, ces questions tiennent aujourd'hui tant de place dans le monde philosophique et religieux, que je demande la permission de m'y arrêter encore un instant. Je voudrais, pour arriver à formuler une conclusion sur l'école hégélienne française, déterminer aussi nettement que possible, à l'aide de ce qui vient d'être dit, le vrai caractère de ses doctrines, montrer en quoi elles se rapprochent, en quoi elles diffèrent de celles du maître, marquer le terme précis où elles viennent aboutir, et dire enfin quel est le véritable nom dont il faut les nommer. Car on continue généralement à leur appliquer l'appellation un peu vague de panthéisme ; et, ce qu'il y a de sûr, c'est que, si c'est là encore du panthéisme, ce n'est ni celui de Spinoza, ni même celui de Hegel.

C'est la prétention, c'est la loi de tout système panthéiste de réduire à l'unité le monde et Dieu, le fini et l'infini. Mais cette réduction peut s'opérer de deux façons : — ou bien en sacrifiant le monde à Dieu, ou bien en sacrifiant Dieu au monde.

Il y a une doctrine fort célèbre qui supprime, en tant que substance, le monde et les êtres individuels; qui en fait de purs phénomènes, de simples formes, de simples modalités de la substance unique et infinie qui est Dieu. Dans ce système, Dieu seul est, et il est tout. Lui seul existe d'une existence positive et réelle; le monde n'est que la série éternelle, nécessaire de ses modifications infinies. C'est le panthéisme de Spinoza.

Il y a une autre doctrine qui supprime Dieu en tant que substance, et pour qui le monde (nature et humanité) est la seule réalité vivante de l'Être nécessaire et infini. Dans cette doctrine, l'esprit, l'*idée*, est le principe universel des choses; mais ce principe, en soi, n'est ni une substance, ni une cause, ni une force; ce n'est qu'un absolu vide, une abstraction nue, jusqu'à ce que, par une secrète *dialectique* qui est en lui, il soit sorti de lui-même pour se réaliser dans la nature et prendre conscience de lui dans l'humanité. C'est le système de Hegel.

Que ce second système soit une forme du panthéisme, il est impossible de le méconnaître. Hegel procède comme Spinoza; comme lui, il se place d'emblée dans l'absolu; il pose l'idée, l'idée abstraite, comme identique à l'Être, comme le principe de toutes choses; il en détermine les lois *à priori;* et il la montre, par un acte sans repos, par un mouvement sans terme, se réalisant dans le monde et se personnifiant dans l'homme, suivant un rhythme logique et une géométrie inflexible. La nature, par conséquent, est Dieu; l'humanité est Dieu. Le monde est le *moi universel*, une sorte de personne collective dont la nature est comme le corps, dont l'homme est l'intelligence et la conscience.

Mais, malgré les ressemblances, les deux systèmes ne sont identiques ni dans leur formule, ni surtout dans leurs tendances; on pourrait même dire, en un certain sens, du système de Hegel qu'il est l'antithèse de celui de Spinoza, qu'il est le spinozisme retourné.

Dieu est tout, dit Spinoza : le monde et l'homme ne sont que les modes de la substance infinie. *Tout est Dieu,* dit Hegel : le monde est le seul Dieu réel, le seul Dieu vivant et pensant.

Selon Spinoza, il n'y a qu'une réalité, qu'une substance, c'est Dieu : le reste n'est que vaine apparence, forme fugitive. Selon Hegel, il n'y a de réalité et de substance que dans le monde; Dieu, considéré en lui-même, n'est que l'abstrait, l'absolu ou l'indéterminé ; non pas une substance, mais une idée ; non pas une force, mais un mouvement logique ; non pas une cause, mais une loi, un *processus*, un *devenir*. Hegel a beau faire de cet Être en soi le principe de toutes choses, il n'en est pas moins vrai que, le réduisant au pur absolu, il en fait une notion toute négative, un véritable non-être ; et c'est précisément le vice fondamental de son système que d'avoir pris une négation pour principe générateur des choses, le non-être pour cause de l'être, le néant pour source de l'existence universelle. Quoi de plus absurde et de plus contradictoire ?

Il est donc vrai de dire que, dans ce système, Dieu est sacrifié au monde, tandis que dans le système de Spinoza le monde est sacrifié à Dieu.

Le système de Hegel sans doute est une sorte de panthéisme ; mais au lieu d'aboutir, comme celui de Spinoza, à l'absorption de l'homme en Dieu, il aboutit en fait à l'absorption de Dieu dans l'homme, à la *divinisation* de l'homme : Dieu ne se réalise, ne s'achève que dans l'humanité ; il est au terme des choses, au lieu d'être à l'origine. Le système de Spinoza incline au mysticisme ; celui de Hegel à l'humanisme, à une sorte de panthéisme humain.

Il faut en convenir, au surplus ; si étrange, si paradoxal, si insensé que paraisse un tel système, cette sorte de panthéisme était la seule qui pût se produire de nos jours. A prétendre supprimer cet éternel dualisme du fini et de l'infini; à vouloir ramener à l'unité Dieu et le monde, cette solution était aujourd'hui la seule possible. De sacrifier le monde à Dieu, comment y songer en effet? Quelle apparence de nous prêcher, à nous fils du dix-neuvième siècle, le néant des choses visibles et leur identification avec Dieu? A des hommes si ardemment préoccupés des réalités extérieures, comment proposer un idéalisme mystique qui anéantit toute réalité extérieure? Comment enseigner une doctrine qui est la négation directe, évidente, de toute personnalité et de toute liberté, à une génération dont l'activité se déploie en tous sens avec tant d'énergie, dont le génie asservit tous les jours davantage la nature à son pouvoir, et chez laquelle l'orgueil et le sentiment de la personnalité grandissent sans cesse avec ses conquêtes? Un seul panthéisme pouvait donc convenir à notre temps : c'était celui qui, pour ramener toutes choses à l'unité, supprimait Dieu comme être, comme substance, en le gardant comme idée, comme abstraction, comme principe logique.

Quoi qu'il en soit, on sait que ce panthéisme, ébauché par l'imagination poétique de Schelling, réduit en formule par le génie dogmatique de Hegel, a pendant quelque temps régné souverainement sur l'Allemagne. Mais l'Allemagne elle-même a déserté ce système, pour lequel elle s'était éprise d'un si singulier enthousiasme. Devant les conséquences qu'une invincible logique en faisait sortir, elle a reculé; et, interrogeant le principe qui lui servait de base, elle a vu que ce fameux axiome de l'identité de l'idée et de l'être n'était qu'une absurde hypothèse. Si, en effet, dans le système de Hegel, l'être et l'idée sont identiques, c'est par cette seule raison que tous deux sont identiques au néant : l'idée abstraite et l'être indéterminé, ce n'est pas autre chose que l'absolu *inconditionnel,* comme dit W. Hamilton.

Mais cet absolu qui est en dehors de toutes les *conditions* de l'être, qui est sans forme et sans qualité, qui est sans relation avec quoi que ce soit, puisqu'il est unique, cet absolu échappe à toute compréhension : il est inintelligible et contradictoire. Ce n'est pas tout : l'hypothèse admise; l'*idée*, ou l'absolu, posée comme principe, pourquoi l'idée tend-elle à se réaliser? En vertu de quelle force sort-elle d'elle-même? Si elle n'est pas une substance, comment peut-elle se développer? Si elle n'est pas une cause, comment peut-elle agir? Si elle n'est pas une activité, comment peut-elle se mouvoir? Les difficultés s'accumulent, les contradictions éclatent à chaque pas. Et puis quelle prétention d'enfermer l'infini dans une formule, de nous expliquer Dieu, de monter et de démonter devant nous, comme un mécanisme, le système des mondes! Car ce n'est rien moins que la science de l'absolu qu'a voulu nous enseigner Hegel. Faut-il s'émerveiller qu'il ait échoué? Malgré la puissance de son génie, sa construction idéale a croulé comme un château de cartes; et il n'est resté de cette bruyante entreprise qu'un discrédit un peu plus général de la métaphysique et une défiance un peu plus grande de ses hypothèses. Instruite par cette grande chute, l'Allemagne aujourd'hui revient à des méthodes plus prudentes, et essaye de fonder sur l'étude de la nature humaine une philosophie plus sage; et si le matérialisme physiologique a profité d'abord du découragement des esprits, une jeune école s'est formée qui, entre ces excès opposés, défend avec talent et succès la cause trop oubliée et trop compromise du vrai spiritualisme [1].

On a vu comment, en France, les écrivains qui se sont faits les interprètes de Hegel ont modifié, amendé sa doctrine.

Je ne parle pas de M. Taine, qui peut passer pour un positiviste, et qui, raillant les penseurs allemands de *s'être envolés dans l'absolu*, réduit toute la philosophie à la découverte des lois et se borne à poser au sommet des choses *un axiome éternel*. Mais les autres, sans être aussi dédaigneux pour la raison, n'en ont pas moins rompu avec la méthode du

[1]. Voyez sur le mouvement contemporain de la philosophie allemande, un article de M. Saint-René Taillandier, publié dans la *Revue des Deux Mondes* du 15 octobre 1858.

maître et déserté son principe. Ils ne partent point, comme lui, de l'absolu, de cette *idée* abstraite qui est l'hypothèse fondamentale, le *postulat* nécessaire de son système : ils n'admettent pas qu'une *idée*, qu'une abstraction engendre le monde [1]. Ils partent, au contraire, de l'expérience ; reconnaissant seulement à la raison la faculté de concevoir des idées abstraites, et de les affirmer, non comme des réalités, mais comme des vérités nécessaires dont le monde est l'expression.

On sent la différence des méthodes, et il est impossible que les conséquences ne s'en ressentent point. Hegel, se plaçant d'emblée dans l'absolu, en déduit le monde. Ses successeurs, partant du monde, affirment, il est vrai, l'*Être en soi :* mais remarquez que cette notion de l'Être en soi n'est pour eux qu'un produit de l'analyse, le résultat d'une opération logique de l'esprit. — « Il y a des êtres finis, contingents : donc il y a de l'être partout et toujours ; donc l'être est infini et nécessaire. » Voilà en deux mots leur théorie. Cela revient à dire : Le monde existe ; donc il est infini et éternel. En d'autres termes, le monde a en lui-même, en lui seul, le principe de son existence.

C'est là le point décisif, et j'y insiste. Pour Hegel, il y a un principe rationnel d'où tout dérive. Ce

---

1. M. Vacherot, t. II, p. 457.

principe, on ne le déduit pas, on ne l'extrait pas par analyse ou par abstraction de la notion des choses finies : non ; on le pose comme l'absolu, comme l'idée ou l'Être. Si cet absolu n'est ni une substance déterminée ni une cause distincte, il n'en est pas moins la raison d'être, le principe *logique* des choses, puisque c'est son acte, son mouvement qui *engendre* la réalité. — Pour nos philosophes français, il n'y a pas une idée abstraite, un absolu qui se réalise : il y a le monde, qui est sa cause à lui-même, et qui possède l'infinité, la nécessité..., tous les attributs divins. En un mot, l'infini n'est plus *un principe* logique, il n'est qu'un ATTRIBUT MÉTAPHYSIQUE *du monde*.

Est-ce encore là du panthéisme ? Peut-être ; mais si le dieu de Hegel est l'*esprit*, l'*idée*, peut-on dire que nos hégéliens aient un autre dieu que le monde, le Cosmos ? Sans doute ils échappent à cette grande objection, que l'abstraction ne peut pas engendrer la réalité. Mais alors comment comprennent-ils le monde ? Si ce cosmos était un être réel et vivant, doué de la véritable infinité, en tant qu'infini il serait parfait ; car un être ne peut pas être infini en partie et en partie fini. Si, au contraire, l'infinité qu'on lui reconnaît n'est qu'un attribut purement métaphysique, c'est-à-dire une notion logique toute négative, alors le monde n'est rien autre chose que le totalité des êtres.

Cette dernière opinion est visiblement celle vers laquelle, malgré quelques indécisions, inclinent nos philosophes hégéliens, et à laquelle ils s'attachent définitivement ; et par là on voit tout le chemin qu'ils ont fait, ce qu'ils ont rejeté et ce qu'ils ont gardé du système du maître.

Ils ont rejeté son idéalisme, son principe de l'être abstrait identique au non-être, qui se réalise dans la *devenir* éternel. Ils n'ont gardé que ce *devenir*, c'est-à-dire le mouvement de la vie universelle, la loi du développement des êtres. C'était là, il est vrai, la seule partie viable du système de Hegel ; mais, en l'amendant ainsi, il est clair qu'ils lui ont ôté ce qui lui donnait une sorte de grandeur : ils lui ont ôté jusqu'à cette apparence de Dieu qu'il gardait encore. Car l'éternel *devenir*, cela veut dire tout simplement en français la suite éternelle des phénomènes ; et les disciples de Hegel en sont venus par là à donner de l'infini la même définition que les sensualistes, à le considérer comme n'étant rien autre chose que le nombre illimité des êtres, la série sans fin des choses, leur perpétuelle renaissance et leur incessante transformation : ce qui revient proprement à dénaturer l'infini et à mettre à sa place l'*indéfini*.

Pourtant ils se disent toujours *idéalistes* ; et l'idéalisme, à les entendre, supérieur à la fois au matérialisme et au spiritualisme qui sont deux aspects également incomplets des choses, est destiné à les concilier en les absorbant.

Mais si vous demandez ce que c'est que l'idéal, là-dessus ils ne sont pas parfaitement d'accord entre eux, et ils ne le sont pas toujours avec eux-mêmes. Tantôt l'idéal est « l'ensemble des grandes idées qui constituent la religion, la philosophie et l'art; » il est la vérité, la beauté, la sainteté absolues; tantôt c'est l'idée *transcendante* du monde, ou « l'ordre idéal auquel répond l'ordre réel; » tantôt enfin c'est la perfection vers laquelle tend la nature par un mystérieux et invincible attrait. Mais les idées qui constituent la philosophie, la religion et l'art, n'existent que dans l'intelligence humaine et par elle. Il faut en dire autant, dans l'opinion des hégéliens, de la bonté, de la vérité, de la sainteté absolues : cet idéal n'a d'autre domaine, d'autre sanctuaire que la pensée. Quant à l'idée transcendante du monde, j'ai fait voir que ce prétendu *ordre idéal*, obtenu par l'abstraction, est une création tout arbitraire, une synthèse construite après coup et après coup superposée à l'ordre réel du monde, qui est le seul que puisse atteindre la méthode employée par nos hégéliens. Enfin cette perfection qui *attire la nature* et vers laquelle le monde tend à s'élever n'a pas plus de réalité : cet idéal n'existe pas davantage en soi; il ne commence d'exister que quand il y a un esprit pour le penser. Que conclure de là, sinon que l'idéalisme de nos hégéliens est tout nominal ? Ils n'ont point de véritable idéal : leur idéal n'est qu'un mot, une abstraction. Ils ne posent point l'idée *à priori*, comme Hegel, pour en déduire le monde ; ce n'est point un absolu, d'où ils fassent sortir le relatif, le contingent. C'est précisément le produit de la méthode inverse ou *à posteriori ;* c'est tout simplement une idée générale extraite des notions particulières, une conception abstraite dégagée par l'analyse des faits relatifs et contingents. Or, une idée obtenue par l'analyse, une conception logique, qui n'a d'existence que dans l'esprit humain, ne peut pas être donnée pour un principe des choses.

Quel est donc en réalité leur système, et de quel nom faut-il l'appeler ? Ce n'est pas autre chose que le Naturalisme. Le propre du Naturalisme est de concevoir le monde comme existant nécessairement et comme ayant en lui-même la cause de son existence. C'est ce que les positivistes expriment en disant que le monde a dans ses lois *immanentes* le principe de sa vie et de son mouvement. L'école hégélienne ne donne pas du monde une autre explication[1]. Comme l'école positiviste, elle nie l'Être infini et parfait, elle ne voit dans la nature qu'une

---

[1]. « La Nature a en elle-même son principe de mouvement et de changement ; *elle est la cause de tous ses effets.* » (Vacherot, *La métaphysique et la science*, t. II, p. 508.)

suite sans fin de phénomènes, et au-dessus des phénomènes elle ne reconnaît que des lois.

Au fond, sans doute, une telle doctrine n'est autre chose que l'athéisme. Il y a toutefois une nuance, et elle donne au mot Nature un sens qui par un côté la rapproche du panthéisme. Cette conception d'un Dieu-Nature, ou plutôt d'une Nature-Dieu, où la création s'identifie avec le créateur, d'un monde qui est une sorte d'organisme divin, d'une unité infinie, nécessaire et éternelle, qui se développe et se réalise dans l'infinie multiplicité des êtres ; cette conception est certainement supérieure à celle du vieil athéisme qui ne croyait qu'à la matière inerte et aux atomes groupés par le hasard. Nos *naturalistes* nient Dieu, mais ils admettent une unité infinie et nécessaire : ils nient Dieu, mais ils sont obligés de reconnaître je ne sais quelle *activité immanente*, je ne sais quelle *force intime* qui réside dans le monde, qui n'en est pas distincte, et dont le monde est la manifestation. Ils avouent que l'atomisme est absurde ; que les lois de la mécanique ne suffisent pas à expliquer le monde ; et qu'il leur faut absolument l'hypothèse d'un *ressort secret*, d'un principe de vie « qui pousse incessamment l'être à exister de plus en plus, à revêtir toutes les formes du possible [1] : » c'est-à-dire

---

1. M. Renan, *les Sciences de la Nature*. V. *suprà*, ch. 6.

qu'après avoir nié la cause première et infinie, distincte du monde par cela même qu'elle est infinie et parfaite, ils sont obligés d'admettre une cause première qui est à la fois cause et effet, monde et Dieu, finie et infinie, contingente et nécessaire.

Voilà bien des hypothèses pour des hommes qui se targuent de tant de rigueur : hypothèse d'un ordre idéal; hypothèse de l'infinité et de l'éternité du monde; et enfin hypothèse d'une *force intime* qui est dans le monde et qui s'y développe. Rien de tout cela n'est démontré; mais du moins, tout cela admis, le monde est-il expliqué? Pas encore ; car, quand on nie l'intelligence créatrice, quand on nie les causes finales, c'est-à-dire l'appropriation de chaque être au milieu où il vit et de chaque organe au but qu'il doit atteindre, comment comprendre l'ordre et l'harmonie de l'univers, et les admirables rapports qui font que chaque être y est à sa place et dans les conditions exigées par sa nature et ses besoins? — Ici, et pour répondre à cette difficulté, on fait intervenir de récentes théories physiologiques. On invoque la thèse des générations spontanées. On invoque surtout le système de certains naturalistes, selon lequel tous les êtres vivants ne seraient que les modes divers du développement d'un être unique; modes déterminés par l'action des milieux, et par la puissance de l'hérédité qui conserve et accumule ces modifications. On nous montre ainsi

l'être s'élevant par une série de métamorphoses depuis le polype jusqu'à l'homme, sous l'influence d'une loi merveilleuse, la loi de *sélection naturelle* qui, détruisant les êtres incomplets et chétifs, perpétuant et développant les êtres forts et harmonieux, a fait que les espèces supérieures se sont propagées; que les espèces inférieures ont disparu. C'est ainsi que l'homme s'est produit. On nous assure que la morphologie, science qui ne fait que de naître, jettera un jour de vives lumières sur ce point encore obscur, et « nous livrera le secret de la lente for-
« mation de l'humanité, de ce phénomène étrange
« en vertu duquel une espèce animale prit sur les
« autres une supériorité décisive [1]. »

Heureux sans doute nos neveux qui sauront, grâce aux progrès prochains de la morphologie, que l'homme n'est qu'un singe perfectionné, tout comme le papillon n'est qu'une chenille métamorphosée, et la grenouille un têtard parvenu à son entier développement! Quant à nous, privés des clartés qui illuminent par anticipation les philosophes naturalistes, nous avouons humblement ne pas pouvoir, jusqu'à démonstration contraire, admettre ces étranges théories. Nous ne pouvons pas croire que les organes d'un être vivant soient produits, façonnés, uniquement par le besoin et l'action des milieux, mul-

---

[1]. M. Renan, *les Sciences de la Nature.*

tipliés par l'hérédité. Nous croyons, par exemple, que l'oiseau a des ailes parce qu'il est fait pour voler, et non qu'il vole parce qu'il lui est poussé des ailes ; nous croyons que la mère a des mamelles et que ces mamelles sécrètent du lait, parce que le petit a besoin de lait pendant les premiers temps de sa vie ; et non qu'il est venu des mamelles et du lait à la mère parce que le petit l'a tetée. Nous avouons ne pas comprendre comment l'ordre et l'harmonie peuvent résulter du jeu de forces aveugles et de l'action de lois qu'une intelligence n'a point édictées et combinées. Si c'est à bon droit qu'on a repoussé l'hypothèse de Hegel, cet absolu vide qui sort de lui-même sans qu'on sache pourquoi, ce non-être qui produit l'être, cette abstraction qui enfante le réel ; nous ne trouvons pas beaucoup moins absurde l'hypothèse qu'on y substitue d'une nature *attirée* par un idéal sans réalité, se mettant en mouvement sans le savoir, marchant vers un but qu'elle ignore, et suivant un ordre rationnel sans avoir en elle-même de raison. Particulièrement, nous ne comprenons pas comment l'homme, doué d'intelligence et de liberté, a pu sortir du sein d'un monde qui n'a ni liberté ni intelligence. On a beau nous parler de transformations, de perfectionnements et de *sélections*, nous ne pouvons admettre que la pensée soit « le terme de la matière ; » qu'un être conscient, une personne morale soit le résultat ou le produit d'une nature qui n'a ni moralité, ni personnalité, ni conscience d'elle-même.

Quoi qu'il en soit, il ne faut pas se le dissimuler : plus savant que le vieil athéisme qui adorait stupidement le hasard ; plus élevé que le matérialisme vulgaire qui rabaissait l'homme jusqu'à l'animalité; plus simple, plus intelligible que les systèmes de Spinoza et de Hegel qui effarouchaient la raison, ce naturalisme panthéiste est fait pour plaire à beaucoup d'esprits : au fond, il n'est pas moins dangereux, quant à ses conséquences, que ces divers systèmes, à chacun desquels il a emprunté quelque chose et ressemble par un certain côté. Il parle de l'âme et même de l'immortalité, mais il ne reconnaît à l'âme ni individualité distincte, ni persistance, et pour lui c'est l'humanité seule ou l'espèce qui est immortelle. Il proclame la sainteté de la morale et l'autorité du devoir ; mais il réduit le devoir à un idéal individuel, par conséquent arbitraire, et sa morale privée de sanction ne repose que sur des conceptions abstraites. Il reconnaît dans le sentiment religieux un des nobles instincts de la nature humaine ; mais en lui ôtant tout objet, il lui ôte tout ressort et toute vie. Il se vante de respecter la religion ; mais la religion n'est pour lui qu'une poésie particulière répondant à un certain besoin, à une certaine disposition de l'âme : l'homme est religieux, mais il n'y a point de vérité religieuse.

Sa conception de l'homme et de l'humanité a un double vice; car en même temps qu'il exalte l'espèce, il diminue moralement l'individu. — Pour l'humanité, il a les ambitions, les espérances les plus folles; il rêve un avenir qui dépasse tout ce que les philosophes du siècle dernier promettaient de merveilles à la perfectibilité humaine. Il n'attend rien moins des progrès indéfinis de la chimie et de la biologie, que « le secret même de la vie, le dernier mot de la matière, la loi de l'atome. » Alors, initié aux mystères de la nature, l'homme transformera toutes choses : « La science infinie lui livrera un *pouvoir infini.* » Il sera le maître de l'univers; et qui sait même si, franchissant les limites de sa planète, il ne gouvernera pas le monde tout entier [1]? Dieu alors sera complet, ce Dieu qui est en voie de se faire, qui est *in fieri*. Et véritablement, c'est l'homme qui sera Dieu, car il sera la science, il sera l'esprit, le Divin, ayant trouvé sa personnification absolue et la pleine conscience de lui-même. — Voilà les rêveries qu'on nous débite sérieusement; voilà l'Apocalypse nouvelle que nous annoncent d'un ton inspiré les prophètes du jour. Mais, tandis qu'ils déifient l'humanité, que font-ils de l'individu? La destinée de l'individu se confond et s'abîme dans la destinée de l'être collectif. L'hu-

---

[1]. M. Renan, *les Sciences de la Nature.*

manité est tout, l'homme n'est rien. La responsabilité personnelle disparaît : il n'y a plus ni bien ni mal au point de vue de la moralité particulière ; il n'y a de bien et de mal que relativement à l'œuvre universelle et finale. Ainsi, tandis qu'on exalte d'une part, l'orgueil de l'esprit humain, de l'autre on éteint, on abolit dans l'homme le sentiment de la responsabilité individuelle. Ne faudrait-il pas, au contraire, à mesure que l'homme est plus exposé à s'enivrer de sa puissance, donner à son orgueil un contre-poids plus fort dans l'idée d'une loi divine et de la responsabilité morale qu'elle impose? On a beau se répandre en phrases éloquentes sur le « Saint Idéal, » sur la Vérité et la Beauté éternelles. Quand on a enseigné à l'homme qu'il n'y a rien au delà et au-dessus de lui; qu'il est la plus haute manifestation de l'être ; qu'en lui seul se personnifie toute raison et réside tout idéal ; — il n'y a qu'une conclusion qui sorte de là, et elle en sort invinciblement : c'est que l'homme est à lui seul son but et se fait à lui seul sa loi. Sans attendre que l'humanité devienne Dieu, il est dès à présent autorisé à se tenir pour une fraction de la divinité. Il y a longtemps que les hégéliens allemands, plus logiques ou plus francs que les nôtres, ont proclamé cette inévitable conséquence de leurs principes.

CHAPITRE IX

Les écoles spiritualistes. — I. L'école catholique ; les traditionalistes ; M. Maret, le P. Gratry. — II. Le rationalisme chrétien, les disciples de Channing. — III. Le rationalisme philosophique ; M. Cousin, M. J. Simon, M. Em. Saisset.

Nous venons d'étudier, sous les formes diverses qu'ils ont revêtues parmi nous depuis vingt-cinq ans, le panthéisme et le scepticisme, ces deux grandes erreurs de notre temps. Pour compléter le tableau que nous avons entrepris de tracer de la philosophie religieuse contemporaine, il nous reste à dire brièvement ce qu'ont fait, pendant ce temps et dans le même ordre d'idées, les écoles spiritualistes. Bien qu'elles n'aient produit ni de grands systèmes ni des œuvres très-originales, leur rôle n'en a pas moins été très-important, très-efficace, souvent même très-brillant.

Ces écoles peuvent se distinguer en trois principales : l'école catholique, l'école des rationalistes chrétiens, et l'école des rationalistes purs. Parlons d'abord de l'école catholique.

I

Depuis le cri de guerre poussé, en 1840, par M. l'abbé Maret [1], l'école catholique n'avait guère eu, tant que dura le gouvernement de Juillet, d'autre préoccupation que de combattre, sous prétexte de panthéisme, la philosophie professée par l'Université. Ce qu'elle porta de passion dans cette polémique, on s'en souvient encore. Les choses en étaient venues à ce point que, lorsque la Révolution de 1848 éclata, surprenant à la fois les deux camps ennemis, on vit des catholiques saluer cette catastrophe par un cri de joie. Dans ce naufrage de la monarchie qui sembla mettre un instant en péril la société elle-même, ils ne voyaient qu'une chose : la ruine de l'enseignement universitaire. On eût dit que c'était la religion qui venait, sur les barricades, de triompher de l'éclectisme.

Cette joie fut courte, et ces illusions ne tardèrent pas à s'évanouir. On s'aperçut bientôt qu'il y avait pire chose au monde que l'éclectisme. On s'aperçut que ni la bonne philosophie, ni surtout la mauvaise n'étaient mortes : M. Proudhon était bien aussi impie que M. Jouffroy; la nouvelle métaphysique,

1. V. *suprà*, ch. 1.

qui commençait à nous venir d'outre-Rhin, semblait au moins aussi à craindre que le fameux panthéisme de M. Cousin. Enfin le positivisme, en dépit des extravagances de son fondateur, s'annonçait déjà comme une doctrine qu'il ne fallait pas trop dédaigner.

Devant un danger qui bientôt frappa les plus aveugles, qu'allait faire l'école catholique? Allait-elle, cédant à des inspirations étroites et routinières, essayer de reprendre la vieille thèse de M. de Lamennais et de M. de Bonald? ou bien, mieux conseillée par l'expérience, ouvrant les yeux sur les périls de cette tactique désespérée, saurait-elle ramener la théologie à ses anciennes traditions, et lui donner la philosophie spiritualiste pour introductrice et pour alliée?

Il semble que l'hésitation n'était guère possible. Frappée une première fois dans M. de Lamennais, une seconde fois dans M. Bautain, la thèse de l'incapacité absolue de la raison semblait irrévocablement condamnée par l'autorité même de l'Église, et on pouvait croire qu'elle avait à jamais disparu. Mais ce vieux paradoxe exerce toujours sur les esprits excessifs une singulière séduction. Quel triomphe de battre la raison avec ses propres armes, et de trancher d'un seul coup toutes les erreurs dans leur racine, qui est le libre examen! Cette folle ambition a encore, de nos jours, enflammé quelques théologiens; et on a vu, dans l'école catholique contemporaine, se dessiner deux courants d'idées très-distincts, se former comme deux partis très-opposés par leurs tendances : l'un, où a reparu, sous le nom nouveau de *traditionalisme*, le système plus ou moins dissimulé de l'impuissance philosophique de la raison; où la philosophie, toute philosophie indépendante a été proscrite comme une orgueilleuse chimère, maudite comme une source d'impiété; — l'autre, où s'est produit, avec les réserves naturelles et dans des limites plus ou moins larges, une doctrine plus libérale et plus sage à la fois, qui reconnaît et maintient dans leurs droits respectifs la religion et la philosophie, et qui seule, ce semble, peut sauvegarder à la fois les intérêts de l'une et de l'autre.

Nous ne voulons point retracer ici en détail l'histoire de cette querelle, querelle d'un autre temps, et qui n'a guère d'intérêt pour nous. Que nous veulent ces revenants du moyen âge avec leurs déclamations contre la raison? En vérité, les théologiens qui s'escriment contre Descartes font preuve d'un étrange aveuglement, ou d'une singulière ignorance de l'état des esprits. Comment ne voient-ils pas que la foi a aujourd'hui un autre ennemi que la raison, un autre adversaire que la philosophie spiritualiste? Comment ne voient-ils pas que cet ennemi, c'est le scepticisme; tantôt le scepticisme matérialiste, tantôt le scepticisme spiritualiste, mais, sous l'une comme sous l'autre forme, sapant du même coup la foi et la raison, enveloppant dans la même ruine le christianisme et la philosophie? C'est là qu'est le combat, c'est là qu'est le péril. Aussi ne dirons-nous qu'un mot de cette querelle déjà presque oubliée du traditionalisme contemporain.

Le traditionalisme descend en ligne directe de M. de Bonald. La doctrine de la *Législation primitive*, moins nette, moins absolue que celle de l'*Essai sur l'indifférence*, se prêtait en effet à des atténuations, à des adoucissements dont la seconde n'était pas susceptible. On en tira un scepticisme mitigé qui, en faisant à la raison quelques concessions plus apparentes que réelles, semblait devoir échapper aux reproches de témérité et aux condamnations qu'avait encourues la doctrine de M. de Lamennais, et qui pourtant (on l'espérait) devait rendre à la foi la domination de l'esprit humain. Cette doctrine de moyen terme, adoptée par plusieurs membres de l'épiscopat français, a eu son organe le plus éclatant dans un théologien, autrefois ami et zélateur fougueux de M. de Lamennais, et qui à un certain moment s'est acquis en France quelque notoriété : je veux parler du P. Ventura. Voici en bref son système.

Il n'est pas vrai que la raison humaine soit radi-

calement et absolument impuissante. La raison peut démontrer certaines vérités de l'ordre moral et religieux, par exemple, l'existence de Dieu. Mais il faut faire une distinction : si la raison démontre ces vérités, c'est parce que déjà, antérieurement, elle en avait *la connaissance*, grâce à une révélation primitive. Elle les démontre, mais elle n'aurait pas pu seule les découvrir. « Les vérités
« que l'homme parvient à formuler ne sont que des
« déductions, des applications des vérités précé-
« demment révélées[1]. » — « Sans la révélation
« primitive qui, en éclairant l'intelligence de
« l'homme, y a déposé les vérités premières, les
« premiers principes, » l'homme serait resté enfant; il aurait eu la raison *en puissance*, mais non pas *en acte*. Il n'aurait pas même eu l'idée de Dieu[2]. « Comme la parole suppose la parole, la raison sup-
« pose la raison ; la vérité démontrée suppose la
« vérité révélée[3]. »

Il n'y a donc qu'une philosophie sage, solide et certaine, c'est la philosophie *démonstrative*, qui reconnaît comme source de toute vérité une révélation primitive confirmée et développée par la révélation chrétienne ; qui accepte le frein et respecte

---

1. *La Raison philosophique et la Raison catholique*, par le P. Ventura, in-8, 1852. — 1re conférence, p. 48.
2. *Id.*, p. 50.
3. *Id.*, p. 52.

l'autorité de l'Écriture et de l'Église. L'autre philosophie, qu'on appelle *inquisitive*, qui prétend ne subir aucun joug, qui proclame l'indépendance de la raison, et n'accepte de vérités que celles que la raison a découvertes ou vérifiées, cette philosophie n'est qu'un produit insensé de l'orgueil humain : elle ne peut arriver à aucune certitude, et l'histoire prouve qu'elle n'a jamais abouti qu'au scepticisme. La première est l'alliée fidèle de la religion ; la seconde est son ennemie plus ou moins avouée [1].

Au premier abord, ce système semble accorder à la raison humaine plus que ne faisait celui de M. de Bonald. A prendre absolument la théorie de M. de Bonald, toutes nos connaissances, toutes nos idées ont pour origine la parole extérieure, c'est-à-dire les sens : l'esprit, passif et vide, reçoit tout du dehors. Le P. Ventura reconnaît au contraire à la raison une force propre, une activité intime (*intellectus agens*, c'est le mot de saint Thomas), qui, s'exerçant sur les données particulières des sens, peut en tirer des notions générales, des conceptions universelles.

Au fond, c'est là une mince concession. Accorder à l'intelligence humaine la faculté de tirer les idées générales des notions particulières, c'est tout simplement lui reconnaître la faculté de l'abstrac-

---

[1]. *La Raison philosophique et la Raison catholique*, 2º conférence, p. 110 à 115.

tion; faculté précieuse, je l'accorde, mais après tout faculté secondaire, et que les sceptiques même les plus absolus ne lui refusent pas. L'abstraction, effectivement, ne nous donne aucune des vérités de l'ordre moral ni de l'ordre métaphysique : l'abstraction n'est qu'un procédé logique par lequel l'esprit extrait une idée générale d'un certain nombre d'idées particulières ; mais, ne s'appliquant qu'aux données de l'expérience, il est visible que sa portée ne dépasse point l'autorité de l'expérience.

On n'a rien accordé d'essentiel à l'intelligence humaine, tant qu'on ne lui a pas accordé la faculté de concevoir, de saisir les vérités premières, les premiers principes de toute certitude. Cette faculté, dans le langage philosophique comme dans celui du sens commun, c'est la raison. Dénier à l'intelligence humaine cette faculté, c'est proprement nier la raison.

La raison est l'intuition, la conception des vérités premières, ou elle n'est rien. La philosophie est la recherche et la connaissance des premiers principes, ou elle n'est pas. Ce que vous nous concédez, ce n'est pas la raison, c'est le raisonnement. Ce que vous appelez *philosophie démonstrative*, ce n'est qu'une vaine et misérable scolastique. Enfermé dans un cercle infranchissable et tournant sur lui-même comme l'esclave condamné à la meule, l'esprit humain fera stérilement et éternellement mouvoir ces deux instruments logiques, l'abstraction et la déduction : mais les principes, d'où tout dépend, d'où tout découle, ce n'est pas lui qui les a conçus; ce n'est pas en vertu de leur évidence qu'il les accepte; il les a reçus du dehors; ils lui ont été transmis par la tradition, et leur autorité n'a de fondement et de garantie que la tradition. Impuissant à les concevoir et à les reconnaître, il est par là même sans droit pour les discuter et les contrôler. — De là une conséquence : c'est que toutes les vérités de l'ordre moral dérivent d'une source unique, qui est la révélation primitive complétée par la révélation chrétienne. Car on ne saurait admettre que la raison soit capable de concevoir de certaines vérités premières, et incapable de concevoir les autres; que certains principes métaphysiques lui échappent, et non pas certains autres. Tout ce qui touche à la morale comme à la religion, à la législation comme à la politique, tout ce qui a trait, en un mot, à la société et à l'homme, relève donc, non de la raison, mais de l'autorité, de la tradition, de l'Écriture sainte et de l'Église qui est son interprète. Je ne vois pas même de motif pour exclure de cette subordination les sciences mathématiques et toute science qui ne repose pas uniquement sur l'observation des faits : car en quoi les axiomes de la géométrie sont-ils plus évidents que ce principe métaphysique : Tout phénomène suppose une cause,

—ou ce principe moral : Il faut faire ce qui est bien ?

Sans entrer dans la discussion d'un tel système; sans demander sur quoi se fonde l'hypothèse d'une révélation primitive, et en quoi il est plus difficile d'admettre l'homme créé raisonnable, c'est-à-dire capable de concevoir la vérité, que d'admettre une communication spéciale de Dieu avec l'homme, c'est-à-dire un miracle inutile ; on peut, je crois, se borner à deux remarques justifiées par ce qui précède. La première, c'est qu'en fait, et malgré les protestations contraires, le traditionalisme se résout en une négation formelle de la raison et aboutit au scepticisme. A ce point de vue, il tombe sous le coup du dernier décret de l'Église romaine, qui a déclaré : que « l'usage de la raison précède la foi; et qu'on peut prouver avec certitude par le raisonnement l'existence de Dieu, la spiritualité de l'âme et la liberté de l'homme. » (Déclaration de la Congrégation de l'*Index*, du 11 mars 1855, art. 2 et 3.) — La seconde remarque à faire, c'est que le traditionalisme a pour conséquence logique, inévitable, l'asservissement de l'esprit humain dans toutes ses manifestations, et de la société dans toute son organisation, à l'autorité religieuse qui est ici-bas la dépositaire de la tradition et l'interprète unique de la vérité divine [1].

---

1. M. l'abbé Bautain, dans un livre récent : *La philosophie*

Cela nous suffit : le système est jugé par ses conséquences mieux encore que par ses principes. Toute théorie qui part de la négation de la raison humaine, ou qui y aboutit, est par cela seul condamnée aujourd'hui : on ne peut plus la prendre au sérieux. L'esprit humain est décidément émancipé. Essayez de le conduire; n'essayez pas de le remettre en tutelle. La raison est comme la liberté : ce sont deux puissances dont les écarts veulent être réprimés, mais dont la légitimité ne peut plus désormais être niée que par les aveugles. L'école catholique a fait une grande faute, dont les conséquences ont été funestes à la religion et durent encore. Déclarer ces deux puissances nouvelles, la raison et la liberté, incompatibles avec le christianisme; constituer le christianisme en face d'elles à l'état d'hostilité absolue, éternelle, irréconciliable, n'était-ce pas à plaisir mettre contre soi toutes les tendances de la société moderne et l'inévitable force des choses? Ni

des lois au point de vue chrétien (in-12, 1860), a développé cette thèse, tout en l'entourant d'atténuations et de réserves. Il admet, il est vrai, la raison, mais développée par la tradition d'une révélation primitive (p. 79). Encore cette raison seule ne suffit-elle point à fonder le droit naturel; il y faut la *théologie morale,* c'est-à-dire la loi divine et son commentaire. De là la subordination de la loi civile à la loi religieuse (p. 21); et comme conséquence forcée, l'intolérance érigée en principe, la liberté des cultes proscrite, et toute philosophie indépendante condamnée.

la sagesse, ni la vérité n'est là : elle est précisément dans la thèse contraire ; elle est dans la réconciliation du catholicisme avec la société moderne, elle est dans l'alliance de la liberté et de l'esprit chrétien. Quelques hommes l'ont compris ; et, reprenant avec plus de mesure l'œuvre ébauchée par M. de Lamennais dans le journal *l'Avenir*, ils s'efforcent de pousser l'Église dans cette voie nouvelle. Leur nombre est petit, et jusqu'à présent, on est bien forcé de l'avouer, leurs efforts n'ont pas produit de grands résultats. Il n'en faut pas moins applaudir à leurs travaux et souhaiter que leur voix soit entendue.

Au premier rang de ces adversaires du traditionalisme s'est montré (n'est-ce point là un fait significatif?) un membre de la Société de Jésus. Dans un livre écrit avec modération, mais avec fermeté[1], le P. Chastel s'est appliqué à réfuter, et au nom de la logique, et par l'autorité des plus grands docteurs de l'Église, ce scepticisme bâtard, si maladroitement rappelé de la tombe de M. de Bonald. Sur ce point, la démonstration est complète et ne laisse rien à désirer. Le P. Chastel n'est point un rationaliste : il repousse le rationalisme comme une erreur; il n'admet pas l'indépendance de la raison ; il n'accorde pas à la philosophie toute la part de liberté, d'auto-

---

1. *De la valeur de la raison humaine*, 1 vol. in-8, 1854.

rité et de certitude qu'elle réclame dans la sphère légitime de son action. Mais du moins il proteste contre les imprudents défenseurs de la foi qui dénient à la raison toute autorité et toute force.

« Depuis plus de trente ans, dit-il, une foule de
« personnes, dans un but louable, sans doute, mais
« plein d'illusion et de péril, ont mis toute leur
« philosophie, moins à étudier la raison qu'à la dé-
« concerter. C'était au profit de la religion qu'ils
« prétendaient amoindrir la raison, et ils ne s'aper-
« cevaient pas qu'en sacrifiant la raison à la reli-
« gion, ils sapaient les fondements de l'une et de
« l'autre, comme les en a récemment avertis le con-
« cile de Rennes.... Cette guerre faite à la raison,
« ajoute-t-il, est un outrage fait à son auteur. S'obs-
« tiner à la déconsidérer et à la calomnier, c'est mal
« servir la religion : c'est travailler à détruire les
« preuves qui l'appuient et attirer sur les catholiques
« les sarcasmes et les dédains de l'incrédulité[1]. »

Un autre membre du clergé dont le talent a plus d'éclat et le nom plus de notoriété, M. l'abbé Maret, a posé sur cette question une thèse plus libérale encore et plus équitable. Le progrès des idées est frappant chez M. l'abbé Maret. Dans ses premiers écrits, tout en reconnaissant à la philosophie une existence

---

1. Introduction, p. 12 et 13.

distincte, tout en admettant notamment qu'elle peut, aidée du sentiment et des enseignements de l'histoire, démontrer Dieu; il ne lui reconnaissait pas une autorité propre et une valeur indépendante. Laissée à elle-même, elle était, selon lui, condamnée à mourir d'épuisement, à expirer dans le scepticisme; elle ne pouvait vivre, elle ne pouvait échapper à cette impuissance finale qu'en s'alliant étroitement avec la foi et « en marchant toujours de concert avec elle[1]. » — C'était tout simplement placer la philosophie dans un état de subordination vis-à-vis de la foi ; et, subordonner la philosophie à une autorité quelconque, lui contester son absolue indépendance dans la recherche de la vérité, c'est nier la philosophie.

M. Maret l'a compris; et avec la résolution d'esprit et la loyauté qui le distinguent, faisant un pas de plus, il a pris dans son dernier ouvrage (*Philosophie et Religion*, 1854) la seule position qui soit tenable pour le clergé, parce qu'elle est seule dans la logique et la sincérité. Sans doute, comme prêtre et comme chrétien, il maintient hautement, et c'est son droit, l'insuffisance de la philosophie à satisfaire aux besoins de certitude et de consolation qui assiègent l'homme, aux besoins d'éducation et de direction inhérents à toute société. Mais cette réserve faite, il n'hésite pas à reconnaître, non-seulement

---

[1]. *Théodicée chrétienne,* p. 77-78, 108, 484 (1844).

que la raison peut atteindre et démontrer les vérités premières de l'ordre moral et religieux, mais qu'il peut y avoir, en dehors de la foi, « une bonne philosophie, une philosophie pure et vraie, » contenant, non pas toute la vérité, mais une part de la vérité, utile par conséquent, bienfaisante dans sa mesure, et digne de quelques égards et de quelque respect. Il reconnaît que « de nobles esprits, éclairés des rayons de la vérité naturelle, » peuvent s'en tenir à elle ; et que « cette philosophie élevée, ne respirant que le plus pur spiritualisme, » loin d'être l'ennemie du christianisme, en est plutôt *l'amie et l'alliée*[1]. — Il est triste d'avoir à dire qu'au temps où nous vivons, faire de pareilles concessions, si raisonnables, si simples qu'elles soient, c'est pour un théologien faire acte de rare indépendance. Il faut louer M. l'abbé Maret, non-seulement d'avoir vu la vérité, mais surtout d'avoir eu le courage de la dire.

C'est un éloge que ne mérite pas à de moindres titres un homme à qui un grand talent, une âme ardente, un esprit généreux et vraiment libéral, ont déjà conquis une juste renommée : je veux parler du P. Gratry. Celui-là n'est pas un placide théologien, c'est un lutteur. Il s'est jeté dans la mêlée en volontaire ; l'amour de la vérité l'a fait soldat.

---

1. *Philosophie et Religion*, t. I, 20e leçon, p. 470 et 471.

Que son ardeur l'ait parfois emporté, qu'il ait souvent manqué le but en le dépassant, qu'en un mot il frappe plutôt fort que juste ; on peut le prétendre : personne ne niera que, même dans sa polémique la plus acerbe, il n'ait porté une sincérité courageuse et une loyauté parfaite ; ni surtout que dans ses écrits philosophiques il ne s'inspire d'un sentiment très-élevé de liberté et de tolérance.

C'est à l'occasion de la première apparition sérieuse de l'hégélianisme en France, que le P. Gratry publia son premier écrit philosophique [1]. Depuis lors, dans plusieurs ouvrages qui ont été très-remarqués, il a continué de combattre, avec une énergie qui ne se lasse pas, cet ennemi qui est à ses yeux (et en cela il faut reconnaître qu'il voit juste) le plus redoutable qu'aient aujourd'hui en face d'elles la religion et la philosophie spiritualiste. — « La raison est en péril ! » s'est-il écrié un jour [2]. Et il n'est que trop vrai : mais, je l'avoue, j'aime cette parole dans la bouche d'un théologien. J'aime entendre un chrétien fervent pousser ce cri d'alarme, et faire retentir cet appel à la raison si souvent insultée et maudite depuis un demi-siècle par les théologiens. J'aime entendre un homme qui porte la robe du prêtre invoquer ces deux puissances

---

[1]. *De la sophistique contemporaine, lettre à M. Vacherot*, in-8, 1851.
[2]. *La connaissance de Dieu*, introduction, p. 1, in-12, 1856.

modernes, la raison et la liberté, contre lesquelles on s'arme trop des excès commis en leur nom¹.

Vis-à-vis de la philosophie, le P. Gratry prend exactement la même position que M. l'abbé Maret. Il distingue, avec saint Thomas d'Aquin, deux ordres de vérités philosophiques et religieuses : les premières, qui peuvent être atteintes par la raison naturelle de l'homme, réduite à ses propres forces; les secondes, qui nous font pénétrer dans les profondeurs de la nature divine, et qui ne nous sont données que par la foi. — La raison a donc ses bornes, bornes assez étroites : « Elle ne peut pas
« tout, même dans l'ordre de la vérité naturelle...
« Mais elle peut quelque chose; elle a sa certitude
« propre; elle trouve, elle démontre avec certitude
« et connaît jusqu'à un certain point plusieurs
« vérités naturelles, comme l'existence de Dieu, ses
« attributs, la liberté morale et la spiritualité de
« l'âme². »

Le P. Gratry, fort des décisions de l'Église, de la tradition, de l'autorité des plus grands théologiens, s'élève avec énergie contre cette dangereuse opinion, contre « cette tendance fanatique » (c'est son expression), qui refuse à la raison naturelle tout pouvoir d'atteindre la vérité. « Nous croyons, dit-il,

---

1. *La connaissance de Dieu*, avant-propos, p. XXI.
2. *Id.*, tome II. ch. 6, § VII, p. 231.

« que c'est rendre un très-mauvais service à la re-
« ligion que de pousser au scepticisme philoso-
« phique... Ruiner la raison, c'est défoncer le sol
« pour empêcher l'édifice religieux d'y tenir. » Et
il ajoute avec une haute sagesse : « Il faut rétablir
« parmi nous la légitime autorité de la philosophie
« et de la raison [1]. » Saint Thomas a écrit : « Puisqu'il y a des hommes qui n'admettent pas l'autorité
de la révélation, il faut avoir recours à l'usage de
la raison naturelle à laquelle tout homme est obligé
de se soumettre, mais qui dans les choses divines
n'a qu'une portée bornée. » Le P. Gratry suit le
conseil et l'exemple de saint Thomas ; et après
avoir, sous les réserves imposées au théologien,
relevé l'autorité de la raison, il entreprend « de
présenter la philosophie par le côté saisissable à
ceux qui, privés du don de la foi, n'y apportent
encore que l'effort de la saine raison ; » il étudie à
la lumière de la raison naturelle ce grand sujet, ce
problème capital de toute philosophie, l'existence
de Dieu et ses attributs.

Sur cette question, le P. Gratry résume la doctrine des plus célèbres philosophes depuis Platon et
saint Augustin jusqu'à Descartes et Leibnitz. Il
montre ensuite la raison, par une opération spontanée qu'ont décrite et analysée tous les grands

---

[1]. *La connaissance de Dieu*, introd., p. 32 et 41.

métaphysiciens, s'élevant de l'idée du fini au principe infini des choses; puis, par une déduction invincible, faisant sortir de cette conception première les attributs essentiels de Dieu. En cela le P. Gratry ne fait que reprendre la trace des maîtres. Toutefois il a une prétention. Cette preuve ancienne, universelle de l'existence de Dieu, qui est au fond toujours la même sous les formes diverses dont on l'a revêtue, il a cru lui donner une force nouvelle, il s'est flatté de l'élever à un plus haut degré de rigueur, en essayant de l'identifier avec un des procédés qu'emploient les sciences mathématiques : et sur ce point, il est permis d'avoir des doutes. Selon le P. Gratry, l'opération par laquelle l'esprit s'élève de l'idée du fini à l'idée de l'infini ou de Dieu, n'est autre chose que ce que les géomètres appellent le *procédé infinitésimal*. L'analyse géométrique, dit-il, a pour caractère et pour objet de rechercher sous les formes variables les rapports nécessaires, sous les accidents mobiles les lois immuables; en un mot de s'élever, dans l'étude des grandeurs et du mouvement, du contingent au nécessaire, du fini à l'infini. Or, cette opération est exactement celle de l'esprit dans la démonstration de l'existence de Dieu : le procédé est identique dans les deux cas. Pourquoi donc, quand on accorde tant de rigueur et de certitude à la méthode géométrique, ne pas accorder autant de force, autant d'autorité à la méthode philosophique, qui n'est au fond que le même procédé appliqué à un autre ordre d'idées [1].

Il est visible que le célèbre oratorien s'est fait illusion. Il a confondu deux choses qui ne se ressemblent que de nom : il a confondu l'infini des géomètres avec l'infini de la raison. L'infini des géomètres n'est que l'abstrait et l'indéfini ; il est le résultat de cette opération de l'esprit qui consiste à éliminer par la pensée la limite, le variable, le contingent ; il n'est donc qu'une pure création de l'esprit, une abstraction, une idée négative, et son existence n'est nullement impliquée dans l'acte de l'intelligence qui le détermine. — L'infini de la raison est tout autre chose, on le sait : son vrai nom, c'est l'absolu, le parfait ; ce n'est pas une abstraction, c'est l'être dans son essence même et sa plénitude ; ce n'est pas une idée négative, c'est la plus positive de toutes les idées. L'esprit n'y arrive point par voie d'élimination ; il la saisit de plein bond, il l'affirme directement comme l'existence nécessaire, comme la perfection absolue, comme le principe et la cause de toute chose finie. — Il n'y a identité ni dans les procédés ni dans les résultats : il n'y a donc aucune assimilation à éta-

---

[1]. *La connaissance de Dieu*, 2ᵉ partie, ch. 1, § 2. — T. II, p. 181.

blir entre les deux méthodes ; il n'y a rien à conclure de l'une à l'autre.

J'ai dû faire cette observation parce que le P. Gratry, attachant à son idée une importance extrême, en a fait le sujet d'un livre spécial, son *Traité de Logique*. En pareille matière il est difficile d'inventer, dangereux d'innover. C'est une remarque très-juste de Joubert, que « les mauvaises preuves de l'existence de Dieu ont fait beaucoup d'athées [1]. » Restons dans la grande tradition philosophique ; restons dans la méthode rationnelle. « Le champ est assez vaste ; car il embrasse l'infini moral, plus grand que l'infini géométrique [2]. »

Quoi qu'il en soit, et malgré le reproche qu'on peut lui faire de mêler trop de mathématiques à sa philosophie, le P. Gratry, en traçant d'une main ferme la ligne qui sépare la raison de la foi, en reconnaissant hautement l'indépendance et l'autorité de la philosophie dans le champ des vérités naturelles ; surtout en ajoutant l'exemple au précepte et en philosophant lui-même avec une entière liberté comme faisaient les Malebranche et les Bossuet, le P. Gratry, dis-je, a bien mérité et de la science et de la religion. Il a pris pour devise ce mot de Fénelon : « Nous manquons encore plus de rai-

---

1. *Pensées et maximes.*
2. Villemain, *Rapports académiques*, p. 158.

son que de religion ; » et il emploie toute l'ardeur de son âme, toute la chaleur de son éloquence à ranimer dans les générations actuelles, trop atteintes, hélas! d'insouciance et de lâcheté, l'active recherche du bien, le goût de la sagesse, l'amour de la vérité. Voilà ce qui fait au P. Gratry une place à part, une place éminente, dans l'école catholique contemporaine. Il ne tolère pas seulement la philosophie; il l'honore, il l'aime, il la pratique; il en encourage le goût et l'étude; il voudrait « relever son culte dans les âmes » : car, loin d'y voir un danger, une peste morale, il y voit « le devoir de l'esprit sans la foi [1]. »

En cela le P. Gratry continue la tradition de cet esprit généreux et hardi, de ce grand orateur mort trop tôt pour la gloire de l'Église française, le P. Lacordaire. Le P. Lacordaire, lui aussi, a parlé en des termes qu'il faut rappeler aux théologiens de ce temps, de la raison, « lumière innée, d'où procède
« la philosophie et que le christianisme perfec-
« tionne ; » de la philosophie « aussi ancienne que
« l'homme, vestibule du christianisme quand elle
« n'est pas encore éclairée par la foi, et son cou-
« ronnement quand la foi l'a transformée [2]. » Le

---

1. *La connaissance de Dieu,* 2ᵉ p., ch. 1. — T. 2, p. 173, 174.

2. *Oraison funèbre* de madame Swetchine (*Correspondant* d'octobre 1857).

P. Lacordaire, s'élevant avec une noble tristesse contre les mesures regrettables qui, dans nos écoles publiques, avaient frappé, il y a une dizaine d'années, et si fâcheusement abaissé les études philosophiques, a écrit ces remarquables paroles : « N'en « doutez pas : tuer la philosophie, c'est tuer la « raison dans son plus profond exercice et dans sa « plus haute manifestation. Là où il n'y a plus de « philosophie, commence inévitablement le règne « de la physique, et vous en avez vu dans notre « siècle une éclatante preuve. D'où sont sortis sous « nos yeux tant de systèmes qui aspiraient à chan-« ger la face de la société? La plupart émanaient « d'hommes pour qui les lois mathématiques étaient « le dernier mot du monde, et qui croyaient sérieu-« sement que l'ordonnance d'un peuple était af-« faire de nombre, de poids et de mesure. Il ne « leur manquait qu'une chose, la connaissance « de Dieu et de l'homme... »

Et il ajoute éloquemment :

« La philosophie est la science de l'homme, de « son origine, de sa nature, de ses devoirs, de ses « destinées ; la science de la vérité et de la justice ; « la science de Dieu, père de la justice et de la « vérité ; la science en un mot des causes, des lois « et des substances premières. »

« Malheur, malheur au peuple où l'intelligence « décroît avec l'âge, où la science de l'esprit s'a-

« baisse à mesure que la science de la matière y
« grandit! *C'est en vain que la foi seule oppose*
« *ses tendances au flot montant du matérialisme.*
« On n'entendra plus le *sursum corda...* C'est la
« philosophie véritable qui fait dans le monde le
« contre-poids de la fausse [1]. »

Ce que dit là le P. Lacordaire, il le dit à la vérité de ce qu'il appelle la *philosophie chrétienne;* mais pour lui philosophie chrétienne est exactement synonyme de philosophie spiritualiste : pour lui, toute philosophie qui admet Dieu, la création, la spiritualité et l'immortalité de l'âme, la loi morale et la vie future, « toute philosophie qui affirme cela, le prouve et le démontre, n'importe dans quel langage et par quel procédé, est une philosophie chrétienne, » en ce sens qu'elle s'unit par ce côté au christianisme, et aussi en ce sens qu'elle lui emprunte une partie de ses lumières [2]. Je ne crois pas qu'aucun philosophe spiritualiste soit disposé à disputer là-dessus et à répudier pour sa doctrine une telle appellation ; car aucun philosophe spiritualiste ne contestera ce que la saine philosophie a dû, depuis dix-huit siècles, de progrès et de clartés à la pensée chrétienne. J'ai donc le droit d'invoquer pour la philosophie le témoignage de l'éloquent

---

[1]. *Discours sur les études philosophiques* (*Correspondant* du 25 août 1859).
[2]. *Id., ibid.*

Dominicain. A ses yeux, comme aux yeux du P. Gratry, supprimer la philosophie, c'est découronner l'esprit humain ; c'est surtout mettre en péril toute religion, puisque c'est abattre le seul rempart qui la protége contre un scepticisme absolu.

II

Entre l'école catholique qui, même en reconnaissant une philosophie indépendante, maintient la prééminence de la foi, et l'école spiritualiste ou rationaliste, qui ne reconnaît d'autre autorité que la raison ; — entre ces deux opinions nettement tranchées se placent certaines doctrines mixtes, tenant un peu de l'une et de l'autre ; appartenant au rationalisme en ce qu'elles soumettent toutes choses, même les matières de foi, au contrôle de la raison individuelle ; et se rattachant pourtant au christianisme en ce qu'elles retiennent quelques-uns de ses dogmes révélés, quelques-unes de ses croyances surnaturelles : c'est ce que j'ai appelé le rationalisme chrétien. Ce rationalisme chrétien n'est au fond, et pour l'appeler de son vrai nom, qu'une sorte de protestantisme. Il y a en lui un défaut de conséquence si apparent, qu'en France, où nous sommes souvent, il est vrai, plus logiques que raisonnables, cette doctrine n'a jamais rencontré grande faveur et ne semble pas faite pour exercer une bien sérieuse influence. Et toutefois, les noms sous lesquels elle s'est produite de nos jours, et la forme originale qu'elle a revêtue, lui prêtent une gravité qui ne nous permet pas de la passer complétement sous silence. C'est ici le lieu d'en dire quelques mots, avant d'en venir à l'école spiritualiste proprement dite.

Un des plus grands esprits de ce temps-ci, M. Guizot, parlant devant la Société biblique, a prononcé, il y a quelques années, des paroles qui ont eu un certain retentissement, et qui méritaient en effet d'être remarquées, car elles sont toute une profession de foi philosophique : « Quelle est, di-
« sait-il, au fond et religieusement parlant, la ques-
« tion suprême qui préoccupe aujourd'hui les es-
« prits? C'est la question posée entre ceux qui
« reconnaissent et ceux qui ne reconnaissent pas
« un ordre surnaturel, certain et souverain, quoi-
« qu'impénétrable à la raison humaine; la question
« posée, pour appeler les choses par leur nom,
« entre le *supernaturalisme* et le *rationalisme*.
« D'un côté, les incrédules, les panthéistes, les
« sceptiques de toute sorte, les purs rationalistes;
« — de l'autre, les chrétiens.

« Parmi les premiers, les meilleurs laissent sub-
« sister, dans le monde et dans l'âme humaine, la

« statue de Dieu, s'il est permis de se servir d'une
« telle expression, mais la statue seulement, une
« image, un marbre. Dieu lui-même n'y est plus.
« Les chrétiens seuls ont le Dieu vivant.

« *C'est du Dieu vivant que nous avons be-
« soin* [1]. »

Oui, c'est sagement et éloquemment dit ; oui, *c'est du Dieu vivant que nous avons besoin !* Mais, en vérité, n'y a-t-il pas ou inadvertance ou injustice à confondre ainsi et à envelopper dans la même condamnation les écoles les plus opposées, les spiritualistes et les matérialistes, les théistes et les athées, les rationalistes et les sceptiques ? Quoi donc ! est-ce la même chose d'adorer un Dieu personnel, intelligent et créateur, ou de ne reconnaître pour Dieu qu'une abstraction logique, un idéal qui se réalise dans le monde et dans l'humanité ? Si celui-ci peut à bon droit être appelé un Dieu mort, moins qu'une image, un mot vide et un vrai fantôme ; le Dieu qu'adorent les spiritualistes, le Dieu qui est pour eux la cause première, le type de toute perfection, le principe de toute vérité et de toute justice, le père et le juge des hommes, ce Dieu-là n'est-il pas un Dieu réel et vivant ? N'est-ce pas le même qu'avait entrevu Platon

---

1. Discours à la Société biblique protestante, — 30 avril 1851. — (Préface des *Méditations et Études morales.*)

dans les splendeurs de la Beauté éternelle, qu'à la clarté de l'Évangile contemplait l'âme ardente de saint Augustin, sur lequel médita Descartes, dont Leibnitz proclama la Providence, et qu'aujourd'hui, s'inspirant de ces grands génies, l'école spiritualiste essaye de défendre contre les attaques réunies des sceptiques et des panthéistes? Entre cette école et celle de Hegel, il n'y a pas seulement une nuance, il y a opposition radicale; il y a la différence du oui au non, de la chimère à la réalité.

Je sais bien que M. Guizot s'est défendu d'une confusion aussi injuste : il a expliqué qu'il avait voulu dire une seule chose, à savoir que tous les rationalistes, quelle que fût d'ailleurs la diversité de leurs opinions philosophiques, avaient ceci de commun, qu'ils rejetaient la croyance *à un ordre surnaturel*, et qu'en cela, à son avis, tous détruisaient également la religion et mettaient la société en péril[1]. — J'accepte avec empressement l'interprétation donnée par l'illustre orateur à ce que ses paroles avaient d'obscur et de trop absolu; mais j'oserai dire qu'il se trompe dans la manière dont il pose « la grande question religieuse, la question suprême de ce temps-ci. » La question du rationalisme et du *supernaturalisme*, comme il dit, en d'autres termes de la philosophie et de la révéla-

---

1. *Études morales*, préface.

tion, de la raison et de la foi, cette question-là qui a été le champ de bataille du xviiie siècle, je ne dis point qu'elle soit aujourd'hui ni résolue, ni écartée; mais je dis qu'elle est rejetée au second plan. Je ne conteste point sa gravité ni sa portée sociale, mais je dis qu'à l'heure qu'il est une autre question la prime, en fait et en logique : c'est celle que je rappelais tout à l'heure, c'est celle qui se débat entre les sceptiques et les théistes, entre ceux qui admettent un Dieu réel, personnel, intelligent, et ceux qui ne croient qu'à des lois *immanentes*, ou à un idéal impersonnel et inconscient.

Et on me permettra d'ajouter que c'est là une question bien autrement grave, bien autrement urgente et redoutable. La première n'emporte que la révélation; elle laisse debout ce qu'on est convenu d'appeler la religion naturelle, Dieu, la spiritualité de l'âme, la vie future; la seconde emporte tout, et elle ne laisse derrière elle que le néant.

Personne ne conteste que la croyance au surnaturel, que la foi en une révélation donne au sentiment religieux une force, une vie, une fécondité dont la philosophie spiritualiste la plus pure est absolument incapable. En ce sens, le Dieu des chrétiens, comme le dit M. Guizot, est par excellence le Dieu vivant. Est-ce à dire que le Dieu du spiritualisme ne soit qu'une muette idole, *une statue, un marbre?* Est-ce à dire qu'en dehors du surnaturel

les croyances religieuses soient *superficielles et bien près d'être vaines?* N'est-ce rien que de donner à la loi morale une base et une sanction, d'apprendre à l'homme que son âme a des destinées immortelles? A ceux qui n'ont plus la foi dans le surnaturel, est-ce chose si *vaine* de conserver du moins ces grandes vérités, qui sont le fondement commun de toutes les religions humaines? La foi elle-même, que deviendra-t-elle, si ces vérités premières sont ébranlées? Faut-il donc que j'invoque ici contre M. Guizot un prêtre catholique défendant la philosophie? « Rejetez la philosophie, disait le P. La-
« cordaire; déclarez-la suspecte *ou inutile*, sous
« le prétexte que la foi du pâtre et de l'enfant suffit
« à la vérité, et vous verrez bientôt ce que devien-
« dra la foi elle-même, aux prises avec la terrible
« puissance du sophisme [1]. »

M. Guizot, qui témoigne partout de son respect pour la raison et qui réclame énergiquement pour elle la liberté, fait preuve pourtant à son égard d'une singulière défiance. Ce n'est pas sans quelque étonnement, par exemple, qu'on l'entend déclarer que l'immortalité de l'âme est un fait « qui ne se déduit point, ne se prouve point, et même ne s'explique point; qu'il ne saurait entrer dans le domaine de la science, et que l'homme ne peut le saisir que sous

---

1. *Discours sur les études philosophiques.*

sa forme instinctive et spontanée[1]. » — Il y a là une exagération qui, prise à la lettre, ne conduirait à rien moins qu'à un véritable scepticisme philosophique, détrônant la raison au profit du sentiment et de l'instinct, scepticisme dangereux, on le sait assez, et qui, avec la prétention de donner à la religion une base plus ferme, ruine à la fois la philosophie et la religion. M. Guizot a été mieux inspiré, il a mieux fait la part légitime de la philosophie et de la religion, lorsque, parlant dans le même livre de l'état des idées en France et de l'attitude de la philosophie vis-à-vis du christianisme, il écrivait :
« La philosophie connaît mieux aujourd'hui les
« conditions de la moralité et de la société hu-
« maine. Elle sait qu'elle n'y suffit point elle-même ;
« qu'elle ne suffit ni aux âmes ni aux peuples ; que,
« dans la nature de l'homme et de l'ordre général
« des choses, la part de la religion est immense, et
« que la philosophie ne doit point la lui contester...
« La philosophie est près de redevenir elle-même
« sincèrement et sérieusement religieuse. Elle ne
« changera point de nature ; elle restera la philo-
« sophie, *c'est-à-dire la pensée libre* et ne relevant
« que d'elle-même, quel que soit le champ où elle
« s'exerce[2]. »

---

1. *Études morales*, in-12, 1858, p. 107, 108, 112.
2. *Méditations et Études morales*, p. 84-85.

Une opinion très-analogue à celle de M. Guizot, au moins quant au principe, est celle du pasteur américain Channing, dont les idées ont eu en France, depuis une dizaine d'années, quelque retentissement et ont conquis quelques partisans. Channing aussi est un rationaliste qui veut rester chrétien. Son rationalisme est même singulièrement hardi, tellement hardi qu'on se demande s'il a bien encore le droit de se dire chrétien, s'il n'est pas la négation même du christianisme. Il n'admet pas la divinité de Jésus-Christ en effet, mais il admet le caractère divin de sa mission. Il ne voit pas en lui un Dieu, mais un *fils de Dieu* au sens biblique, un représentant de Dieu, un envoyé inspiré par lui. Tout en abandonnant la divinité du Christ, tout en écartant la Trinité, le péché originel, la rédemption, Channing s'attache pourtant à l'Évangile comme au moyen suprême d'échapper à l'impuissance philosophique. Car, s'il a foi dans la raison, il a peu de confiance dans la philosophie. Il la tient pour une science incomplète, souvent hypothétique, toujours insuffisante, et alors même qu'elle est le plus sincèrement spiritualiste, exposée à glisser dans les monstrueuses erreurs du panthéisme.

La philosophie a donc besoin d'un complément : ce complément est la religion. C'est au nom même de la raison que Channing constate cette nécesssité, et proclame la supériorité du christianisme sur la philosophie. Mais ce qu'il demande au christianisme, ce n'est point un ensemble de solutions toutes faites sur des problèmes inaccessibles à l'homme ; c'est la lumière intérieure, c'est le sentiment religieux qui échauffe plus encore qu'il n'éclaire ; c'est cet amour de Dieu et des hommes qui respire dans toutes les pages de l'Évangile. Là est pour lui le seul moyen de réconcilier la raison avec la foi, d'échapper aux doutes de l'esprit, aux contradictions religieuses, et de rapprocher les hommes séparés par la diversité des croyances. L'unité des croyances suppose l'uniformité des intelligences, qui est impossible. En religion comme en science, il faut renoncer à atteindre l'absolu : laissons donc libre le sens individuel ; laissons chaque homme chercher la vérité dans la mesure de ses forces. L'unité ne peut pas être dans un symbole commun : Dieu a mis le principe d'union, non dans l'esprit, mais dans le cœur de l'homme ; les dogmes nous divisent, c'est l'amour seul qui peut nous unir [1].

Channing a eu la bonne fortune de trouver en France, pour introducteur et pour interprète, un homme dont le talent était fait plus que tout autre pour lui assurer des lecteurs et lui gagner des disciples. Esprit élevé, généreux, ami de la libre pen-

---

1. Channing, *Traités religieux*, trad. par Éd. Laboulaye. — Paris, 1857.

sée en même temps que profondément religieux, M. Ed. Laboulaye avait pour traduire et commenter les écrits du pasteur américain toutes les qualités que demandait une telle mission. Trop philosophe lui-même pour médire de la philosophie et reprendre contre elle la thèse dangereuse des sceptiques, il a, en développant le système de Channing, habilement insisté sur un seul point : — l'inconsistance de nos idées, l'absence de convictions chez les hommes de ce temps-ci, l'énervement des esprits, le matérialisme pratique qui nous envahit. Et montrant la cause de ces maux dans l'extinction de la foi religieuse, il s'est attaché à nous convaincre que le seul moyen d'y remédier était, sans renoncer à la raison, sans abdiquer sa souveraineté et sa liberté, de revenir, selon le conseil de Channing, à l'Évangile, source éternelle de vérité et de vie morale [1].

C'est là une thèse à la fois habile et loyale; car, de prétendre comme Channing que la philosophie spiritualiste glisse fatalement dans le panthéisme, cela n'est pas soutenable. Il n'y a ici qu'une considération vraiment forte : c'est l'insuffisance de la philosophie à satisfaire le besoin de foi qui est dans l'homme, et la nécessité d'appeler la religion à com-

---

[1]. Voyez l'*Introduction aux Traités religieux* de Channing, par M. Éd. Laboulaye, — et *La liberté de conscience* par le même (1858), préface, p. x et suiv., et p. 210 et suiv.

battre les défaillances et les misères morales de notre temps. Le moyen qu'on propose est-il efficace? Le rationalisme peut-il se concilier à ce point avec la foi? Channing et son éloquent interprète ne se font-ils point à cet égard illusion ?

L'originalité de Channing consiste en ce que, après avoir proclamé d'une part la souveraineté de la raison, de l'autre la nécessité de la religion, ne voulant sacrifier aucun de ces principes à l'autre, il essaye de les concilier et de les faire vivre côte à côte. Plus conséquent que la plupart des protestants, il pousse jusqu'au bout le principe de la liberté en matière de foi et de l'indépendance du sens individuel : il ne relève pas dans la Bible l'autorité infaillible qu'il a méconnue dans l'Église. En cela, j'en conviens, il est logique et hardi ; mais on se demande pourquoi, après avoir rejeté l'autorité littérale de la Bible, il s'arrête devant l'autorité morale de l'Évangile? Quand on a nié la divinité de Jésus-Christ, de quel droit affirmer en lui l'inspiration divine? Quelle raison de croire à la résurrection du Christ et à tous les miracles de l'Évangile, plutôt qu'au péché originel et à la rédemption? A admettre le surnaturel, je ne vois pas de motif de s'arrêter ici plutôt que là : une fois entré dans la voie du miracle, il est illogique de faire à Dieu sa part.

Pour concilier ces deux principes opposés, Channing n'a donc qu'un procédé arbitraire. Si avec lui je reconnais dans l'Évangile l'inspiration divine, si j'admets le miracle ; alors sans doute j'ai avec lui une foi, une religion, et, mon rationalisme s'arrêtant de lui-même à cette limite, il y a accord entre les deux principes. Mais si mon sens individuel, toujours souverain (il l'accorde), franchit cette limite dernière; si, la divinité de Jésus-Christ ôtée, tout le surnaturel s'évanouit à mes yeux; il est clair que la conciliation échoue, que le rationalisme l'emporte, et que l'Évangile ne sera pour moi qu'un livre un peu plus beau que les autres livres humains, inspiré, saint et divin en ce sens seulement que l'idéal de la sainteté, de la vérité, de la justice s'y sera exprimé et réalisé mieux que partout ailleurs.

Or, j'ai bien peur que cette dernière hypothèse ne soit celle qui se produira le plus souvent, surtout pour les lecteurs français. En Allemagne, en Angleterre, aux États-Unis, ce partage souvent très-arbitraire entre le rationalisme et la foi est chose commune : il est même dans les habitudes de l'esprit germanique et anglo-saxon, chez lequel le besoin de liberté et le besoin de foi, également prononcés, se font, à ce qu'il semble, plus naturellement équilibre. Mais en France, il en est tout autrement. Ce partage nous étonne et nous choque. Nous sommes absolus et tout d'une pièce : en religion

comme en politique, nous poussons la logique à outrance; tout pour l'autorité ou tout pour la liberté, — ou catholiques ou rationalistes. Nous n'admettons pas qu'on choisisse dans le christianisme, qu'on soit pour moitié croyant et incrédule pour moitié. C'est peut-être un malheur, un défaut de l'esprit national ; toujours est-il que c'est de la logique, et je ne vois pas trop ce que Channing et ses disciples y peuvent objecter. — « Il semble, dit
« M. Laboulaye, qu'en dépouillant le Sauveur de
« son auréole séculaire, ils l'affaiblissent. Point du
« tout. En rapprochant de nous le Fils de l'Homme,
« celui qui a porté nos misères et nos douleurs, ils
« le rendent plus vrai et plus grand. Cette figure
« du Crucifié qui nous tend ses bras sanglants, n'a
« jamais été plus douce ni plus adorable. La divi-
« nité du Christ nous étonne, son humanité nous
« attire et nous conquiert : fussions-nous païens
« comme le centurion, il nous faut crier avec lui :
« Cet homme est vraiment Fils de Dieu [1]. » Je le répète, je crains que ce ne soit là une illusion. Je crains qu'en dépouillant le Christ de sa divinité, en lui ôtant sa mystérieuse auréole, loin de le faire plus grand, vous lui ôtiez le prestige qui faisait sa puissance. Il reste aussi vrai, je le veux; sa figure auguste et douce est toujours aussi touchante :

---

1. *La liberté religieuse,* préface, p. xv et xvi.

mais sa divinité qui *nous étonne*, n'est-ce pas parce qu'elle nous étonne qu'elle nous domine et nous captive?

Il est donc difficile de croire au succès de Channing et de ses disciples; mais leur entreprise n'en est pas moins généreuse, pas moins digne d'encouragement. Dans l'affaiblissement général de la foi, s'efforcer de sauver, de ranimer le sentiment religieux, l'esprit chrétien, l'esprit évangélique, c'est se donner une noble tâche, et si peu qu'on réussisse, c'est bien mériter de l'humanité. Au point de vue philosophique, on ne peut se dissimuler que la doctrine du pasteur américain prête à de sérieuses critiques; au point de vue religieux, il faut reconnaître qu'elle repose sur deux grandes idées : la première, c'est que l'uniformité absolue des opinions est impossible, et que la seule unité réalisable est celle du sentiment moral ; — la seconde, c'est que la vraie religion, le vrai christianisme est bien plus dans l'amour de Dieu et des hommes que dans l'adhésion à un symbole. Chacun ici-bas prétend avoir seul la vérité et condamne ceux qui ne pensent pas comme lui. Mais quoi ! dit Channing, ce n'est pas la vérité que Dieu nous demande, c'est la vertu. Sans doute la vérité existe, et il faut la chercher ; mais c'est de la chercher qui importe, ce n'est pas de l'avoir trouvée. Celui qui cherche d'un cœur droit, celui qui aime Dieu et ses semblables, celui-là, eût-il erré, sera absous. Avec de telles idées, on ne fonde ni une église, ni une école; mais avec de telles idées, on répand la charité, on propage la tolérance, on sert à la fois la religion et la liberté, on est dans le véritable esprit de l'Évangile.

III

Venons enfin à l'école des rationalistes purs, à l'école que j'ai appelée spiritualiste, et qui, sans nier la religion révélée, la considère comme placée en dehors de la science, et sans y introduire un rationalisme qui lui est contradictoire, s'efforce par le seul secours de la raison naturelle de fonder la philosophie religieuse. Pour cette école, la philosophie est une chose, et la religion en est une autre. Elle ne songe ni à envahir, ni à diminuer le domaine légitime de la religion; mais elle prétend aussi rester indépendante et maîtresse dans sa sphère propre; et dans cette sphère elle a la prétention d'atteindre à de grandes et utiles vérités.

Pendant les années qui précédèrent la révolution de 1848, l'école spiritualiste, violemment attaquée par des adversaires de plus d'une sorte, s'était renfermée dans une défensive trop dédaigneuse peut-être, et n'était guère sortie de ses travaux d'histoire et de critique. Après 1848, d'autres causes prolongèrent son silence : les temps n'étaient guère propices aux méditations philosophiques; on en était réduit à défendre la société et ses premiers principes contre de dangereuses utopies. Mais c'est un besoin de l'esprit humain de revenir à ces hautes études, aussitôt qu'un peu de calme lui est rendu : ce besoin ne pouvait manquer de se faire sentir plus vivement encore dans le désordre d'idées qui s'était produit et au milieu du débordement d'athéisme qui commençait.

Celui qui rentra le premier dans la lice, et cette fois encore donna l'exemple et l'impulsion, ce fut l'illustre chef de l'école spiritualiste, M. Cousin. Distrait ou consolé, pendant les mauvais jours, par des travaux d'histoire qui avaient captivé son esprit sans lui faire oublier la philosophie, il revenait à ces austères études de sa jeunesse par une œuvre qui comptera au nombre de ses plus belles, et qui, dès le premier jour, en dépit des préoccupations politiques et des passions du moment, conquit la faveur universelle. C'était le livre *Du vrai, du beau et du bien*. Ce livre touche pourtant aux plus hautes théories, aux plus difficiles sujets de la métaphysique ; mais l'art suprême qui s'y déploie, la beauté sévère du style ont jeté sur ces matières abstraites un attrait auquel tous les esprits élevés devaient être sensibles.

Avec cette forte simplicité qui est le cachet des

maîtres, et dans une langue qui rappelle celle des grands écrivains du dix-septième siècle, M. Cousin s'est appliqué à mettre dans une vive lumière les principes fondamentaux de toute philosophie et de toute morale. Sous ces trois formes, le vrai, le beau, le bien, il recherche, il dégage, il analyse les conceptions universelles et nécessaires de la raison. Il montre la vérité absolue, la beauté souveraine, le bien idéal saisis par une intuition spontanée et directe de notre intelligence, à l'occasion de notions particulières et de faits contingents ; et selon la théorie de Platon, ayant en Dieu leur essence, et supposant nécessairement Dieu comme les attributs supposent la substance. De cette théorie, l'auteur fait sortir de hautes considérations sur l'immortalité de l'âme, sur le sentiment religieux et la morale publique et privée. Il y rattache enfin de magnifiques développements sur la loi supérieure de l'idéal qui doit présider à l'art : les pages éloquentes qui ont trait à ce sujet ne sont pas celles qui ont le moins contribué au succès de l'ouvrage.

Un tel livre ne s'analyse pas : sa force est dans l'exposition des principes et de leurs conséquences. Fonder la théodicée sur les trois plus hautes conceptions de l'esprit humain; mener l'homme à Dieu, non point par les sentiers périlleux de la logique et de l'abstraction, mais par ces routes larges et lumineuses où s'élance naturellement l'intelligence humaine, et au bout desquelles brille à nos yeux ce triple idéal qui est comme la triple face sous laquelle nous apparaît la perfection divine ; c'était donner de la philosophie religieuse une formule à la fois simple et grande ; c'était rendre au spiritualisme un éminent service, au moment où commençaient à s'introduire chez nous les subtilités de la métaphysique allemande. Et le mérite du livre était d'autant plus grand que les idées les plus élevées s'y produisaient sous une forme plus simple ; que la philosophie, sans y rien perdre de sa sévérité et de sa rigueur, y parlait une langue d'une admirable clarté, dégagée de tout appareil scolastique et rebutant. Il n'y a que les sophistes qui aiment à s'envelopper de formules nuageuses ; il n'y a que les mauvais écrivains qui aient besoin pour exprimer leurs idées des termes pédantesques et barbares de l'école.

On peut s'étonner d'une chose en lisant ce livre : c'est qu'il semble ignorer les attaques dirigées aujourd'hui contre la philosophie spiritualiste ; c'est qu'il n'en tient pas compte, et ne répond à aucune des objections élevées depuis trente ans par les disciples de Hegel contre la distinction et la personnalité de Dieu. Sans nul doute, au point de vue actuel, il y a là une lacune, et on peut regretter que l'illustre maître n'ait pas sur un si grave sujet apporté le poids de sa dialectique et de son éloquence. Mais ce livre *du Vrai, du Beau et du*

Bien n'était originairement qu'un recueil de leçons faites par M. Cousin en 1819 ; et en les redonnant au public, en 1853, revues et développées, l'auteur avait tenu à leur laisser leur caractère primitif : il n'avait voulu faire et il n'avait fait de ce livre, au lieu d'une œuvre de circonstance, qu'une exposition de principes ; pensant que c'était peut-être le meilleur moyen de servir la cause de la vérité, et laissant à d'autres plus jeunes le soin de soutenir le combat et de défendre le drapeau.

Deux jeunes et brillants écrivains, disciples de M. Cousin, et ayant continué son enseignement avec éclat, M. Jules Simon et M. Émile Saisset, se sont acquittés de cette tâche avec autant de succès que de talent. Tous deux arrivaient préparés à la lutte par des études profondes sur les anciennes doctrines panthéistes ; M. Jules Simon, par son *Histoire de l'École d'Alexandrie ;* M. Émile Saisset, par sa traduction des œuvres de Spinoza ; l'un et l'autre déjà connus par de remarquables travaux de critique ; l'un et l'autre sachant, ce qui est aujourd'hui nécessaire si on veut que la philosophie ne perde pas tout crédit, rendre les plus hautes conceptions de la science accessibles et intelligibles à tous.

Déjà M. Jules Simon, dans son beau livre *du Devoir* (1853), avait incidemment touché à quelques-unes des questions de la philosophie reli-

gieuse. Mais c'est seulement dans son ouvrage de
La Religion naturelle (1856), qu'il aborda directement ce grand sujet.

On peut ne pas partager, même quand on est philosophe spiritualiste, toutes les opinions de M. Jules Simon. Mais il est impossible, fût-on son adversaire, de ne pas rendre hommage en le lisant à l'élévation de la doctrine, à la sincérité de l'homme, à la loyauté de l'écrivain. Épris d'une seule passion, l'amour de la vérité, il la met au-dessus de tout et fait tout taire devant elle. Aussi sincère avec lui-même qu'avec les autres, il ne se dissimule ni les objections ni les difficultés; il ne cherche à voiler ni les lacunes ni les incertitudes de la science : là où il doute, il a la franchise de le dire; là où il ignore, il a le courage de l'avouer. Il pense, non sans raison, que la philosophie n'a rien à gagner à se faire illusion sur ses propres forces, et que le moyen de s'affermir dans les vérités qu'elle a conquises, c'est de sacrifier sans faiblesse les chimères qu'on lui a fait trop souvent accepter pour des réalités.

Aussi, dès les premières pages de son livre, fait-il tout de suite bon marché de ces arguments que l'école, depuis des siècles, répète de confiance et qu'on est convenu d'appeler les preuves de l'existence de Dieu. Il montre sans peine que ces prétendues preuves, celles-là même que recommandent les plus graves autorités, et auxquelles les plus grands génies ont attaché leur nom, ne sont point des raisonnements de nature à convaincre un athée ; car toute leur force réside dans une même idée qui est leur base commune, à savoir l'idée de l'infini ; d'où il suit que, inutiles pour ceux qui admettent cette idée et la conçoivent comme nous, elles sont dénuées de toute espèce de valeur pour ceux qui ne l'admettent pas ou la conçoivent autrement. Posant donc la question ainsi qu'elle doit être posée et se dégageant délibérément des vains arguments de la scolastique, M. Jules Simon ramène toute la démonstration de l'existence de Dieu à la conception de l'infini ; quel que soit, d'ailleurs, le point d'où notre esprit soit parti, et la route qu'il ait suivie pour s'élever à cette idée supérieure. De l'idée de l'infini, unie à l'idée d'une cause nécessaire, sort pour nous la notion d'un Dieu parfait et d'un Dieu créateur : voilà toute la preuve. Il n'y en a pas, et il ne peut pas y en avoir d'autres. Une analyse sévère des idées de la raison conduit d'ailleurs l'auteur à cette conclusion, trop souvent perdue de vue dans nos spéculations, c'est que, par là même que Dieu est l'infini, si son existence est certaine, sa nature, son essence sont pour nous incompréhensibles [1].

C'est naturellement sur la grande question de la

---

1. *La religion naturelle,* première partie, ch. 1 et 2.

création que M. Jules Simon rencontre le panthéisme et qu'il est amené à le discuter. On comprend que je ne songe point à reproduire ici, même dans ses traits principaux, la vigoureuse réfutation qu'il en donne. L'analyser serait l'affaiblir : je renvoie au livre, et n'en veux dire ici qu'un mot.

M. Simon, réduisant la discussion à ses termes les plus précis, fait voir d'abord que si la création est en soi inexplicable pour la raison humaine, il n'y a rien à en conclure contre le théisme; car, pour comprendre et expliquer la création, il faudrait que l'homme comprît et expliquât la nature de Dieu, ce qui n'est possible qu'à Dieu; — en second lieu, que toutes les difficultés que la métaphysique rencontre sur ce point se réduisent à un seul problème, qui est la coexistence du fini et de l'infini, ou, ce qui est la même chose, de l'unité et de la pluralité, du parfait et de l'imparfait; et que ce problème n'est pas plus résolu par le panthéisme que par la doctrine de la création. Le panthéisme, en effet, ne veut pas supprimer Dieu, il ne veut pas non plus supprimer le monde; il soutient que le monde et Dieu ne font qu'un. La question se ramène donc à ceci : « Est-il plus difficile de comprendre que la pluralité fasse partie de l'unité, ou que la pluralité soit en dehors de l'unité ? En d'autres termes : Est-il plus difficile de comprendre que l'imparfait existe en dehors du parfait, ou qu'il en fasse partie[1]? » — Qu'on argumente de l'impossibilité de comprendre qu'il y ait quelque chose en dehors de l'infini, — ou de l'impossibilité de comprendre que l'être parfait ait eu besoin de créer quelque chose en dehors de soi, — ou enfin de la difficulté d'expliquer qu'il existe du mal, c'est-à-dire de l'imperfection dans le monde créé par un être parfait; — sous toutes ces formes, c'est toujours la même objection.

Le mal existe, il est vrai, quoique, en somme, le bien domine dans le monde, et atteste à la fois l'intelligence et la bonté du Créateur. Mais, en soi, qu'est-ce que le mal? Ce n'est autre chose que l'imperfection. Le mal est donc de l'essence même de tout être fini, car qui dit fini dit imparfait. L'objection, dès lors, ne porte plus que sur la mesure et le degré, et, réduite à ces termes, c'est le problème même de la création, c'est l'inévitable question : Pourquoi et comment l'être imparfait existe-t-il[2]?

Il faut en dire autant de l'objection tirée de l'immutabilité de Dieu. Encore un problème insoluble, ou plutôt toujours le même problème, le problème éternel et peut-être unique de la philosophie, la coexistence du fini et de l'infini. Ce problème, on le pose, on en précise les termes ; on ne le résout pas.

---

1. *La Religion naturelle*, première partie, ch. 3.
2. *Id.*, deuxième partie, ch. 2.

Les panthéistes y échouent comme nous : au lieu de mettre le multiple, le fini, l'imparfait hors de Dieu, ils le mettent en Dieu. La différence est-elle moindre? Conçoit-on que l'un contienne le multiple en restant un? que l'immuable contienne la mobilité sans cesser d'être immuable? que le parfait contienne l'imperfection sans cesser d'être parfait? N'y a-t-il pas là une flagrante contradiction?

« Il est aussi impossible d'expliquer la création
« que de la nier. — Répondre ainsi, ajoute M. Si-
« mon, c'est avouer qu'on ne peut pas répondre et
« déclarer qu'on s'y résigne. Il ne nous coûte ja-
« mais d'avouer que la philosophie a des bornes, et
« que Dieu, qui a donné à l'intelligence humaine
« un si vaste champ à explorer qu'elle ne l'épui-
« sera jamais, s'est réservé directement tout ce qui
« touche à sa perfection infinie[1]. »

Je ne suivrai pas M. J. Simon dans les deux dernières parties de son livre : l'une où il traite, avec la même fermeté de doctrine et la même élévation, de l'immortalité de l'âme; l'autre où il parle du culte dans les limites de la religion naturelle.

Ce livre est, on peut le dire, le résumé le plus complet, l'exposé le plus clair, la défense la plus habile et la plus éloquente des principes de la philosophie spiritualiste. On ne saurait poser les ques-

1. *La Religion naturelle*, deuxième partie, ch. 3.

tions avec plus de netteté ; on ne saurait avec plus de sagacité les circonscrire et les ramener à leurs termes précis. Nul surtout n'a d'une main plus ferme marqué les limites de la science, et imposé à son ambition le difficile devoir de se contenir là où l'ignorance est invincible. C'est là, à mon avis, un des grands mérites de ce livre ; c'est aussi en partie ce qui fait sa force de persuasion. On se confie volontiers à un guide de si bonne foi. Dégagée de tout esprit de système, de toute théorie hasardeuse, la philosophie spiritualiste prend ainsi sous la plume de M. Simon une simplicité qui ne lui ôte rien ni de sa force ni de sa grandeur.

Le livre de M. Émile Saisset [1] n'a ni le même objet ni le même caractère que celui de M. Simon. Ce n'est point un exposé dogmatique des principales vérités de la religion naturelle ; c'est une étude qui a pour objet tout spécial une question particulière de la philosophie religieuse, la question de la personnalité de Dieu. M. Saisset raconte dans sa préface comment il a été conduit à l'examen de cette question par le changement de front qui s'est opéré de nos jours dans la polémique des panthéistes. Autrefois, c'était un argument qui semblait péremptoire que de leur opposer ce dilemne : Ou bien Dieu

---

1. *Essai de philosophie religieuse*, 1 vol. in-8, 1859.

est tout, Dieu seul est réel, et alors la personnalité humaine disparaît dans l'Être universel; — ou bien le monde est tout, le monde est la seule réalité, et alors Dieu n'est plus qu'une abstraction, sa personnalité s'évanouit. Aujourd'hui ce dilemme ne vaut plus contre les panthéistes, car pour les disciples de Hegel la personnalité divine est une vieille superstition, un reste d'anthropomorphisme qui doit disparaître devant la nouvelle critique. Il faut donc chercher d'autres armes contre le panthéisme : il faut étudier de plus près cette question de la personnalité de Dieu, et voir ce que valent les objections qu'ils produisent à ce sujet. C'est ce qu'a voulu faire M. Saisset.

Son livre se divise en deux parties. Dans la première, qui se compose d'études historiques, l'auteur expose ce qu'ont pensé, touchant la nature de Dieu, les plus grands philosophes modernes. Il passe successivement en revue les systèmes de théodicée de Descartes, de Malebranche, de Spinoza, de Newton et de Leibnitz. C'est une idée heureuse d'avoir ainsi rapproché, dans un tableau clair et animé, les opinions philosophiques de ces grands esprits. Peut-on faire mieux, avant de s'interroger soi-même sur des problèmes si redoutables, que d'interroger ces profonds génies dont les erreurs mêmes sont pour nous de féconds enseignements? Toute cette partie du livre de M. E. Saisset, très-attachante par l'intérêt du sujet, est remarquable par la clarté de l'exposition et la justesse de la critique.

Arrivant aux temps modernes, M. Saisset rencontre les deux grands adversaires du spiritualisme, le scepticisme de Kant et le panthéisme de Hegel. Avec une grande netteté d'idées et d'expression, il dégage les principes de ces deux systèmes, et les soumet à une discussion qui, pour être rapide, n'en est pas moins ferme et décisive. Il montre comment l'analyse arbitraire de Kant, substituant la logique à l'observation directe de la pensée humaine, l'a conduit à mettre en doute jusqu'à l'unité, la spiritualité et la liberté de l'âme; comment elle a faussé les idées de substance et de cause, et ainsi ébranlé jusqu'à la croyance au monde extérieur et à Dieu. Sans contester ce qu'il y a de puissant et de fondé dans la critique que Kant a faite des vieux syllogismes par lesquels l'école prétendait démontrer l'existence de Dieu, il fait voir que cette critique, irrésistible contre les déductions logiques, est sans valeur contre l'intuition rationnelle par laquelle l'esprit humain s'élève de l'idée du fini à l'idée de l'être infini.

Le système de Hegel n'est pas analysé avec moins de précision, ni dégagé avec moins de sagacité de ses obscurités métaphysiques. Le fameux principe de l'identité de la pensée et de l'être (tout ce qui est rationnel est réel, et tout ce qui est réel est rationnel); le principe plus étrange encore et plus subtil de l'identité des contradictoires se résolvant dans une unité supérieure; l'être et le non-être se réconciliant dans le *devenir;* enfin ce *processus* éternel des choses qui fait de l'esprit humain le terme suprême où les développements successifs de l'existence viennent se concentrer et se réfléchir; M. Saisset nous fait voir ces prodigieuses aberrations de la pensée allemande naissant presque fatalement de l'effort désespéré qu'elle a fait pour échapper au scepticisme Kant. Car comment sortir de l'enceinte étroite du moi où elle s'était enfermée avec Fichte, sinon en essayant d'établir, ou par l'intuition, comme Schelling, ou par la logique, comme Hegel, ce principe nouveau de l'identité de la pensée et de l'être; seule base sur laquelle pût s'élever désormais la science de l'absolu? Et quelle est la conséquence dernière de cette philosophie de l'absolu, sinon que l'esprit humain est le terme supérieur où tout aboutit, l'expression la plus haute de la pensée et de l'être, en un mot qu'il est Dieu. « L'homme divinisé, voilà le dernier mot de la philosophie allemande [1]. »

La seconde partie du livre de M. Saisset est purement dogmatique. Dans une suite de méditations, il reprend pour son compte les principales questions

---

[1]. *Essai de philosophie religieuse,* 7ᵉ étude, p. 319.

de la philosophie religieuse, et reproduit pour les discuter les objections des nouveaux pyrrhoniens et des nouveaux panthéistes. Sur la question notamment de la personnalité de Dieu, il pousse à bout la réfutation des sophismes qu'ils ont, la plupart, empruntés à Spinoza. Il fait voir que l'*activité immanente* donnée par les panthéistes à un Dieu qui se développe sans cesse, est tout aussi incompatible avec l'infini, tout aussi contradictoire à l'idée de Dieu que l'*activité transitive* que suppose la théorie de la création ; et que par conséquent le panthéisme ne résout point cet insoluble problème de la coexistence du fini et de l'infini. Non-seulement il ne le résout point, mais il y ajoute des impossibilités et des contradictions ; son absolu est un faux absolu ; son Dieu impersonnel est une abstraction vide ; sa conception d'un être indéterminé qui se réalise suivant des lois nécessaires, anéantit logiquement et la personnalité humaine, et la liberté morale, et le droit, et la justice. La nécessité, pour Hégel comme pour Spinoza, est la loi universelle, le rhythme éternel des choses [1].

Plus spécial que celui de M. Jules Simon, ce livre, on le voit, entre plus profondément encore dans l'étude des questions religieuses qui préoccupent aujourd'hui les esprits. Il les traite avec une

---

1. *Essai de philosophie religieuse*, 4° médit., p. 385-412.

vigueur, une netteté, une force de raison qui en font un ouvrage excellent. Personne, que je sache, en ce temps-ci, n'a porté une plus vive lumière sur ces points si obscurs de la métaphysique [1].

[1]. Si je n'ai parlé, dans le dernier paragraphe de ce chapitre que de MM. Cousin, Jules Simon et E. Saisset, ce n'est pas sans doute que depuis quinze ans l'école spiritualiste n'ait compté bien d'autres organes des plus autorisés, bien d'autres champions des plus vaillants. Mais ici comme ailleurs, pour l'école spiritualiste comme pour les autres écoles, j'ai dû choisir parmi beaucoup de noms et de livres recommandables, ceux qui m'ont paru résumer ses doctrines et ses travaux récents. Si j'avais voulu tracer un tableau complet de la philosophie spiritualiste contemporaine, j'aurais eu à signaler au premier rang les solides écrits de MM. Ch. de Rémusat, Damiron, Frank, Ad. Garnier, vieux et illustres soldats d'une cause à laquelle ils ont consacré une vie tout entière, et tout à côté les travaux distingués de jeunes écrivains qui sont l'espoir de la philosophie, MM. Paul Janet, Caro, A. Lemoine, Bersot, Lévêque. Je me serais gardé d'oublier dans cette liste un homme qui, sans se piquer de philosophie, s'est montré souvent un habile et éloquent défenseur du spiritualisme, M. Éd. Laboulaye.

— Ce livre était sous presse lorsqu'a paru l'ouvrage de M. Caro, intitulé l'*Idée de Dieu et ses nouveaux critiques*. Je ne puis que le mentionner ici : c'est une brillante et forte réfutation des doctrines de l'école française de Hegel.

CONCLUSION

I. De l'état actuel des esprits. — Les deux grandes questions philosophiques de notre temps.

Au terme de cette longue revue qui a fait passer devant nos yeux les principales doctrines de philosophie religieuse nées en France de nos jours, nous avons besoin de nous recueillir et de nous demander quels enseignements en sortent. Plus d'un demi-siècle s'est écoulé depuis le jour où, dans notre société lasse du doute et dégoûtée du matérialisme, se produisit tout à coup un mouvement presque universel de retour vers les idées spiritualistes et religieuses. Quel chemin avons-nous fait depuis ce jour? Où en sommes-nous, et où allons-nous? Après cinquante années de travaux, d'efforts en sens divers, de luttes entre le passé et l'avenir, de tentatives rétrogrades et d'utopies aventureuses, de recherches érudites et de méditations patientes, quel est aujourd'hui l'état des âmes?

Il n'y a plus à se faire illusion. On avait cru

naïvement, à la suite de ce mouvement de réaction dont je parlais tout à l'heure, que le siècle du doute, que le dix-huitième siècle, pour lui laisser son nom, était fini. On s'était trompé : le dix-huitième siècle se continue, il se développe. Il y a eu réaction contre le matérialisme, cela est vrai; le matérialisme a été vaincu. Mais le scepticisme n'a pas été vaincu; le scepticisme survit; il se montre sous des formes nouvelles, plus habile, plus profond, plus séduisant, et les idées religieuses trouvent en lui un adversaire plus redoutable que n'a jamais été le vieux matérialisme.

C'est là un fait qui n'est que trop évident. De quelque côté qu'on se tourne, il frappe les yeux. Interrogez les catholiques : s'ils sont sincères, ils ne feront point difficulté d'en convenir. Qu'est devenue la foi antique? De ceux qui sont, ou qui se disent revenus à elle, combien n'ont obéi qu'aux séductions de l'imagination ou au prestige des souvenirs! Combien d'autres n'ont cédé qu'à une lassitude de l'âme, au sentiment insupportable du vide; heureux de se dispenser, en acceptant une croyance toute faite, du soin de s'en choisir une à eux-mêmes[1]! Et, parmi ceux-là même qui sont les plus sincères,

---

1. « Quelle foy doibt-ce estre, que la lascheté et la foiblesse de cœur plantent en nous et establissent? Plaisante foy, qui ne croid ce qu'elle croid que pour n'avoir pas le courage de le descroire! » (Montaigne, *Essais*, l. II, ch. XII.)

combien encore ne sont chrétiens, si j'ose dire, que sous bénéfice d'inventaire, et, grâce à de certaines réserves et restrictions, tout en se croyant orthodoxes, sont au fond hérétiques ou rationalistes!

Non-seulement la foi ancienne n'a pas reconquis tout ce qu'elle avait perdu, mais ce qu'elle a reconquis, elle ne le possède plus aussi sûrement, aussi absolument. Son empire n'est plus le même, ni en étendue, ni en autorité. Tout le monde aujourd'hui est plein de respect pour le christianisme; tout le monde rend hommage non-seulement à sa morale, mais à la hauteur de son spiritualisme, à sa puissance civilisatrice : comme corps de doctrine, comme système de dogmes, il rencontre dans beaucoup d'esprits le doute; non pas le doute qui attaque et qui nie, mais le doute qui se défend et se refuse. Pour tout dire d'un mot, en même temps qu'on considère le christianisme comme utile, bienfaisant, nécessaire à notre société, la foi au surnaturel semble tous les jours s'éteindre davantage dans les âmes[1].

---

[1]. Voici ce que disait naguère à ce sujet un des écrivains les plus distingués de l'école catholique. « Une religion en géné-
« ral nécessaire, toute religion nouvelle ridicule, la religion
« existante surannée, voilà, j'en ai peur, ce que pense un Fran-
« çais pris au hasard ; et s'il était serré de près et sincère en
« ses aveux, il lui faudrait convenir qu'il regarde au même

Les idées spiritualistes ont regagné du terrain ; voilà le fait incontestable. Le christianisme, en tant qu'il exprime ces idées spiritualistes, a profité de ce mouvement des esprits ; mais, en dépit de l'influence qu'il a recouvrée, l'incrédulité se propage. Si le voltairianisme est passé de mode, si on ne rit plus de la Bible et des mystères, surtout si personne n'ose plus s'avouer matérialiste et athée, la foi chrétienne reste chez beaucoup à l'état d'aspiration vague ou d'adhésion extérieure, et chez le plus grand nombre, l'esprit critique, l'esprit rationaliste domine de plus en plus. Le rationalisme est dans l'air ; nous le respirons dès en naissant. On peut déplorer le fait : il n'est pas possible de le nier. C'est en ce sens que j'ai dit que le dix-huitième siècle n'était pas fini, qu'il se continuait et se développait.

Il se continue d'une autre manière, dans le domaine des idées philosophiques. Au moment où s'arrêtait en France le mouvement de la philosophie du dix-huitième siècle, où son scepticisme religieux venait aboutir au matérialisme abject des encyclopédistes et à la morale honteuse de l'intérêt, un autre scepticisme bien autrement puissant prenait naissance en Allemagne. Formulé par Kant,

---

« moment la même chose (et quelle chose !) comme indis-
« pensable et impraticable. » (M. Alb. de Broglie, *Etude sur madame Swetchine. Revue des Deux Mondes*, 15 juin 1861.)

ce nouveau scepticisme, en dépit de ses réserves, sapait par la base, non-seulement le christianisme, mais toute croyance religieuse. Vainement Kant avait essayé après coup de relever la foi spiritualiste ruinée par ses propres mains, vainement ses disciples se consumèrent après lui en efforts pour échapper au scepticisme dont il avait posé le principe : leurs tentatives ont échoué, et elles ne pouvaient pas ne pas échouer. Après avoir traversé l'idéalisme, le panthéisme, ils sont retombés de tout leur poids dans le scepticisme d'où ils étaient partis.

Sous la forme qu'il a reçue plus tard des mains de l'Écossais W. Hamilton, ce scepticisme n'est au fond rien autre que l'élimination de l'absolu. On l'a vu dans les études qui précèdent, cette formule est acceptée aujourd'hui par toute l'école qui reconnaît Hegel comme son maître : si bien (spectacle étrange!) que ces disciples de l'idéalisme allemand se rencontrent avec nos sensualistes nouveaux, les positivistes, en ce point que les uns et les autres, déclarant l'absolu inaccessible, renferment toute la philosophie dans le phénomène ou le *devenir,* ce qui est la même chose. Et quant à ce qu'on appelle encore quelquefois du nom de panthéisme, ce n'est qu'un pur naturalisme aboutissant aux mêmes conclusions, c'est-à-dire à la négation de l'absolu et à l'abolition de toute croyance religieuse.

Voilà donc l'ennemi, le scepticisme! c'est le mal de notre temps ; c'est le vice profond qui travaille les âmes; c'est le dissolvant sous lequel menacent de périr les forces morales de notre société. La raison même chancelle; le raisonnement l'a ébranlée. Nos sceptiques ont singulièrement dépassé le dix-huitième siècle. Le dix-huitième siècle qu'on a appelé le siècle de l'incrédulité, était auprès de nous crédule et superstitieux : il doutait, il est vrai, du surnaturel, mais il avait en la raison humaine une foi ardente et forte; il se confiait en ses principes; au-dessus du monde, il admettait une cause suprême et intelligente ; au-dessus des lois générales, il concevait un législateur. Pour nos modernes philosophes, c'est là de la mythologie. Il y a un monde infini, et point de Dieu; il y a des lois nécessaires, et point de législateur. La raison ne sait rien des causes, rien de l'absolu ; ses prétendus dogmes ne sont que de vaines chimères transformées par l'imagination en réalités, et par la superstition en idoles.

J'ai trop de foi dans le bon sens de l'humanité et dans la puissance invincible de la vérité, pour craindre que de telles doctrines deviennent jamais dominantes; mais le danger n'en est pas moins réel. J'ai tâché, dans ce qui précède, d'en faire comprendre l'étendue. J'ai essayé de faire connaître les systèmes nouveaux en ce qu'ils ont d'essentiel; je me suis appliqué surtout à écarter les équivoques, à dissiper les nuages dont ils s'enveloppent, à mettre en lumière leurs vrais principes et leurs vraies conséquences.

La crise est décisive et l'heure solennelle. Parvenu à plus de la moitié de son cours, et jusqu'ici occupé de questions en quelque sorte préliminaires, le dix-neuvième siècle est appelé enfin à se demander quelle philosophie sera la sienne. Deux routes s'ouvrent devant lui : laquelle prendra-t-il ? — celle où, depuis qu'elle pense, marche l'humanité, poussée par tous ses instincts, guidée par ses plus grands génies, et qui mène à un Dieu créateur, personnel et vivant ; — ou bien celle où prétendent l'engager les sceptiques nouveaux et qui, à travers les formules logiques et les abstractions, va aboutir au néant ?

Deux questions résument aujourd'hui ce grand débat.

Est-il vrai que l'idée religieuse ne réponde à rien de réel; qu'elle ne soit au fond qu'un genre de poésie noble; que les lois *immanentes* de l'univers soient la seule providence qu'il faille adorer; que Dieu enfin ne soit autre chose que la conscience de l'humanité, sa propre image embellie ; un idéal qu'elle conçoit et poursuit toujours fuyant vers l'infini ? — Voilà la première question.

Est-il vrai que la morale se suffise à elle même ; qu'elle soit indépendante de toute croyance religieuse; que, seule certaine dans l'incertitude de toutes choses, elle soit aussi la seule vérité qui importe aux hommes ; si bien que la notion même de Dieu soit complétement indifférente et complétement inutile au maintien et à l'autorité du devoir? — Voilà la seconde question.

En d'autres termes, Dieu est-il un être réel et personnel? La morale est-elle indépendante de l'idée de Dieu? Ces deux questions dominent aujourd'hui toutes les autres : c'est sur elles que se concentre le débat philosophique. Je voudrais ici, en terminant, présenter sur ces deux points capitaux quelques réflexions, dont le principal mérite sera de ne point s'éloigner des notions éternelles du sens commun. Car, il faut que je l'avoue à ma honte, j'ai pour le sens commun autant de respect que nos métaphysiciens modernes professent de mépris ; et je le tiens, non pas seulement pour « le maître de la vie humaine, » comme dit Bossuet, mais aussi pour le juge en dernier ressort des philosophies.

II. L'idée de Dieu.

Ce que nos pères appelaient la religion naturelle, ce que nous appelons plus communément aujourd'hui le spiritualisme, n'est ni une religion, car une religion suppose un ensemble de dogmes fondé sur la croyance au surnaturel et complété par un culte, — ni même un système particulier de philosophie, car un système philosophique suppose une théorie, une hypothèse, et a toujours l'ambition de donner une solution plus ou moins nouvelle aux grands problèmes de la métaphysique. Le spiritualisme est tout simplement l'ensemble de ces vérités premières, de ces croyances naturelles que la raison, à peu près partout et en tout temps, a enseignées aux hommes touchant Dieu, l'âme et la loi morale. Ces croyances, la philosophie spiritualiste les constate et les précise : elle n'a point la prétention de les avoir découvertes; elle n'a pas même, si elle est sage, la prétention de les démontrer par voie de raisonnement.

On s'est persuadé que la philosophie en cette matière avait fait des découvertes. On s'est flatté d'avoir imaginé des preuves, d'avoir trouvé des arguments, des syllogismes, qui démontraient l'existence de Dieu, la spiritualité de l'âme, la liberté, le devoir, l'immortalité. De grands esprits se sont fait là-dessus illusion de très-bonne foi. Non : la philosophie n'a rien inventé, rien découvert. Elle a analysé les idées qui sont dans l'esprit humain; elle a formulé les principes qui s'imposent à la raison; elle a constaté la spontanéité, la nécessité, l'évidence de ces vérités premières; elle les a dégagées des éléments étrangers introduits par l'imagination ou l'hypothèse : elle n'a fait rien de plus, et ne pouvait rien faire de plus. On ne prouve par un syllogisme ni Dieu, ni la loi morale, ni la liberté. Ou bien c'est un fait que saisit directement la conscience; ou bien c'est une conception nécessaire, une intuition de l'esprit : ni dans l'un, ni dans l'autre cas il n'y a de raisonnement, de déduction logique.

Est-ce que j'ai besoin de la dialectique de Kant, pour croire à ma liberté? Est-ce que je vais, par un laborieux détour, poser d'abord un principe général, le *concept du souverain bien*, pour en conclure qu'étant obligé il faut donc que je sois libre? Non : je sens, je saisis, j'affirme ma liberté dans la conscience même de l'acte volontaire que j'accomplis.. Ce n'est pas pour moi une vérité lointaine que j'atteins par des intermédiaires; c'est une réalité intime et en quelque sorte palpable, dont j'ai la perception immédiate et directe; c'est un fait interne et vivant que je constate en moi de la même manière et que j'affirme au même titre que mon existence, mes pensées, mes sensations.

Est-ce que c'est un raisonnement qui me découvre le devoir, ou qui me l'impose comme obligatoire ? Est-ce que j'ai besoin d'un syllogisme pour savoir qu'il faut faire le bien et pratiquer la justice? Non : l'idée de l'ordre absolu, du bien, de la justice, naît spontanément en moi, à l'occasion de certains actes; et dans le moment même où cette idée de l'ordre ou du bien apparaît à ma raison, elle lui apparaît comme revêtue du caractère d'obligation. L'idée du bien et l'idée du devoir qui y est attachée me sont données dans une même conception, dans une seule et même intuition de l'esprit.

Eh bien! il faut dire la même chose de l'existence de Dieu. L'existence de Dieu s'affirme, elle ne se prouve pas; Dieu se montre, si j'ose dire, il ne se démontre point. C'est une vérité première, qui sert à démontrer les autres, mais que rien ne démontre : c'est une vérité d'intuition, comme le devoir; on la voit, ou on ne la voit pas; mais il est aussi absolument impossible de la prouver à celui qui ne la voit point, qu'il est impossible de prouver à un aveugle qu'il fait jour. — En cela nous sommes d'accord avec les naturalistes, avec les positivistes, qui posent cet axiome « qu'aucune réalité ne peut être établie par le raisonnement. »

Que se passe-t-il dans l'intelligence humaine, quand elle s'élève à l'idée de Dieu? Essayons de le dire en peu de mots. En montrant comment cette idée se produit, nous aurons du même coup montré ce qu'elle est.

Je suis; mais je sais que je n'ai pas toujours été, que j'ai commencé d'être. Je sais que je ne serai pas toujours, que je cesserai d'exister. Limité dans le temps, resserré entre ces deux bornes fatales de la naissance et de la mort, enfermé dans un coin de l'espace où j'ai été mis sans ma volonté, et d'où je ne puis sortir à mon gré, je me sens incomplet dans toutes les facultés de mon être, borné dans toutes ses puissances, mobile et changeant dans tous les moments de ma vie, imparfait en un mot dans tout ce qui me constitue. Que veut dire cela ? Cela veut dire clairement pour moi que je n'ai pas en moi la raison de mon existence; que mon être n'est qu'un être dépendant, transitoire, relatif; en un mot, je comprends que ma raison d'existence est hors de moi et au-dessus de moi. Cette raison première, je ne la trouve que dans l'être parfait et absolu, à la fois principe et cause. Aussitôt en effet que l'idée de l'être fini et imparfait est née dans mon esprit, immédiatement et invinciblement y apparaît une autre idée, sans laquelle la première est pour moi inexplicable, inintelligible : cette idée supérieure et nécessaire, impliquée dans la notion de l'être fini, c'est l'idée de l'être infini et parfait, ayant dans sa perfection même la raison de son existence, et réunissant dans leur plénitude, dans leur excellence et leur unité, tous les attributs et toutes les puissances de l'être.

Voilà ce qui se passe dans l'esprit humain; voilà le phénomène intellectuel que l'analyse y met à nu. Il n'y a rien là de mystérieux, rien qui ressemble à une révélation venue d'en haut; mais il n'y a rien non plus qui ressemble à une opération logique, à un raisonnement. Il y a ce fait très-simple que, l'être imparfait étant donné, la raison conçoit spontanément et ne peut pas ne pas concevoir l'être parfait ; il y a un mouvement naturel, une évolution irrésistible de l'esprit qui le force à passer de l'idée du fini à celle de l'infini, de la notion de l'existence phénoménale et relative à celle de la cause et de l'existence absolue.

Ce qu'on appelle et ce qu'il faut bien dans l'usage continuer d'appeler preuves de l'existence de Dieu, n'est pas autre chose que l'analyse de ce fait psychologique. Pour ceux qui reconnaissent l'exactitude de ce fait et croient à la véracité de la raison, Dieu existe et il n'est pas besoin d'autre preuve. Pour ceux qui méconnaissent le fait, ou qui le dénaturent, ou qui contestent l'autorité de la raison, l'existence de Dieu n'est pas prouvée, et il est clair qu'elle ne peut pas l'être, puisque ce fait même est la seule preuve qu'on en puisse donner. Dieu ne se démontre pas, par la bonne raison que Dieu est indémontrable : il est l'infini, et l'infini est pour l'esprit humain le principe supérieur, la cause première, la raison suprême des choses. Contre les sensualistes, la philosophie peut maintenir ce caractère de principe à l'idée de l'infini, et montrer qu'on la dénature en y substituant l'idée toute négative de l'indéfini. Contre les sceptiques, elle peut défendre l'autorité de la raison, et soutenir la légitimité de ses conceptions premières. Quand elle a fait cela, la philosophie spiritualiste a fait tout ce qu'il lui est donné de faire. Mais n'a-t-elle pas fait aussi tout ce qu'il est nécessaire qu'elle fasse?

Que nous faut-il de plus?

Dieu est; il ne peut pas ne pas être. La raison croit à Dieu; elle ne peut pas ne pas y croire. La raison ne peut se passer de Dieu; elle ne peut rester enfermée dans le monde des choses sensibles et finies : par delà ce monde imparfait, elle conçoit, elle affirme une réalité supérieure, invisible mais nécessaire. Il y a là pour elle une évidence éclatante. D'où lui vient cette conception? d'où lui vient cette évidence? De ce qu'elle est la raison. La raison est en nous la faculté même de concevoir l'infini; elle est le sens de l'absolu.

Cette conception peut revêtir des formules diverses, selon l'aspect par où on la considère; mais qu'on remonte du contingent au nécessaire, ou du phénomène à la cause première, ou du relatif à l'absolu, ou de la multiplicité à l'unité, c'est toujours remonter du fini à l'infini. Le point de départ change, le point d'arrivée est toujours le même. Soit qu'interrogeant le mystère de ma destinée, accablé du sentiment de ma fragilité, j'aie besoin de rattacher mon existence d'un jour à une première et immuable existence; soit que les grands spectacles de la nature, les prodigieuses annales de la géologie, les révolutions de l'histoire, et cette éternelle mobilité qui transforme et emporte toutes choses, me donnent l'idée d'une puissance que rien ne limite, d'une vie que rien n'épuise, d'une réalité qui seule ne change point quand tout change; sous toutes les formes et dans tous les langages, sous la forme de la prière ou sous celle de la méditation, dans la langue de la poésie ou dans celle de la métaphysique, c'est toujours la même vérité saisie par la même intuition. L'être imparfait n'a sa raison d'existence que dans l'être parfait; le fini implique l'infini : tout est là, en trois mots. Cela dit, tout est dit; il n'y a rien à chercher au delà. Ni le génie subtil d'un saint Anselme, ni le puissant esprit d'un Descartes ou d'un Leibnitz n'ont rien pu ajouter à la force de cette affirmation. Et même, il n'est pas sans danger de substituer à cette idée simple et lumineuse de prétendus syllogismes dont la forme artificielle les fait ressembler à de purs sophismes.

Il y a cependant, dans l'esprit humain, à côté de cette conception de l'infini qui ne parle qu'à la raison pure, d'autres conceptions moins métaphysiques, qui nous mènent à Dieu par une route moins aride, et qu'il est sage peut-être à ce point de vue de ne pas dédaigner. De ce nombre, par exemple, est cette idée si frappante de l'ordre, de la magnifique harmonie qui a présidé à l'arrangement de l'univers, et qui atteste si hautement l'intelligence, la sagesse, la bonté du Créateur. Cette considération sans doute ne nous donne ni l'intelligence infinie, ni la puissance absolue, ni la sagesse parfaite; elle ne donne qu'une grande puissance, une grande sagesse, une grande intelligence; mais elle n'en est pas moins d'un poids considérable sur l'esprit humain, et, réunie à la conception rationnelle de l'infini, elle a l'avantage de lui donner en quelque sorte un corps, une forme saisissable.

Une preuve non moins forte se tire du sentiment moral. C'est celle qui avait séduit Kant, et sur laquelle il tenta, dans sa *Critique de la raison pratique,* de reconstruire une théodicée et une morale qui échappassent à sa critique de la raison pure. — Je suis libre, et je me sens obligé. En même temps que ma conscience m'atteste ma liberté, ma raison me dit que le bien doit être fait, que la justice doit être respectée; elle juge, en outre, d'une manière absolue, que la vertu mérite le bonheur, que le vice mérite un châtiment. Or, croire cela, et je ne puis m'empêcher de le croire et de l'affirmer, c'est affirmer du même coup au-dessus de la loi morale un législateur, au-dessus de la liberté morale un juge; car toute loi implique une intelligence d'où elle émane, et toute obligation implique une justice qui donne à la loi sa sanction.

Ce n'est point là non plus un raisonnement;

l'esprit ne fait pas plus de syllogisme ici qu'il n'en fait pour aller du fini à l'infini. Dans l'un et l'autre cas, il y a conception immédiate, intuition directe d'une vérité. Je remonte sans intermédiaire de la loi à son auteur, de l'idée de mérite à celle de justice distributive, comme je remonte d'un seul élan de l'effet à la cause et de l'être imparfait à l'être absolu.

Cette preuve de l'existence de Dieu a deux avantages. Le premier, c'est qu'elle embrasse dans une même vue, en les confirmant l'une par l'autre, les trois grandes vérités d'intuition qui constituent le spiritualisme, Dieu, la loi morale, l'immortalité de l'âme. Le second, c'est qu'elle s'appuie sur des conceptions qui ont un caractère bien plus saisissant que les pures conceptions métaphysiques, et que par là elle est mieux faite pour agir sur les esprits peu habitués aux idées abstraites. La liberté morale, le devoir, la vertu, le vice, ce sont là des notions familières et en quelque sorte vivantes, qui brillent dans les intelligences les plus incultes et s'imposent aux consciences les moins éclairées. Kant ne s'est pas trompé quand il a vu là une base solide à la croyance en Dieu. Il ne s'est trompé qu'en un point; c'est lorsqu'il a cru que la conception de ce qu'il appelle le *souverain bien,* c'est-à-dire du mérite ou du démérite, avait une valeur objective que n'avaient pas les autres conceptions absolues de la raison. Que la vertu mérite le bonheur, que le vice appelle le châtiment, c'est là sans doute une vérité d'évidence ; mais ce n'est pas une vérité d'un ordre supérieur aux vérités métaphysiques. Le *concept du souverain bien* a autant d'autorité que le concept de l'infini ou du parfait; il n'en a pas davantage. La légitimité de l'un vaut celle de l'autre ; et pour être logique il faut, — ou bien déclarer que toutes nos conceptions rationnelles, y compris celles du devoir et du mérite, sont purement subjectives, et dès lors ne nous permettent de rien affirmer des réalités extérieures ; — ou bien reconnaître que nos conceptions de l'infini, de la cause première, de l'être absolu, correspondent, tout aussi bien que celle du *souverain bien*, à une réalité nécessaire, et par une voie aussi sûre nous conduisent à Dieu.

Je ne veux point, on le comprend, entrer ici dans la discussion de cette grosse question de la légitimité des conceptions rationnelles ; éternel champ de bataille du scepticisme. Pour ma part, je m'en tiens au mot de Descartes : « Avec ceux qui contestent la lumière naturelle de l'évidence, je ne discute point. » Il est manifeste qu'il n'y a rien à répondre à Kant, lorsqu'il fait remarquer que rien ne contrôle et ne vérifie pour nous la portée objective des principes de la raison. Une autorité supérieure à la raison existât-elle, comme nous ne pourrions la consulter et la connaître que par notre raison, la même objection pourrait toujours être faite : par où l'on voit que c'est tout simplement demander une chose impossible en soi et contradictoire, que de demander une certitude qui ne soit pas relative et dès lors subordonnée à la nature de l'être intelligent.

L'homme ne peut sortir de lui-même pour aller comparer ses idées avec les choses, et juger ainsi de leur exactitude ; cela est parfaitement clair. Mais quoi? je ne puis pas non plus sortir de l'enceinte du monde que j'habite, pour aller vérifier s'il y a réellement au-dessus de ma tête un soleil qui m'éclaire : est-ce à dire qu'il me faille douter de mes yeux, et que jusqu'à vérification je doive tenir pour problématique l'existence du soleil? Et pourtant je n'ai pas plus de motifs pour en croire mes yeux que pour en croire ma raison. Qui me dit que la loi de la vision physique, comme la loi de la vision intellectuelle, n'est pas en moi toute subjective? Qui me dit que, si mes yeux étaient autrement faits, je ne verrais pas autrement ?

Il y a, à la racine de toute croyance humaine, un acte de foi par lequel il faut nécessairement que l'intelligence débute : c'est un acte de foi en la véracité naturelle de ses facultés. Lui demander qu'elle la prouve est absurde, puisqu'elle ne pourrait la prouver qu'en se servant de ces mêmes facultés. Sans doute, la présence d'une idée dans l'esprit humain n'est pas toujours une preuve de la réalité de son objet : et c'est en cela que pèche cet argument fameux formulé par saint Anselme, répété par Descartes, et qui consiste à dire : nous avons l'idée de Dieu, donc Dieu existe. — Non ; de ce que j'ai l'idée d'un triangle parfait, je n'ai pas le droit de conclure qu'il existe en réalité dans le monde un triangle parfait. L'idée que j'ai d'un être prouve une chose, c'est que je conçois cet être comme réel ou *comme possible ;* elle ne prouve rien de plus. Mais la raison ne conçoit pas Dieu seulement comme *possible*, elle l'affirme comme *réel*, d'une réalité nécessaire ; elle ne le conçoit pas comme une abstraction logique ou comme une figure idéale de géométrie, elle l'affirme comme l'existence absolue, comme la raison première de toutes les autres existences.

Le scepticisme de Kant est trop absolu pour être très-redoutable : frapper d'incertitude toutes les conceptions de la raison, c'est une thèse tellement désespérée que l'esprit humain ne saurait s'y arrêter, même un instant. Mais on sait que, du sein des écoles dont Kant a été le père, sont sorties contre l'idée de Dieu des objections empruntées à d'autres principes que ceux du scepticisme absolu. Ces objections sont dirigées contre la personnalité de Dieu. Enlever à Dieu la personnalité, faire de lui non plus une cause intelligente et consciente, mais une loi, une formule ou un idéal, c'est sous une autre forme nier Dieu ; mais c'est le nier d'une façon qui heurte moins l'esprit, et le sophisme est d'autant plus dangereux qu'il est caché.

III. La personnalité de Dieu.

Cette question de la personnalité de Dieu est la première des deux grandes questions que j'ai signalées comme dominant aujourd'hui le débat philosophique. En parlant des disciples de Hegel, j'ai déjà eu occasion de l'aborder et d'examiner les principales objections qu'élèvent à ce sujet les philosophes de cette école[1]. J'ai essayé de montrer que le prétendu axiome de Spinoza, *toute détermination implique limitation*, est un pur sophisme ; que ce qui détermine ou distingue un être en effet, ce sont ses facultés ; d'où il suit qu'un être est d'autant plus élevé, d'autant plus parfait qu'il est plus déterminé, c'est-à-dire distingué par un plus grand nombre de facultés. J'ai essayé de montrer en outre qu'il n'y a point de contradiction entre l'idée de personnalité et celle de l'être infini, parce que, en Dieu, l'infinitude ne veut point dire l'universalité, mais la perfection. Sans revenir sur cette

---

1. V. *suprà*, ch. VII, p. 244 et suiv.

discussion, je veux seulement ici toucher quelques points que j'ai dû omettre plus haut, et envisager la question par le côté le plus général.

Une des objections qui sont faites le plus souvent contre la personnalité divine, consiste à dire que nous nous faisons de Dieu une idée arbitraire et grossière; que nous lui prêtons des attributs, des facultés qui n'appartiennent qu'à l'homme, et qui sont inconciliables avec la véritable notion de l'absolu. — « L'absolu, dit-on, nous échappe. On ne peut le définir que par des négations. Dire de Dieu, qu'il est éternel, infini, un, immuable, c'est dire qu'il n'a pas de bornes, qu'il n'est ni dans le temps ni dans l'espace, qu'il est sans mouvement et sans variété; c'est ne rien dire de positif, c'est accumuler les négations, c'est avouer qu'on ne sait rien et qu'on ne peut rien savoir de Dieu. Si, pour sortir de là, on donne à Dieu des attributs moraux, l'intelligence, la sagesse, la bonté, l'amour, on tombe dans l'anthropomorphisme; on prête à l'absolu des qualités qui ne conviennent qu'à un être relatif. C'est le Dieu de l'imagination et de la poésie, ce n'est plus le Dieu de la science. »

L'essence divine nous est impénétrable; qui le nie? Dieu seul peut comprendre pleinement la nature de Dieu; cela est manifeste. En ce sens, il est vrai de dire que l'absolu nous échappe : une intelligence finie comme la nôtre ne peut prétendre embrasser l'infini. Mais de ce que nous ne comprenons pas tout en Dieu, est-ce à dire qu'il n'y a rien en lui que nous puissions connaître? Nous le concevons comme la raison nécessaire du monde, c'est-à-dire comme infini et parfait : par là même nous le concevons forcément comme revêtu d'un certain nombre d'attributs essentiels, et ces attributs, nous les élevons par la pensée à la hauteur de la perfection absolue. Est-ce que ce sont là des idées négatives, des négations accumulées? Dieu existe d'une existence nécessaire : qu'y a-t-il de plus réel que l'être? Dieu est le principe des choses, il a la puissance créatrice : qu'y a-t-il de plus positif que la puissance? La puissance suppose une volonté qui la met en jeu, et une intelligence qui la dirige : qu'y a-t-il de plus saisissable à l'esprit que la volonté et l'intelligence? Il en faut dire autant de la sagesse, de la justice, de l'amour. Est-ce que c'est là faire de l'anthropomorphisme? Non, c'est prendre seulement dans la notion que nous avons de l'être les attributs essentiels de l'être, et les affirmer en Dieu, dégagés des conditions de limite et d'imperfection où ils nous apparaissent dans le monde [1]. Sans doute il y a là un élément négatif qui s'ajoute à l'idée principale, puisque je nie en Dieu la limite, l'imperfection; mais l'idée principale n'en est pas

---

1. Leibnitz le dit très-justement : nous ne prenons en

moins une idée positive, une affirmation très-nette; elle répond à quelque chose de très-réel, elle exprime quelque chose de parfaitement intelligible.

— « Mais, dit-on, la contradiction est dans les termes mêmes. L'absolu est de sa nature incompréhensible, car il est par définition exclusif de toute qualité, de toute relation, de toute différence : son vrai nom, c'est l'*inconditionnel* ou l'indéterminé. L'absolu ne peut être pensé, car un être ne peut être saisi par la pensée qu'autant qu'il se distingue des autres êtres, et toute distinction est contradictoire à l'absolu. Il y a plus : l'absolu existât-il, il ne pourrait se penser lui-même, car toute pensée suppose un objet et une conscience qui dit *moi*, c'est-à-dire toujours une distinction incompatible avec l'absolu. »

Subtilités dignes de la scolastique, en vérité! Que répond le bon sens à ces grands dialecticiens, à ces *abstracteurs de quintessence?* Une chose bien simple. Ils ont mis la logique à la place de la raison. Ils ont fait de Dieu une idée toute négative, une notion abstraite. Quand on a de l'idée de l'être retranché toutes les conditions de l'existence, jusqu'à la substance et la relation; quand on a ainsi obtenu ce produit de l'analyse qu'on appelle l'ab-

---

nous qu'une chose, « les idées des perfections de Dieu. » (*Théodicée,* préface.)

solu ou l'*Être en soi*, et qui n'est au fond que la négation même de l'existence, il est bien évident qu'un pareil néant est contradictoire à l'idée de personnalité. Mais ce n'est point là le Dieu de la raison. Dieu est conçu comme absolu sans doute; mais en quel sens? Bien loin que ce soit dans un sens négatif, c'est dans un sens très-positif au contraire. Le Dieu de la raison, ce n'est point l'abstraction de l'être, sans substance, sans attributs, sans relation, idée vide, véritable chimère qui est identique au non-être : c'est, au contraire, l'être à sa plus haute puissance, l'être dans sa plénitude. Il est si peu l'indéterminé qu'il implique la perfection de l'être, et quant à la substance et quant aux attributs. Son nom, ce n'est pas l'inconditionnel, mot qui n'exprime rien qu'une négation : son vrai nom, c'est l'Être, l'Être par excellence, l'Être parfait; seul terme qui, dans notre langue philosophique mal faite, exprime sous une forme, non pas négative ou abstraite, mais positive et claire, la véritable idée de Dieu. Il n'est pas le produit artificiel et idéal de cette opération logique qu'on appelle l'abstraction; il est l'objet réel de cette vue spontanée de la raison qu'on appelle l'intuition, et qui, partout où nous apercevons dans des conditions imparfaites l'être, l'intelligence, la puissance, la beauté, l'ordre, nous fait aussitôt apercevoir, au delà des limites de ce monde fini, l'Être l'infini en qui se réunissent la puissance sans bornes, l'intelligence absolue, la beauté souveraine, l'inaltérable harmonie ; à la fois type, idéal et principe de tout ce qui nous offre ici-bas quelque reflet de ces attributs suprêmes.

Je le demande : contre cette conception de Dieu que valent les arguties des sceptiques? — Vous parlez, leur dirai-je, de l'absolu abstrait; nous parlons, nous, de l'être parfait. Vos objections s'adressent au premier, elles n'atteignent pas le second : elles sont bonnes contre le Dieu de Hegel, elles ne valent rien contre le Dieu de Descartes et de Leibnitz. Quand on a défini Dieu l'absolu-inconditionnel, lui attribuer une personnalité est sans nul doute absurde ; supposer qu'on peut le penser ou qu'il pense est contradictoire ; j'accorde cela : mais cette contradiction, cette absurdité, c'est votre définition seule qui la crée ; et elle disparaît dès qu'on rentre dans la notion de Dieu telle que l'esprit humain l'a toujours conçue. Aux yeux de la raison, est-ce que Dieu cesse d'être infini, parce qu'il se pense et se contemple lui-même ? En quoi sa propre pensée peut-elle détruire son unité, ou limiter son infinitude ? En quoi mon intelligence, se posant en dehors de lui comme sujet et le posant en face d'elle comme objet, l'empêche-t-elle d'exister comme principe nécessaire et raison éternelle des choses ? Cela revient à dire que le relatif exclut l'absolu, que le fini exclut l'infini : la raison proclame précisément le contraire; l'infini, l'absolu sont pour elle impliqués nécessairement dans le fini et le relatif. Votre absolu n'est qu'une monstrueuse chimère, une abstraction, un vain fantôme. Vous l'avez imaginé à plaisir, pour vous donner ensuite le facile mérite de montrer qu'il est inintelligible, contradictoire, absurde, impossible. Rien de plus vrai : qu'est-ce que cela prouve contre le Dieu de la raison?

Si on veut se donner jusqu'au bout le spectacle des contradictions et des sophismes où sont tombés les philosophes contemporains, par suite de cette fausse idée qu'ils se sont faite de l'infini ou de l'absolu, il faut voir comment ils entendent la personnalité divine. « La personnalité de Dieu, dit Strauss, « ne doit pas être conçue comme individuelle, « mais comme *une personnalité totale, univer-* « *selle ;* et au lieu de personnifier l'absolu, il faut « apprendre à le concevoir comme se personnifiant « à l'infini. » Évidemment le Dr Strauss parle une langue qui n'est pas la nôtre. J'avoue humblement que je ne le comprends pas : est-il bien sûr qu'il se soit compris lui-même? En quoi donc consiste la personnalité? Qu'est-ce qui fait que je suis une personne et non pas une chose? Tout le monde répondra : c'est que je suis un être intelligent et un être libre, et que j'ai conscience de mon intelligence et de ma liberté; c'est que, grâce à la conscience et à la mémoire que j'ai de mes pensées et de mes volontés, je suis moi et non pas un autre ; je suis une individualité distincte, persistante, identique ; je suis aujourd'hui le même que j'étais hier, je serai demain et tant que je vivrai le même que j'ai été jusqu'ici.

Mais si c'est là ce qui constitue la personnalité (et le docteur Strauss ne saurait en disconvenir, puisque lui-même définit la personne, « un moi concentré en lui-même par opposition aux autres êtres, » et que c'est pour cette raison qu'il n'admet pas un Dieu personnel) ; si, dis-je, c'est là l'essence de la personnalité, comment comprendre une personnalité qui, au lieu d'être individuelle, serait *universelle,* qui, au lieu de constituer un être distinct, serait répandue et dispersée dans la généralité des êtres ; qui enfin, au lieu d'être une, persistante, identique, serait multiple et fractionnée à l'infini, successive et perpétuellement différente d'elle-même? Une personnalité universelle, c'est une contradiction dans les termes : autant dire une personnalité impersonnelle.

Une personnalité *totale* est-elle plus intelligible? Mais de deux choses l'une : — si cette personnalité est réelle, elle absorbe tout, il n'y a qu'elle au monde, et les êtres particuliers ne sont que des apparences, des modifications fugitives de l'être absolu, de la réalité unique ; — si au contraire les êtres particuliers ont une réalité propre, sont des individualités effectives, alors il y a tout simplement la somme totale de ces individualités; il n'y a point de personnalité *totale*. Totalité et personnalité sont deux idées contradictoires : l'une exclut l'autre.

On a beau me parler de l'humanité : on a beau me dire que c'est dans l'humanité que Dieu se personnifie *à l'infini* et prend conscience de lui-même; la théorie ne me paraît pas plus intelligible. La conscience est chose individuelle; c'est l'homme qui a conscience, ce n'est pas l'humanité. L'humanité est une collection de personnes, elle n'est pas une personnalité. Multipliez sans fin les intelligences, les volontés, les consciences, — vous aurez un nombre infini d'hommes, un nombre infini de consciences, d'intelligences, de volontés; vous n'aurez ni une intelligence infinie, ni une volonté infinie, ni une conscience infinie. Quel est ce Dieu-Humanité? Dieu collectif, successif, phénoménal; infini par le nombre, le temps, la variété; fini et imparfait par tout le reste, par tout son être, par tous ses attributs; intelligence bornée qui tend à s'agrandir, conscience obscure qui tend à se posséder mieux, personnalité générale qui tend à se compléter, Dieu toujours en train de se faire et qui ne s'achève jamais? Quel entassement de contradictions et de non-sens! C'est là, philosophiquement, une conception si absurde que le seul des hégéliens français qui ait un esprit vraiment métaphysique, M. Vacherot, l'a répudiée. Comprenant que « la perfection est impliquée dans l'idée de Dieu, » et ne voulant pas faire de Dieu un être personnel, il en a fait un idéal. J'aime mieux un Dieu-Idéal qu'un Dieu-Humanité; mais l'idéal a un grand défaut, c'est de n'exister point, ou du moins de n'exister que dans l'esprit humain, et pour un Dieu ce n'est pas assez.

Je crois inutile d'insister davantage. J'avoue que je fais peu de cas de ces sortes d'objections empruntées à la logique pure, et dont on fait grand bruit dans l'école : je ne les crois pas bien dangereuses. Tous ces artifices de dialectique, ces subtilités sur l'absolu et l'inconditionnel, sur le moi et le non-moi, tout cela ressemble à s'y méprendre à ces jeux d'esprit des sophistes qui niaient le mouvement ou la liberté. On peut être embarrassé de répondre, on n'est pas convaincu; l'esprit peut trébucher parmi ces piéges, la conscience proteste et la raison se soulève.

Il y a quelque chose de plus redoutable : c'est l'influence très-visible qu'exerce de nos jours le panthéisme; panthéisme vague, indécis, peu scientifique, mais qui n'en est peut-être par cela même que plus propre à s'infiltrer dans les esprits, et à y dénaturer, à y détruire l'idée de Dieu.

Ce n'est point par son côté mystique que le panthéisme séduit aujourd'hui les esprits, c'est plutôt par le côté qui le rapproche du naturalisme; mais sous cette forme même, il a toujours le prestige qui lui est propre, je veux dire celui de l'unité. Le panthéisme ramène toutes choses à un principe unique, et par là il fait disparaître, en apparence du moins, bien des difficultés, il supprime ou résout bien des problèmes. A cette cause générale, qui est de tous les temps, s'ajoutent des causes particulières, qui sont du nôtre.

C'est un fait que, depuis un demi-siècle, l'idée de l'infini a prodigieusement grandi dans les intelligences. Jusqu'ici, à ne parler du moins que de notre monde occidental, elle semblait comme reléguée sur les sommets inaccessibles de la métaphysique, comme voilée derrière l'impénétrable mystère de l'existence divine. Aux philosophes seuls il appartenait de s'élever à cette haute conception, réservée aux contemplations de la science. On sait à quel point elle était étrangère au dix-huitième siècle, qui, même dans sa philosophie, ne regardait guère au delà du monde visible, et dans le monde ne voyait guère que l'homme. Aujourd'hui, et depuis un demi-siècle, l'idée de l'infini semble être sortie de ces régions de l'abstraction où elle était confinée. Elle est devenue pour nous une idée vivante, partout présente, partout visible dans cet univers d'où elle était naguère absente. Et ce n'est pas seulement à notre raison qu'elle s'est imposée, elle a envahi les imaginations; elle semble dominer le monde intellectuel tout entier. Ce fait s'est traduit sous toutes les formes, dans le domaine de l'art comme dans celui de la science. Toute notre littérature contemporaine en porte l'empreinte : le sentiment de la nature a emprunté à l'idée de l'infini un caractère plus profond, tantôt mélancolique et tantôt religieux; la poésie a puisé à cette source ses plus nobles inspirations. Enfin les sciences naturelles et leurs merveilleuses découvertes ont ouvert à l'esprit humain des horizons presque sans bornes; de quelque côté qu'il regarde, soit dans le temps, soit dans l'espace, l'homme aperçoit l'infini au bout de toutes les routes où il s'avance.

Il est résulté de là sans doute une compréhension de la nature plus large et plus élevée : mais il en est résulté aussi dans beaucoup d'esprits une tendance fâcheuse à transporter l'infini dans le monde, à revêtir le monde ou la nature des attributs de l'infini. On en est venu ainsi peu à peu à substituer à l'idée claire et féconde de la cause infinie et créatrice, la notion vague et abstraite de l'être universel ; à mettre à la place du Dieu personnel, de la Providence intelligente et conservatrice, le Tout vivant, le Cosmos éternel et nécessaire.

Il faut s'entendre en effet sur ce mot l'*infini*.

Pour nous, je l'ai assez dit, c'est l'être parfait : substance nécessaire, cause première, intelligence suprême, il est éminemment réel par cela même qu'il est substance, vivant par cela même qu'il est cause, personnel par cela même qu'il est intelligent. — Pour Spinoza et Hegel, les grands panthéistes, l'infini n'est qu'un absolu impersonnel, une abstraction, une sorte d'infini mathématique qui, selon des lois nécessaires, se réalise dans le monde et se personnifie dans l'homme; si bien que, pour l'un et pour l'autre, le monde et Dieu ne font qu'un. — Pour nos panthéistes contemporains, l'infini n'est pas même un absolu qui se réalise, un principe ou substantiel ou logique des choses : c'est tout simplement *un attribut métaphysique du monde*[1]. Dans l'esprit humain, c'est une idée abstraite, un idéal engendré par la raison ; dans le monde, c'est la série infinie des transformations et des développements; c'est, si on aime mieux, l'infini des êtres; ou plus simplement encore, l'infinité du monde dans le temps et dans l'espace.

J'ai montré comment cette dernière doctrine, très-voisine du positivisme, se rapproche de l'athéisme en ce qu'elle supprime la réalité de Dieu; et ressemble au panthéisme en ce qu'elle voit dans le monde une sorte d'organisme divin, d'unité vi-

---

[1]. V. *suprà*, ch. vii et viii.

vante, infinie, nécessaire, animée de je ne sais quelle force génératrice qui enfante éternellement la série sans fin des êtres. Elle n'admet pas, il est vrai, comme le véritable panthéisme, un Dieu qui forme le monde au dedans de soi, de sa propre substance, et qui soit ainsi sa cause *immanente*, selon l'expression de Spinoza ; mais elle entend l'*immanence* en ce sens que, selon elle, l'univers a sa cause en lui-même, cause non séparée ni distincte de lui, qui le réalise incessamment par les lois nécessaires qui constituent son mouvement et sa vie même.

Ce qu'il y a eu de légitime dans ce panthéisme contemporain, c'est sa réaction contre le déisme étroit du dix-huitième siècle. C'est par là que les nouvelles doctrines ont séduit beaucoup d'intelligences élevées et au fond sincèrement religieuses : c'est par là aussi que leur apparition n'aura pas été inutile au progrès de la philosophie spiritualiste qui tendait à s'immobiliser dans une conception sans grandeur.

Le déisme mettait le monde d'un côté, Dieu de l'autre ; l'abîme de l'infini entre deux. Il faisait de son Dieu, comme on l'a dit, une sorte de roi fainéant qui, l'acte de la création accompli et la première *chiquenaude* donnée au monde, était rentré dans son éternelle et stérile immobilité. — Fausse et mesquine conception de Dieu et du monde. Entre le monde et Dieu, il n'y a point cet abîme infranchissable. L'homme et le monde sont distincts de Dieu, ils n'en sont pas séparés : loin de là, ils sont profondément unis à lui ; l'infini nous enveloppe, il nous pénètre en quelque sorte de toutes parts, et le mot de l'Apôtre peut être justement répété, même au sens philosophique : *In Deo vivimus, et movemur, et sumus.* Dieu ne doit pas être comparé à un ouvrier qui, sa machine une fois construite, la laisse fonctionner à l'écart sous l'action des lois de la mécanique. Dieu doit plutôt être considéré comme une cause universellement et incessamment active ; car les lois qui régissent le monde ne sont autre chose que sa volonté et sa puissance se manifestant sous la forme de nécessités immuables, mais attestant toujours le principe infini d'où elles émanent.

En ce sens, la théorie de l'*immanence* peut être acceptée : ce qu'il y a d'immanent dans le monde, c'est la volonté divine, c'est l'intelligence divine, c'est la providence divine se révélant par les lois qu'elle a posées. Dieu est immanent, c'est-à-dire partout présent, partout agissant ; car la vie dont il est le principe et le foyer est partout répandue et éternellement féconde. Elle est en germe dans le minéral ; elle est à l'état de force mécanique dans les premières agrégations de la matière et ses cristallisations ; elle fermente déjà obscurément dans les combinaisons chimiques ; elle bouillonne et surgit sous une forme supérieure dans les premiers êtres organisés, dans le fucus, dans la plante qui s'épanouit et se couvre de fleurs ; elle se meut et s'anime déjà dans le polype ; dans l'animal, elle s'élève à une organisation plus savante qui s'allie à la sensibilité et à un premier degré d'intelligence ; elle atteint enfin dans l'homme le plus haut point de son développement actuel, en s'associant au principe de la pensée, de la conscience et de la liberté. Oui, la vie est partout, la force divine est partout; nous le croyons comme vous. Un seul point nous sépare : pour vous, cette vie, cette force qui nous apparaît dans le monde, elle est sa cause à elle-même, elle est dans le monde nécessairement, éternellement. Pour nous, elle a sa cause en Dieu, elle émane de l'infini, elle s'écoule du sein de l'être parfait.

Voilà comment, à nos yeux, la création peut être comprise comme étroitement unie à la cause créatrice. L'erreur du panthéisme est de pousser l'union jusqu'à l'identité. L'infini enveloppe et pénètre le fini, il ne l'absorbe pas. Il n'y a pas séparation, mais il y a distinction. En face de la puissance infinie, en face du Dieu immanent, il faut maintenir d'une main ferme l'individualité des êtres finis : il faut maintenir surtout la personnalité humaine, car ce fondement détruit, tout est détruit.

Le panthéisme a cru résoudre ou éviter les difficultés que soulève le dogme de la création. Ces difficultés sont graves sans doute ; si graves qu'on peut les dire insolubles.

Concilier l'immutabilité et la perfection de Dieu avec le fait de la création, c'est un de ces problèmes que la métaphysique agitera éternellement sans les résoudre. Comment comprendre que Dieu étant parfait ne se suffise pas à lui-même, qu'il aime autre chose que lui-même, qu'il pense un autre objet que lui-même ? Comment comprendre que Dieu puisse créer sans sortir de soi, et qu'il puisse sortir de soi sans cesser d'être immuable ? Celui qui le saurait, saurait tout, comme dit Descartes. Demander qu'on réponde à ces questions, c'est demander qu'on explique la nature de Dieu ; et qui expliquera Dieu, sinon Dieu lui-même ? Comment pourrais-je montrer le lien de Dieu et du monde, faire comprendre le passage du premier de ces deux termes au second, si l'un seulement de ces deux termes m'est pleinement connu ? Que dis-je ? Celui-là même de ces deux termes que je crois le mieux connaître, c'est-à-dire le monde et moi, qu'en sais-je, sinon qu'il existe et qu'il est fini ? Quant à sa substance, à sa nature intime, elle m'échappe et je n'en puis rien dire. Quoi d'étonnant donc que, sur ce problème de la création, c'est-à-dire de la production de la substance finie par l'être infini, je ne puisse rien comprendre et rien expliquer ? J'affirme les deux termes, mais le lien qui les unit m'échappe. Est-ce une raison pour nier ce que je vois, pour abandonner une des deux vérités qui s'imposent à moi? Quand deux notions, deux vérités d'ordre différent, impossibles à concilier pour notre logique à courte vue, sont cependant, chacune étant prise à part, également incontestables, entourées d'une évidence égale, que reste-t-il à faire, sinon, pour répéter le mot de Bossuet, de « *tenir fortement les deux bouts de la chaîne,* » bien que le milieu se dérobe à ma vue?

Cette difficulté de la création n'est au fond que l'éternel problème de la coexistence du fini et de l'infini, de l'un et du multiple, du relatif et de l'absolu ; problème terrible qui domine toute la philosophie, et où viennent échouer tous les efforts de la raison ; abîme obscur, insondable, plein de vertige, au bord duquel nous amènent toutes les routes par où la pensée humaine poursuit la vérité suprême. Ce problème, la philosophie spiritualiste n'aspire point à le résoudre : elle le croit placé hors de la portée de la raison humaine. Elle en pose les termes : en face du fait de la création, elle place l'idée nécessaire du créateur ; en face du monde fini, imparfait, elle pose la conception nécessaire de l'être infini ou parfait. Elle ne fait rien de plus ; elle ne prétend expliquer ni la nature de Dieu, ni la création, ni la coexistence du fini et de l'infini : sur ces points, elle se résigne à ignorer.

Le panthéisme est plus hardi; il prétend résoudre le problème : prétention mal fondée. Résoudre le problème, ce serait, en maintenant la distinction de ces deux termes, le fini et l'infini, montrer le lien qui les rattache l'un à l'autre : or, personne n'a fait cela, et personne ne le peut faire. Les deux termes d'ailleurs étant irréductibles, il ne reste qu'un moyen de sortir d'embarras; c'est de supprimer le problème en supprimant un des deux termes. Ou bien on ne reconnaît de réalité véritable qu'au monde, et alors c'est l'infini qui disparaît; — ou bien on n'accorde de réalité effective et substantielle qu'à Dieu, et alors c'est le monde, c'est le fini qui s'évanouit. La première solution est celle des matérialistes ou des athées; la seconde est celle des panthéistes et particulièrement celle de Spinoza. Mais, quelque parti qu'on prenne, encore une fois, ce n'est pas là résoudre le problème, c'est le supprimer arbitrairement.

Entre ces deux solutions radicales, Hegel et ses disciples ont tenté de trouver un moyen terme, une position intermédiaire : ils ont échoué, et il n'en pouvait être autrement; il n'y a pas de moyen terme. En réduisant l'absolu à une abstraction identique au non-être; en ne voyant plus Dieu que dans l'éternel mouvement, le *devenir* universel des choses, il est clair qu'ils ont tout simplement détruit l'infini ; ils l'ont remplacé par l'indéterminé, par l'indéfini abstrait; ils ont supprimé Dieu; ils ont glissé dans l'athéisme. Par là, il est vrai, la création est écartée, et son mystère avec elle. Mais que de mystères plus effrayants, et à la place des difficultés anciennes que de contradictions, que d'absurdités! Vous ne voulez pas d'un être infini qui crée hors de lui, d'un absolu en dehors duquel il y ait quelque chose qui ne soit pas lui : et vous m'offrez... quoi? un absolu qui se développe, qui se réalise dans le monde ! Mais un absolu qui se développe n'est plus l'absolu, car, vous l'avez dit vous-même, l'absolu est par définition exclusif de tout mouvement, de tout changement, de toute différence, de toute relation. Un absolu qui se réalise n'est plus l'absolu ; car, c'est encore vous qui le dites, toute réalité équivaut à une négation, à une limitation : autant donc nous parler d'un absolu qui est relatif, d'un infini qui est fini ! — Je cherche partout votre absolu, je ne le trouve nulle part : avant de se réaliser, il n'est qu'une abstraction, c'est-à-dire un mot ; quand il se réalise, il n'est qu'un mouvement, c'est-à-dire un rapport; et quand il est réalisé, il est déjà le relatif, c'est-à-dire le contraire de l'absolu...

A quoi se réduit ce système? A confondre ensemble le fini et l'infini, l'un et le multiple, le relatif et l'absolu. On essaye de construire l'unité absolue avec la variété multipliée sans fin, de réaliser l'infini avec une accumulation d'éléments finis ; ce qui est proprement tenter l'absurde. Hegel s'y est épuisé : il n'a point réussi à identifier les contradictoires. Sa fameuse synthèse, où doivent se résoudre la thèse et l'antithèse, le oui et le non, le fini et l'infini, cette synthèse, quelque nom qu'on lui donne, *rapport, progrès,* ou *devenir,* n'est qu'une formule creuse, un signe algébrique. Le véritable infini a disparu ; il ne reste qu'un mot.

Transporter l'infinité dans le nombre, vouloir retrouver l'absolu dans la série sans terme des développements et des êtres, c'est là un sophisme bien vieux, sous une forme nouvelle ; c'est le sophisme vulgaire des sensualistes, qui consiste à donner l'*indéfini* pour l'infini. Leibnitz y a répondu il y a longtemps. « Il n'y a point de nombre infini, dit-il, « ni de ligne ou de quantité infinie, si on les prend « pour des tous véritables... Le vrai infini, à la ri- « gueur, n'est que dans l'absolu qui est antérieur à « toute composition et n'est point formé par l'ad- « dition des parties [1]. » Et, en effet, vous aurez beau faire le mouvement infini, il sera toujours le mouvement, c'est-à-dire le changement et la différence. Vous aurez beau faire infinie la variété des

---

[1]. *Nouv. essais sur l'entend. humain,* ch. XVII.

êtres finis, vous serez toujours dans le fini, c'est-à-dire hors de l'absolu. Vous aurez beau faire la multiplicité sans nombre, dès que vous êtes dans le multiple, il est clair que vous êtes sortis de l'unité.

Le *devenir* éternel, l'universel mouvement, le progrès, le passage de l'abstrait au réel ; — autant de formules qui expriment un changement, c'est-à-dire un rapport. Un rapport n'est pas un être; un mouvement, une loi ne sont pas des êtres : ce sont des abstractions. Cette dialectique de Hegel, c'est véritablement le gobelet de l'escamoteur : vous avez cru, bonnes gens, qu'on avait mis quelque chose dessous; approchez-vous et regardez, il n'y a rien...

Ce n'est pas que la théorie du *devenir* ne puisse, comme la théorie de l'immanence, être acceptée en un certain sens et dans une certaine mesure. Tout se meut, tout se transforme, tout *devient :* l'être est emporté dans un éternel mouvement de progrès et de métamorphose : cela est vrai. Le sophisme consiste à vouloir substituer partout l'idée du mouvement à l'idée de l'être. Sous les pensées et les sensations qui se succèdent en moi, il y a l'âme qui pense et qui sent; sous les modifications, il y a la substance modifiée. Que Dieu, au lieu d'être relégué au fond de l'infini dans une immobile majesté, soit conçu comme créant sans cesse, comme la source intarissable d'où le torrent de la vie s'épanche perpétuellement dans la nature et dans l'humanité, c'est une thèse que la raison accepte sans peine : est-ce à dire que Dieu doive se réduire à n'être qu'un mouvement, un acte logique, un *processus?* J'admets que la vie universelle, que cette force plastique qui est dans le monde, élabore sans cesse des formes nouvelles appropriées aux conditions nouvelles de l'existence; mais j'ai besoin d'une cause supérieure qui ait mis cette force dans le monde, et d'une intelligence qui lui ait tracé d'avance le plan selon lequel elle se déploie. Je suis très-disposé à considérer l'univers comme une chaîne immense de formes variées à l'infini, comme une échelle sans fin où l'être monte sans cesse de degré en degré, par des progrès insensibles, s'élevant vers une perfection idéale dont il s'approche toujours sans l'atteindre jamais; mais j'ai besoin d'attacher cette chaîne à un point fixe, de concevoir un premier principe à cette série sans terme de transformations, de mettre un législateur au-dessus de cette loi du progrès indéfini. En un mot, comme on a maintenu en face de l'infini *immanent* les individualités particulières et la personnalité humaine, de même au-dessus du mouvement éternel qui emporte toutes choses, il faut poser et maintenir non moins fermement la réalité divine, le Dieu déterminé, vivant, personnel.

Il nous faut un Dieu déterminé, il nous faut un

Dieu personnel. Hors de la détermination et de la personnalité, Dieu n'existe plus : on peut garder le mot, mais ce n'est plus qu'une vaine étiquette. « La science a deux pôles, a dit justement un profond penseur, Maine de Biran : la personnalité finie qui est moi, et la personnalité infinie qui est Dieu. » Quand on se dégage des subtilités de l'école, et qu'on interroge le droit bon sens, on s'étonne des difficultés qui ont été entassées sur ce point; et cette idée de personnalité semble inséparable de l'idée de Dieu. Qu'est-ce, en effet, que la personnalité, sinon l'intelligence, la conscience, la volonté? Dans l'échelle immense des êtres qu'embrasse le monde, et qui va du minéral en passant par la plante et l'animal jusqu'à l'homme, pourquoi l'homme occupe-t-il le sommet, sinon parce qu'il est une personne, c'est-à-dire une intelligence consciente et une volonté libre? C'est « le roseau pensant » de Pascal. « Quand l'univers l'écraserait, l'homme serait encore plus noble que ce qui le tue, parce qu'il sait qu'il meurt, et l'avantage que l'univers a sur lui, l'univers n'en sait rien. — Toute notre dignité consiste en la pensée[1]. » La personnalité, c'est-à-dire la pensée consciente, est donc, pour la raison, le type supérieur de l'existence, la forme la plus élevée qu'elle puisse revêtir : elle est le

---

1. *Pensées*, p. 21, Éd. Havet.

summum de l'être. L'impersonnalité, au contraire, en est le degré le plus infime ; car être impersonnel, c'est manquer de la plus haute qualité de l'être, qui est l'intelligence, la conscience, la volonté ; c'est ne pas se connaître, ne pas se sentir, ne pas se posséder. Comment donc parler d'un Dieu impersonnel ? Dieu étant l'être parfait, comment concilier l'impersonnalité, c'est-à-dire l'inféfériorité de l'être, avec sa perfection ? La personnalité étant la forme la plus éminente de l'être, la perfection divine n'implique-t-elle pas au contraire la personnalité divine ?

La personnalité de Dieu est le dogme fondamental du spiritualisme. Si on l'ébranle, tout croule, tout périt, jusqu'à la personnalité morale de l'homme même ; car il n'y a plus place pour la liberté dans un monde où tout est régi par des fatalités logiques et obéit à l'impulsion de forces irrésistibles. — La réalité et la personnalité de Dieu étant maintenues, au contraire, sur cette base peut s'élever tout l'édifice de la philosophie religieuse : la liberté est sauvée, la loi morale se confirme, le devoir a un sens, une sanction, et la destinée humaine trouve dans une existence à venir à la fois son explication et son achèvement.

Ces vérités essentielles, le spiritualisme s'y attache avec force, sans méconnaître les obscurités qui restent sur bien des points. Des contradictions apparentes, des antinomies irréductibles, comme disent les philosophes modernes, on en trouve dans toutes les sciences humaines, et leur autorité n'en est pas pour cela diminuée. Demandez à un physicien (je ne veux citer que cet exemple) ce que c'est qu'une molécule ; priez-le de vous dire si la molécule est divisible ou indivisible ? Indivisible ? L'esprit ne comprend pas une chose matérielle, par conséquent étendue, qui ne soit pas susceptible de division. Divisible ? Alors elle n'est plus un élément primitif, elle n'est plus une molécule, puisqu'elle est composée. Il y a là une antinomie. Avec la logique pure, vous n'en sortirez pas plus que de celles qu'on peut relever entre l'immutabilité divine et la création, entre la personnalité et l'infinité de Dieu. La physique en est-elle moins une science, et quelqu'un doute-t-il sérieusement de l'existence de la matière ?

Je l'ai déjà dit, et il faut le répéter, le spiritualisme n'est point un système ; il n'apporte point une théorie des choses ; il ne présente point à l'esprit une de ces vues d'ensemble, une de ces vastes synthèses où se complaît l'imagination. Le panthéisme est un système ; il est un essai d'explication universelle ; il est une synthèse de l'absolu : c'est sa séduction et sa force apparente. C'est la faiblesse apparente du spiritualisme de n'être rien de semblable ; il ne satisfait pas assez la curiosité humaine. Au fond, c'est sa sagesse et sa force réelle, et c'est par cette sagesse qu'il est immortel. Ce que durent les systèmes, on le sait assez. Le spiritualisme, antérieur et supérieur à toute spéculation, fond éternel de toute philosophie, de toute morale et de toute religion, peut porter les systèmes les plus divers, les théories les plus hardies, mais il est indépendant des systèmes et des théories; leurs écarts ne le compromettent point, leur chute le laisse inébranlable; et il reste debout au milieu des ruines de toutes ces constructions éphémères, où l'orgueil de l'homme s'imagine enfermer l'absolu.

La science de l'absolu! la synthèse des choses! Quel rêve, et comment une telle ambition a-t-elle pu seulement être conçue par une pensée humaine? Tout ce qui nous entoure, ce que nous voyons de nos yeux, ce que nous touchons de nos mains est plein pour nous d'insondables mystères. De quelque côté que nous regardions, nous sommes entourés d'abîmes. Sans sortir de lui, l'homme est pour lui-même le plus obscur et le plus douloureux des problèmes. Qu'est-ce donc que le problème du monde et de Dieu? Et quand renoncerons-nous à cette folle entreprise de vouloir embrasser l'infini et dérober son secret à la raison éternelle? Savoir ignorer ce qui est hors de la sphère de la connaissance humaine, n'est-ce pas le premier précepte d'une science digne de ce nom. Aller puiser, comme a dit Royer-Collard, l'ignorance à sa source la plus élevée, n'est-ce pas la plus haute ambition qu'il lui soit permis de nourrir? *Magna, imo maxima pars sapientiæ est, quædam œquo animo nescire velle*.

Les physiciens, les naturalistes ont trop beau jeu quand ils raillent cette prétention de la métaphysique de découvrir par la pensée les lois absolues de l'Être, et de construire le monde *à priori ;* quand ils opposent à cette méthode arbitraire et aventureuse leur méthode prudente et sûre ; quand ils mettent en face de tant d'hypothèses aussitôt renversées qu'élevées, de tant d'efforts stériles et de génie inutilement dépensé, la fécondité admirable, les progrès continus, les découvertes chaque jour plus étonnantes des sciences naturelles. — Sachons en convenir, ces critiques ne sont que trop justes. Notre siècle, plus qu'aucun autre peut-être, a abusé de la métaphysique. Les témérités étranges de la spéculation allemande étaient bien faites pour « soulager le vulgaire d'une partie du respect que la philosophie exige de lui[1]. » Si la philosophie veut reconquérir et garder le respect auquel elle a droit, non-seulement de la part du vulgaire, mais de la part de tous les hommes éclairés, il faut qu'elle répudie à jamais ces chimériques ambitions qui ont discrédité la vieille métaphysique. Sur bien des questions sans

---

1. Royer-Collard, *Discours d'ouverture*.

doute elle a des progrès à faire ; de plus d'un côté son horizon doit s'étendre : les sciences naturelles, dont je rappelais tout à l'heure les brillantes conquêtes, sont appelées certainement à lui fournir sur plus d'un point obscur des lumières inattendues ; le problème général de la vie, et chez l'homme le problème spécial des rapports du physique et du moral, ne peuvent manquer notamment d'y trouver de précieux éclaircissements. Mais si l'étude de l'homme et celle de la nature, complétées l'une par l'autre, ouvrent à la philosophie des perspectives dont il n'est pas permis de marquer le terme, il importe, répétons-le, qu'écartant les rêveries *ontologiques* elle renonce à expliquer l'inexplicable, à donner la formule de l'Être ou de l'absolu, et se borne, sur ces redoutables problèmes, aux conceptions premières, très-limitées sans doute, mais revêtues d'une irrésistible évidence, auxquelles s'élève la raison dans ses intuitions spontanées.

IV. — La morale est-elle indépendante de la métaphysique ?

Il me reste à examiner la seconde question qui, avec celle de la personnalité de Dieu, fait aujourd'hui le principal objet des discussions philosophiques : c'est celle de l'indépendance absolue de la morale. On le sait, la prétention de quelques philosophes de ce temps-ci est que la morale soit absolument indépendante de la métaphysique, qu'elle se suffise à elle-même, et que, Dieu supprimé, ou ce qui revient au même sa personnalité détruite, la loi du devoir n'en reste pas pour l'homme revêtue de moins d'évidence et de moins d'autorité.

« De Dieu, de notre origine, de nos destinées, nous ne savons rien de certain, disent-ils. Depuis qu'il pense, l'homme n'a pas fait un pas vers la solution de ces problèmes. Une seule chose est certaine pour lui, indiscutable, supérieure à tous les systèmes, à l'abri de tous les doutes ; c'est la loi morale, c'est le devoir. Le bien est le bien, et le mal est le mal : là-dessus nul n'hésite. Quand *tout branle et nous quitte*, comme dit Pascal, ce point est le seul qui reste fixe, le seul où échouent les attaques du scepticisme. — Mais si la morale est la seule chose certaine, elle est aussi la seule chose nécessaire ; si elle se suffit à elle-même, elle suffit aussi aux besoins de l'âme humaine. Dès que le devoir parle au cœur de l'homme, la vie « a un but supérieur : » tout le reste est superflu. On peut donc dire que le dogme est indifférent. Objet d'éternelle dispute pour la dialectique, le dogme perd chaque jour de son autorité ; objet d'évidente intuition pour la conscience, la morale au contraire commande toujours aux hommes le même respect. Indépendante de tous les dogmes particuliers, elle survivra à la religion, parce qu'elle est dans la religion la seule chose sérieuse, la seule importante, et la seule impérissable. »

Cette thèse, on se le rappelle, est celle de plusieurs écoles dont les doctrines sont assez dissemblables, mais qui ont un principe commun, le scepticisme : c'est la thèse des nouveaux voltairiens comme M. Lanfrey, aussi bien que des positivistes comme M. Littré et des hégéliens comme M. Renan et M. Vacherot. On en voit toute la portée : ce n'est pas seulement en dehors et au-dessus des religions positives que ces philosophes veulent placer la morale; c'est en dehors et au-dessus de toute croyance religieuse, même rationnelle et philosophique ; c'est en dehors de tout dogme, même de ceux du spiritualisme, même de la réalité et de la personnalité de Dieu. En un mot, la morale, selon eux, peut se passer de Dieu ; elle n'a besoin de Dieu ni pour principe ni pour sanction.

Il y a dans cette théorie un vice radical que j'ai déjà eu occasion d'indiquer[1] : sa conclusion est une inconséquence flagrante à son propre principe. On n'est pas sceptique à demi ; on ne peut pas admettre pour partie l'autorité de la raison, et la rejeter pour partie. Kant l'a vainement tenté lorsque, après avoir mis en doute la valeur objective des concep-

---

1. Voy. *suprà*, ch. VI, p. 204.

tions rationnelles, après avoir déclaré qu'on ne pouvait pas légitimement s'élever de la suite des phénomènes à la cause première, du monde fini à l'être infini, il s'est cru cependant autorisé à affirmer Dieu en vertu de ce qu'il appelle *le concept du souverain bien;* c'est-à-dire lorsque, trouvant en nous ce principe rationnel que le bonheur doit être uni à la vertu, que la vertu mérite d'être récompensée, il en a conclu l'existence d'un Dieu juste et d'une vie future. On a souvent relevé cette inconséquence de Kant. Il est clair, en effet, qu'il se met par là en contradiction avec sa propre doctrine, et attribue au principe du souverain bien une valeur objective qui ne lui appartient pas plus qu'aux autres principes rationnels. Tous les principes rationnels, ayant la même source, sont inconstestables ou douteux au même titre : cela est évident. Nos philosophes contemporains ont la prétention de ne pas tomber dans la même faute de logique. Il est vrai que, de l'idée du souverain bien ou du mérite et du démérite, ils ne concluent point l'existence d'un Dieu et d'une autre vie ; mais prétendre que la conception du Bien a une certitude que n'ont point les autres conceptions, prétendre qu'avec le devoir la vie a « un objet et un but supérieur, » qu'est-ce là, sinon donner à la conception du Bien une valeur objective, au devoir une réalité indépendante de nous et supérieure à nous ? Et faire cela, qu'est-ce donc sinon se mettre comme Kant en contradiction directe avec ses principes?

S'ils se bornaient à constater, comme un fait psychologique, que l'homme *se croit obligé;* qu'une distinction, fondée ou non, vraie ou fausse, se fait dans son esprit entre certains actes; et que, au fond de sa conscience, se formule ce jugement instinctif, se produit cette conviction que ce qui lui paraît bien doit être fait, que ce qui lui semble mal doit être évité; — s'ils ne donnaient cette suite d'idées et de jugements que comme un pur fait, comme un phénomène tout subjectif et tout humain, n'impliquant en rien la vérité de ces idées et de ces jugements, et n'ayant de valeur que relativement à nous; — ils seraient dans la logique de leur système, et leur scepticisme au moins serait conséquent. Mais ils nous parlent de *loi;* ils nous parlent d'*obligation morale!* Que veut dire cela? Je ne puis être obligé que par quelque chose d'extérieur et de supérieur à moi. Je ne puis reconnaître pour loi morale qu'une vérité absolue, qu'une autorité souveraine et indépendante de moi. Or, selon vous, la vérité absolue nous échappe : de l'origine et de la raison des choses nous ne pouvons rien savoir; notre destinée même est pour nous une énigme indéchiffrable. De quel droit donc parlez-vous d'obligation, de loi, de devoir? Si je ne sais rien et ne puis rien savoir de la vérité absolue, comment saurais-je quelque chose du bien absolu, du devoir absolu, de la loi absolue? Incapable d'atteindre et de posséder, même partiellement, la vérité en ce qui touche Dieu et l'âme, comment ma raison serait-elle capable de l'atteindre et de la posséder en ce qui touche la morale?

Je me crois obligé, il est vrai ; il me paraît qu'on doit faire le bien : mais il me paraît aussi que ce monde imparfait suppose un être parfait et infini. Le genre humain n'a guère plus douté de cette seconde proposition que de la première. L'une et l'autre émanent de la même source et se recommandent au même titre. Si je dois rejeter la seconde, quel motif sérieux ai-je d'ajouter foi à la première? Quand j'accorderais (ce qui n'est pas) que l'évidence de celle-ci est encore plus grande, que la conviction qu'elle détermine est encore plus soudaine, plus irrésistible, qu'en conclurez-vous? Est-ce que l'énergie de ma foi prouve quelque chose à vos yeux pour sa légitimité? Dès qu'on a, comme vous, mis en suspicion la véracité naturelle de la raison, son aptitude à voir la vérité, qu'importe le degré de persuasion où nous pouvons être que nos conceptions sont conformes à la réalité? Cela prouve la force de notre illusion, et rien de plus.

Non. Quand on a, avec Kant, révoqué en doute la vérité métaphysique, la vérité *objective*, conçue et affirmée par la raison, on ne peut plus parler ni de principe du souverain bien comme lui, ni de *loi morale* et de *devoir* comme les sceptiques contemporains. Ces mots, du moins, ne peuvent plus avoir dans leur bouche le même sens que dans la nôtre; ils n'expriment plus rien d'absolu, de certain, de positif. Les actions humaines, les déterminations de la liberté humaine provoquent dans notre esprit certains jugements fondés sur une certaine conception générale du bien; mais cette conception, c'est tout simplement, selon leur manière de parler, la *catégorie* morale, c'est-à-dire la forme sous laquelle nous concevons l'idée du bien ; — tout comme Dieu est pour eux la *catégorie* de l'idéal, c'est-à-dire la forme sous laquelle nous concevons l'idéal absolu [1]; — tout comme l'espace et le temps sont, pour tout le monde, les *catégories*, c'est-à-dire les formes abstraites sous lesquelles nous concevons les corps et les événements. La conclusion est claire : le bien est une conception toute *subjective,* toute relative à nous, toute contingente; l'idéal moral, comme l'idéal divin, n'est qu'une abstraction pure; et nous n'avons pas le droit d'affirmer que ce que nous appelons la loi du devoir ait aucune réalité en dehors de notre intelligence. Que sera-ce dès lors qu'une semblable loi ?

---

1. Voy. *suprà*, ch. vi, p. 176.

Je crois à elle d'une foi instinctive, j'en conviens. Mais ne voit-on pas qu'en lui ôtant le caractère de vérité absolue, de certitude objective, on lui a ôté du même coup le caractère obligatoire; on en a fait quelque chose de purement individuel et de variable. Ce sera un sentiment, un instinct, une impulsion naturelle, une aspiration de l'âme; tout ce que vous voudrez, excepté une loi, car qui dit loi dit prescription absolue émanant d'une autorité souveraine. Faire le bien, poursuivre la justice sera beau, noble, généreux, délicat, recommandable; tout ce qu'il vous plaira, excepté obligatoire. En quoi puis-je être tenu de poursuivre un idéal? Parlez-moi de l'ordre et du caractère de grandeur qui s'attache à cette idée; parlez-moi de la dignité de l'homme et de son perfectionnement, de la vertu et des joies austères qu'elle procure : à la bonne heure, j'entends cela; mais ne me parlez ni de loi ni de devoir. Qu'il vous plaise, à vous, d'obéir à de tels motifs, je n'ai rien à y redire. Mais de quel droit les imposeriez-vous à d'autres? Il y a là de sages, d'utiles conseils à donner aux hommes; il y a là un texte à d'éloquentes exhortations, mais je n'y vois aucune obligation qui engage ma conscience, je ne vois point de commandement, je ne vois point de loi.

La morale, dès lors, n'est plus une question d'obéissance ou d'infraction à une loi générale, absolue, c'est une question de sentiment, de délicatesse, d'élévation naturelle ou acquise; c'est affaire, en un mot, de tempérament et d'éducation. Donnez-moi un cœur noble, un esprit délicat et cultivé, il comprendra cet idéal du bien, il sera sensible au charme de la vertu, il pourra s'éprendre d'amour pour la justice, et, s'il le faut, sacrifier à ces grandes idées son repos, sa fortune, sa vie. Mais, pour des natures grossières, pour des esprits incultes, pour des âmes livrées aux emportements des sens et à l'ivresse des passions, que vaudront de pareilles considérations? Quelle digue pourront-elles opposer au mal? Quel appui donner à la conscience? Si la vertu vous plaît, beaucoup trouveront que le vice n'est pas sans profit ou sans charmes. Si le dévouement est pour vous un *besoin*, que d'hommes positifs qui ne comprennent pas qu'à moins d'être fou, on se sacrifie pour une idée!

Si je demande ce que c'est que le bien, on me répond que c'est l'idéal; un certain idéal psychologique que nous nous formons à nous-mêmes, un certain type de perfection humaine que nous imaginons. L'idéal? mais chacun ne s'en fait-il pas un à son gré? Qui donc, en ce monde, n'a pas eu son rêve, ne s'est pas fait un type de prédilection, toujours conforme aux secrètes tendances de sa nature, élevé si elle est élevée, infime si elle est infime; par là même, toujours propre à flatter les faiblesses de notre cœur, jamais à les combattre et à les corriger? Celui-ci tend à réaliser le beau ; celui-là s'efforce de conquérir la science : l'un a fait son idéal de la force, l'autre de l'abnégation ; et en voici un troisième qui proclame que la perfection pour l'homme est dans la pleine satisfaction de tous ses instincts, de tous ses appétits, de toutes ses passions. Ceci n'est point une supposition ; tout le monde sait que, depuis trente ans, cette dernière thèse a été celle d'une bonne partie de notre littérature. Il ne serait même pas impossible d'en retrouver la trace chez quelques-uns des philosophes contemporains de l'école de Hegel.

L'un d'eux n'a-t-il pas écrit que « *le divin* nous « apparaît *dans l'art et la jouissance*, aussi bien « que dans la conscience et l'action[1] ? » Qu'est-ce que le *divin*, sinon l'idéal, cet idéal auquel l'homme doit tendre, qu'il doit s'efforcer de réaliser soit par l'action, soit par l'art, soit par la science ? Mais si le divin, si l'idéal peut se trouver dans la jouissance, aussi bien que dans la vertu ou l'héroïsme, à quoi bon le chercher ailleurs que dans la jouissance? — Pour un autre, l'idéal, c'est de comprendre la vérité, de saisir la nuance, de goûter les finesses de la pensée et les délicatesses de l'art; « une belle pensée vaut une bonne action, une vie de science vaut une vie de vertu[2]. » Morale facile;

1. Voy. *suprà*, ch. v, p. 164.
2. Voy. *suprà*, ch. vi, p. 197.

morale à l'usage des beaux esprits, des critiques raffinés, des épicuriens lettrés qui, ne croyant à rien, indifférents à tout, du haut de leur scepticisme dédaigneux, contemplent philosophiquement les transformations des choses, et suivent d'un œil sec les évolutions fatales de l'humanité. Mais morale dangereuse sans doute pour le vulgaire des hommes, car elle les abandonne sans guide à toutes les impulsions de leur nature ; elle les livre sans frein à toutes les excitations de la passion ; elle les expose trop à prendre leur désir pour leur devoir ; elle fournit une justification trop facile à toutes les séductions de l'imagination et à tous les entraînements du cœur.

Les disciples de Hegel, en cela fidèles à la pensée du maître, se flattent d'avoir réformé la science en substituant partout, comme ils disent, la *catégorie*, c'est-à-dire la conception du *devenir*, à la catégorie ou à la conception de l'être. Rien n'est, tout devient ; tout se transforme incessamment dans le monde moral aussi bien que dans le monde physique ; et les idées, aussi bien que les faits, sont incessamment emportés dans une sorte de tourbillon dialectique qui jamais ne s'arrête, de telle façon que nous ne saisissons jamais ni la réalité essentielle des choses, ni la vérité absolue des idées, mais seulement les états successifs que traversent les choses, les stations diverses par où passent les idées. De là cette conséquence que la religion et la morale n'ayant rien d'absolu, pas plus que toute autre science humaine, mais au contraire se transformant, se créant en quelque sorte tous les jours, ne sont que le résultat du développement de l'humanité, et doivent se tirer de l'étude de l'histoire comme une loi physique se tire de l'observation des faits. C'est le sens de cette formule : « Le vrai, le bien ne sont pas, *ils se font*. »

Il y avait dans l'idée de Hegel une part de vérité, et cette doctrine, à son heure, a eu sa raison d'être. On avait abusé des systèmes absolus; la science avait cru naïvement pouvoir enfermer le monde dans le cadre invariable de ses formules. A cette immobilité artificielle et fausse il fallait sans doute substituer l'idée plus juste et plus féconde de développement et de progrès; dans la science pure, il était bon d'introduire l'histoire; aux recherches de la spéculation il était sage d'unir les lumières de la tradition. Là était la vérité; l'erreur a été de prendre le mouvement des choses pour les choses elles-mêmes, le progrès pour ce qui est progressif, l'histoire de la science pour la science elle-même. Dans l'humanité comme dans le monde, tout se développe, tout se transforme; en ce sens, tout est soumis à la loi du « devenir; » ce qui est absurde, c'est d'en conclure que *rien n'est*, sinon le « devenir, » sinon le développement et la transformation. Les idées se modifient, les opinions varient; vous en concluez que la vérité change : ce qui change, n'est-ce point tout simplement l'idée que nous nous faisons de la vérité? Nous marchons péniblement vers elle; selon l'heure, selon les accidents du chemin et l'étendue de l'horizon, nous la voyons sous des formes diverses, sous des angles différents si je puis dire; l'image sous laquelle nous nous la représentons, toujours variable et toujours incomplète, tend cependant à devenir de plus en plus fidèle; mais, quelle qu'elle soit, c'est l'image seule qui varie, ce n'est pas la vérité. La vérité est éternelle et immuable.

La religion, dans cette théorie (on l'a vu par les études qui précèdent), se réduit à un phénomène psychologique, à une certaine disposition de l'âme, à une aspiration vers l'idéal. Il y a dans l'homme le sentiment religieux, la *religiosité* si on veut; il n'y a point de religion véritable, il n'y a point de vérité religieuse. — Dans l'histoire, la religion n'est que la forme changeante que revêt ce sentiment. Les croyances qui la composent n'ont rien de réel, de vrai, de durable; il n'y a de durable, de vrai, de réel que le sentiment qui les produit. En un mot, l'homme est religieux, mais la religion n'existe pas : l'homme a l'idée de Dieu, mais il n'y a point de Dieu.

Appliquez cette théorie à la morale, elle devient de même un fait tout psychologique, un sentiment tout subjectif. L'homme est un être moral, mais la morale n'existe pas : il a l'idée du bien, mais il n'y a point de bien absolu. Le bien nous apparaît dans l'histoire, à travers l'éternelle mobilité des idées et des choses humaines, comme un objet flottant, variable, indécis : il est accidentel et relatif; il change avec les temps, les lieux, les circonstances! — J'accorde que pour juger les hommes il soit équitable de tenir compte du milieu où ils ont vécu. Mais pour juger les actions en elles-mêmes ou les doctrines, n'y a-t-il donc ni mesure ni règle? De ce que les idées morales s'épurent avec le temps et participent jusqu'à un certain point aux progrès de la raison humaine, est-il permis de conclure que la morale n'a ni base stable ni principes assurés? Qu'est-ce qu'une morale qui obéit à toutes les oscillations de l'esprit humain, à tous les caprices du préjugé? L'instinct moral a beau me dicter le devoir : le devoir est incertain, puisqu'il est changeant! Quel est le crime heureux qui n'ait pas été encensé? Quel est le vice auquel on n'ait pas élevé des autels? Que croire et que faire? Rien n'est vrai, rien n'est faux, puisque la même chose est fausse et vraie tour à tour. Le bien d'aujourd'hui est-il encore celui d'hier; et celui de demain sera-t-il encore le bien d'aujourd'hui?

33.

Non : en dépit des fluctuations de l'esprit humain et de l'universel mouvement des idées et des choses, il y a une morale qui ne change point. Il y a quelque chose d'éternellement fixe, c'est le droit; il y a quelque chose d'éternellement saint, c'est la justice ; il y a quelque chose qui veut être respecté partout et toujours, c'est la liberté humaine. En tout temps, en tout lieu, en tout état de société et de civilisation, c'est là la vérité absolue, le bien immuable, le devoir invariable. Il y a deux mille ans comme aujourd'hui, celui qui faisait de son semblable un esclave violait en lui les droits de l'humanité ; comme aujourd'hui la piété filiale était déjà un devoir, le dévouement à la patrie une vertu. Aujourd'hui, comme il y a deux mille ans, Socrate buvant le poison, Thraséas s'ouvrant les veines, mourraient martyrs de la vérité et du droit. Et dans deux mille ans comme aujourd'hui, la liberté sera encore une chose sainte, l'oppression de la pensée sera encore un crime.

La doctrine de Hegel ne détruit pas seulement la morale dans son principe : elle la détruit encore dans sa condition première, qui est la liberté. Toutes ces évolutions de l'être qui constituent les faits, toutes ces évolutions de l'idée qui constituent la croyance et la science, sont déterminées en effet par la loi même de l'être, réglées par la dialectique éternelle qui préside au mouvement des choses.

Chaque fait par conséquent s'accomplit, chaque idée se produit sous l'empire d'une force fatale, en vertu d'une nécessité logique. Tout ce qui existe, existe au même titre; tout ce qui s'est fait devait se faire; tout ce qui s'est pensé devait se penser. De là encore une conséquence : c'est que tout est également légitime et également vrai; ou plutôt qu'il n'y a ni bien ni mal, ni vérité ni erreur, puisque tout est fatal, puisque tout fait et toute pensée n'est qu'une transformation nécessaire de l'être, un progrès de l'idée, un moment de la vie universelle. Regardez maintenant l'histoire à ce point de vue : tous les événements qui la remplissent sont marqués du même caractère de fatalité ; révolutions et conquêtes, crimes et vertus, tout est du même coup justifié et absous. Toutes les idées qui se sont produites, tous les actes qui se sont consommés, jusqu'aux oppressions les plus odieuses, jusqu'aux persécutions les plus atroces, ont eu leur légitimité. Victimes et bourreaux, martyrs et tyrans, les uns et les autres ont obéi à la même nécessité; les uns n'ont pas plus droit à l'admiration et à la sympathie de l'humanité, que les autres à son mépris ou à sa haine. Les vaincus ont toujours tort. L'histoire est une chaîne infinie, dont les anneaux d'airain, liés invinciblement l'un à l'autre, se déroulent à travers les temps sans qu'aucune force puisse ralentir leur marche, aucune volonté échapper à leur étreinte.

Voilà ce que devient, dans la doctrine de Hegel, la moralité de l'histoire; voilà ce que devient la liberté humaine. Sous cette théorie du *devenir* s'évanouit non-seulement la réalité de Dieu et l'identité personnelle de l'âme, mais jusqu'à cette loi morale, jusqu'à cette idée du devoir que les sceptiques contemporains s'étaient flattés de sauver du naufrage, et sur laquelle ils essayaient de relever quelques débris de foi philosophique. — Vain effort! Sur un sol miné par le scepticisme, rien ne reste debout, pas même la morale. En quoi la vérité morale serait plus indubitable que les autres vérités premières, on peut porter à qui que ce soit le défi d'en donner une raison sérieuse. Kant y a échoué avec tout son génie. Que si on parle d'un acte de foi, de la puissance du sentiment moral, c'est autre chose : on quitte le terrain de la science pour se placer sur celui de la croyance instinctive. Quelque puissant qu'il soit, le sentiment, je le répète, n'a qu'une valeur toute subjective, tout humaine. Qu'on ne nous parle plus de certitude, de « base indubitable que le scepticisme ne saurait ébranler, » de révélation souveraine devant laquelle le doute est impossible : la foi n'est pas la certitude; l'instinct même irrésistible n'est point un gage sûr de la vérité. Pour la conduite de la vie, cette sécurité de la conscience peut suffire au savant comme à la foule; mais, au point de vue philosophique, elle n'a pas plus de valeur que n'en a la foi naïve du peuple dans ses légendes et ses récits merveilleux.

Il n'y a pas de milieu : la morale ne peut demeurer debout qu'autant qu'on reconnaît une valeur objective, une vérité absolue aux conceptions de la raison touchant le bien et le mal. Mais si par là on relève l'idée du devoir, on relève aussi du même coup l'idée de Dieu, puisque toutes deux sont du même ordre, puisent leur autorité à la même source et s'imposent à nous au même titre. Et voilà comment, tout se tenant dans l'esprit humain, le sort de la morale est logiquement et invinciblement lié au sort de la métaphysique.

Mais, dit-on, quoi qu'on pense de la vérité absolue et des conceptions de la raison, c'est un fait que le bien ou l'ordre apparaît à toute intelligence comme devant être respecté. Que faut-il de plus? Sur ce seul fondement, la morale peut s'asseoir. — Je ne conteste pas le fait; je ferai seulement remarquer que ce fait se produit dans l'esprit humain avec des caractères tout particuliers, et qu'il en est un, le plus important de tous, qu'on semble omettre ici : c'est le caractère obligatoire, impératif.

L'idée de l'ordre absolu, identique en soi à l'idée du bien, emporte, en effet, pour toute intelligence, un sentiment de respect, d'adhésion, d'amour même ; en quoi elle ressemble à l'idée du beau et à l'idée du vrai. Mais elle emporte quelque chose de plus, et quelque chose d'autre ; elle emporte le sentiment d'une obligation morale, d'un devoir qui s'impose à tout être intelligent et libre, et qui lui fait, s'il le viole sciemment, encourir une responsabilité. Que je néglige de rechercher le vrai pour lui-même, de cultiver le beau ; mon esprit manquera de s'agrandir, mon âme de s'élever ; je ne me sentirai coupable d'aucune faute grave. Que je foule aux pieds la justice, que je porte atteinte à la personne ou à la fortune d'un de mes semblables ; ma conscience me crie que j'ai péché, que j'ai manqué au devoir, que j'ai mérité d'être puni. D'où vient cette différence ? Le vrai, le beau m'apparaissent comme désirables ; le bien m'apparaît comme obligatoire. Le beau, comme le vrai, n'est pour moi qu'un idéal ; le bien est une loi. Voilà avec son vrai caractère la conception du bien telle qu'elle se produit en nous. Mais si on en retranche la notion de l'obligation ; si, au lieu d'une loi qui commande, on en fait seulement un idéal qui inspire le respect, quelle sera, je le demande, au point de vue de la pratique, la valeur d'une semblable conception ? Quelle influence exercera sur l'homme cette idée tout abstraite ? L'homme n'est pas une raison pure, un pur esprit ; sa volonté se débat souvent dans des luttes sanglantes ; et c'est à grand'peine si la loi du devoir, appuyée sur la croyance à un Dieu réel et personnel, fortifiée par l'idée d'une justice inévitable et d'une rémunération finale, peut contrepeser l'égoïsme inné et les appétits grossiers et les passions ardentes. Que sera-ce quand la conception du bien, dépouillée de la majesté divine, privée de l'autorité de la justice souveraine, se réduira à une idée nue, à une abstraction métaphysique, l'ordre général, le bien en soi, le beau idéal ? La morale pourra encore être une science comme l'esthétique, comme l'économie politique[1]; elle ne sera plus une force vivante, une loi préventive et répressive, une règle efficace ayant prise à la fois sur toutes les facultés de l'âme humaine.

Ce n'est pas la première fois, dans l'histoire du monde, que des philosophes prétendent fonder la morale sur des idées purement abstraites, et garder le devoir en supprimant Dieu. Le stoïcisme n'avait pas voulu faire autre chose. Sa conception du monde se réduisait à une sorte de panthéisme rationnel fort analogue à la doctrine qu'enseignent aujourd'hui les disciples de Hegel : des lois nécessaires régissant l'univers, — la raison, sorte d'idéal abstrait et de fatalité logique remplaçant Dieu ; — les âmes humaines retournant, à la mort, se perdre dans la

---

1. C'est un aveu que sont obligés de faire les positivistes. V. *suprà*, ch. iv, p. 117, 118.

grande âme qui anime le monde. Mais, en face de cet athéisme effectif, une morale admirable d'élévation et de pureté : le juste, l'honnête, le saint proclamé comme le seul mobile des actions de l'homme; la raison, comme sa seule règle; l'effort pour s'y conformer, comme son seul devoir et sa seule loi ; — nul autre bien que le juste, nul autre mal que l'injustice ; — enfin l'homme pouvant par la justice, la bonté, la sainteté, s'élever jusqu'à l'essence divine, qui n'est rien autre chose que l'ordre absolu, la justice souveraine, la sainteté suprême.

C'était là certes une grande et haute doctrine. Qu'est-elle devenue cependant? Quels fruits a-t-elle portés? Elle avait la force qui résiste à la douleur, elle n'eut pas la foi qui fait agir. Elle borna la vertu à une indifférence superbe et solitaire : *sustine et abstine*. « Au fond, morale d'esclave, excellente pour Épictète, inutile au monde dans Marc-Aurèle[1]. » En pratique, elle a abouti à la théorie du suicide; en métaphysique, elle est allée expirer dans le scepticisme, l'indifférence absolue, l'impassibilité, l'*ataraxie*[2]. C'est que des abstractions ne suffisent point à fonder une morale solide : l'appuyer sur de pures conceptions rationnelles, c'est proprement la suspendre en l'air. Il faut à l'esprit humain quelque

---

1. Cousin, *Phil. du dix-huitième siècle*, 8ᵉ leçon, t. I, p. 306 (1829).
2. *OEnésidème, Sextus Empiricus.*—V. Cousin, *id.*, p. 313.

chose de plus saisissable; il faut que l'ordre, que l'intelligence, que la justice, que la loi se personnifient dans un être réel et vivant. Il faut plus : ni l'amour de l'ordre abstrait, ni le culte désintéressé de l'idéal, ni l'orgueil de la raison aspirant à s'élever jusqu'à la divinité, ne sont des mobiles assez puissants pour assurer l'obéissance des hommes à la loi; il y faut un ressort plus énergique; il y faut la pensée d'une justice inévitable et réparatrice.

Il y a, ce semble, un enseignement dans cet héroïque et impuissant effort du stoïcisme. On peut prédire la même impuissance et la même chute à toute doctrine qui prétendra fonder une morale, si pure qu'elle soit, sans Dieu. Il n'est pas rare de rencontrer dans le monde des hommes qui, sceptiques en religion, se piquent d'une morale sévère. Il faut s'entendre sur la portée de ce scepticisme. Si ces hommes, incroyants à la révélation, ont gardé ces dogmes éternels du spiritualisme, Dieu et l'âme immortelle; il suffit, et je tiens leur morale pour fondée sur une base solide. S'ils ne croient plus ni à un Dieu personnel, ni à une âme libre et responsable; je puis encore honorer leur sincérité et les tenir pour hommes de bien; mais leur morale, en tant que doctrine, m'est suspecte, et sa fragilité m'épouvante. Qu'il y ait eu de tout temps des athées honnêtes gens, je ne le nie pas. Qu'en conclure? Cela fait plus d'honneur à leur délicatesse naturelle qu'à leur logique; voilà tout. Mais si les hommes sont souvent inconséquents à leurs propres principes, l'humanité prise en masse est terriblement logique; et, je l'avoue, j'aurais peur pour la société le jour où la morale n'aurait plus d'autre principe que la recherche de l'idéal, d'autre but que la réalisation du *divin*, d'autre mobile que la participation aux grandes œuvres de l'humanité et à l'immortalité de l'espèce.

Les nouvelles doctrines contemporaines ont un grand danger; c'est leur défaut de conséquence ou leur manque de franchise. Le vieux sensualisme, le matérialisme du dix-huitième siècle, avec sa logique qui ne reculait devant rien, tirait hautement et intrépidement toutes les conclusions que contenaient ses prémisses. N'admettant ni Dieu ni l'âme, ne voyant dans le monde que le produit de forces aveugles, et dans l'homme qu'un organisme physique, il ne donnait à l'homme pour mobile que ses instincts, pour loi que son intérêt; expliquant seulement qu'il s'agissait de son intérêt bien entendu, et s'efforçant de lui persuader que la vertu, tout compte fait, est encore ici-bas le meilleur des calculs. C'était un système qui avait le mérite d'être net, clair et conséquent; il ne se fardait point d'un spiritualisme hypocrite; il ne se donnait point pour autre qu'il n'était ; il nommait les choses par leur nom, et ne feignait pas de s'indigner quand on l'appelait lui-même de son nom véritable. Aussi ce grossier matérialisme des Encyclopédistes a-t-il peu vécu, sa morale l'a tué ; sa doctrine éhontée de l'égoïsme a dégoûté de lui. C'est ainsi que meurent d'ordinaire les mauvaises philosophies ; elles se réfutent elles-mêmes et succombent sous le poids des conséquences qui sortent de leurs principes.

De nos jours, les philosophes qui nient Dieu et l'âme, n'osent pas l'avouer. Ils voilent leurs négations sous des formules abstraites ou des phrases de rhétorique : ils parlent des lois *immanentes*, du *Cosmos* vivant, de l'esprit ou de l'idéal. Surtout ils protestent contre la morale de l'intérêt ; ils exaltent le devoir ; ils prêchent le dévouement, le sacrifice. A les entendre, il n'y a, d'eux à nous, que quelques dogmes de moins : la morale est la même.

C'est là le piége, et c'est là le danger. L'erreur qui s'avoue est à demi vaincue ; le sophisme qui se cache est le plus malfaisant. Il ne faut pas laisser au scepticisme religieux, à l'athéisme, au matérialisme contemporains (quels que soient les masques qu'ils prennent), cet avantage et cet honneur qui ne leur appartiennent point, de maintenir le devoir et de sauver la morale. Quand l'homme reste seul en face des lois réelles de la nature et des conceptions abstraites de son esprit, il est impossible qu'il ne glisse point dans l'égoïsme. Si vous voulez donner un contre-poids à l'intérêt individuel, c'est dans une loi extérieure et supérieure à l'homme qu'il faut le chercher. Si vous voulez l'arracher à lui-même et l'élever jusqu'au dévouement, ce n'est pas en lui, c'est au-dessus de lui qu'il faut lui montrer l'idéal. Surtout, il ne faut pas lui enseigner que cet idéal n'est qu'une création de son esprit et un rêve poétique : il faut lui montrer, au contraire, ce type suprême du Bien et du Vrai, de la justice et de la sainteté, personnifié dans l'Être infini et parfait que l'instinct de l'humanité, d'accord avec la raison des philosophes, adore sous le nom de Dieu.

FIN.

TABLE DES MATIÈRES

	Pages.
Préface..	I
Chap. I. Le mouvement philosophique après 1830. — Le saint-simonisme. — Le fouriérisme. — Théodore Jouffroy : *Cours de droit naturel.* — L'abbé Maret : *Essai sur le panthéisme*.	1
Chap. II. Premiers systèmes. — M. de Lamennais : *Esquisse d'une philosophie*. — M. Pierre Leroux : *L'Humanité*. — M. Jean Reynaud : *Terre et Ciel*........................	23
Chap. III. L'Athéisme : M. Proudhon. — L'Humanisme ? M. Eug. Pelletan, M. Dollfus...........	53
Chap. IV. Le Positivisme : Auguste Comte, M. Littré. — Le nouveau Voltairianisme, M. Lanfrey...	84
Chap. V. L'école française de Hegel : M. Taine........	132
Chap. VI. L'école de Hegel (suite) : M. Renan.........	166
Chap. VII. L'école de Hegel (suite) : M. Vacherot.......	219
Chap. VIII. Le panthéisme et le naturalisme. — Conclusion sur l'école de Hegel..............	255
Chap. IX. Les écoles spiritualistes. — I. L'école catholique ; les traditionalistes ; l'abbé Maret ; le P. Gratry. — II. Le rationalisme chrétien ;	

	Pages.
les disciples de Channing. — III. Le rationalisme philosophique : M. Cousin, M. Jules Simon, M. Em. Saisset................	274
CONCLUSION. I. De l'état actuel des esprits : les deux grandes questions philosophiques de notre temps. — II. L'idée de Dieu. — III (suite). La personnalité de Dieu. — IV. La morale est-elle indépendante de la métaphysique?....	328

Paris. — Imprimerie P.-A. BOURDIER et Cie, rue Mazarine, 30.

www.ingramcontent.com/pod-product-compliance
Lightning Source LLC
Chambersburg PA
CBHW070929230426
43666CB00011B/2376